普通高等教育"十一五"国家级规划教材配套教材
普通高等教育应用型本科"十三五"系列教材

汽车构造与原理

(下册　电气设备　新能源汽车)

第4版

丛 书 主 编　蔡兴旺
丛书副主编　王海林　刘仁鑫　吴伟斌
本 书 主 编　吴伟斌　蔡兴旺
本书副主编　王　斌
本 书 参 编　李晓珍　黄大星

机械工业出版社

本丛书分上、中、下3册并配套实训教材。丛书以乘用车为主，将汽车的构造与原理有机融合，系统地介绍了现代汽车的结构、工作原理、拆装、日常使用维护与主要检查调整等内容，突出了现代汽车电子控制技术及新一代高压共轨电控柴油机、直喷汽油机等新结构，电动汽车、燃气汽车等新车型，以及可变气缸控制、车辆动态集成控制、车载网络CAN、智能起动系统等新技术。

本书为下册，内容包括汽车电源系统、汽车仪表及警示系统、汽车照明系统及信号装置、汽车空调系统、汽车防盗系统、汽车影音与导航系统、车载网络系统、汽车其他电器设备、汽车总电路、电动汽车、燃气汽车和其他新能源汽车共12章。

本丛书可作为普通高等院校应用型本科汽车类专业的专业基础教材或专业教材，也可以作为高职高专、成教、职大、中专技校及汽车培训机构的参考教材。

本丛书附带教师参考资料，内含PPT、视频资料、图库和习题解答，生动、形象地展示了现代汽车各总成与零部件的构造、工作原理、拆装与部分检查调整，极大地方便了教师备课、授课和学生课外学习，凡使用本书作为教材的教师可登录机械工业出版社教育服务网 www.cmpedu.com 注册后免费下载。咨询电话：010-88379375。

图书在版编目（CIP）数据

汽车构造与原理. 下册, 电气设备、新能源汽车/吴伟斌，蔡兴旺主编. —4版. —北京：机械工业出版社，2018.9（2023.1重印）
普通高等教育"十一五"国家级规划教材配套教材
普通高等教育应用型本科"十三五"系列教材
ISBN 978-7-111-62032-7

Ⅰ. ①汽… Ⅱ. ①吴…②蔡… Ⅲ. ①汽车-构造-高等学校-教材②汽车-电气设备-高等学校-教材③新能源-汽车-高等学校-教材 Ⅳ. ①U463

中国版本图书馆CIP数据核字（2019）第029669号

机械工业出版社（北京市百万庄大街22号 邮政编码100037）
策划编辑：葛晓慧　　　责任编辑：葛晓慧　谢熠萌
责任校对：刘丽华　李锦莉　责任印制：张　博
北京建宏印刷有限公司印刷
2023年1月第4版·第3次印刷
184mm×260mm·13.5印张·332千字
标准书号：ISBN 978-7-111-62032-7
定价：44.00元

电话服务　　　　　　　　　网络服务
客服电话：010-88361066　　机　工　官　网：www.cmpbook.com
　　　　　010-88379833　　机　工　官　博：weibo.com/cmp1952
　　　　　010-68326294　　金　书　网：www.golden-book.com
封底无防伪标均为盗版　　　机工教育服务网：www.cmpedu.com

序

由机械工业出版社出版，蔡兴旺、王海林、刘仁鑫、吴伟斌等教授主编的《汽车构造与原理（上、中、下册）》和《汽车构造与原理实训》教材从2004年出版到现在，均已修订2次，连续印刷20余次，受到全国广大师生的认可和好评，其中《汽车构造与原理实训》和《汽车构造与原理（上册）》都被教育部评为普通高等教育"十一五"国家级规划教材，《汽车构造与原理实训》还被评为教育部精品教材和"十二五"高等职业教育国家规划教材。

近年来，随着汽车专业教学改革不断深入，汽车新技术和新结构不断涌现，大量本科院校转型应用型本科，着力加强技术技能的培养，为了适应新形势下汽车相关专业教学改革的需要，我们对原教材进行了第3次修订，形成了本丛书。

本丛书将汽车的构造与原理有机融合，以乘用车为主，全面地介绍了现代汽车的结构、工作原理、拆装、日常使用维护与主要检查调整等内容，突出了现代汽车电子控制技术等新结构、新技术。教材编写突出以下主要理念：

1）以社会需求为目标，技术应用能力为主线，着力提高学生实践技能、应用水平、创新能力和综合素质。

2）以学生学习为主体，老师教学为主导。

3）理论与实践紧密结合，汽车结构、原理与实践有机融合。

4）精简或删除陈旧内容，及时补充学科、行业的新标准、新知识、新技术、新成果。

5）按照学生认识规律，进行教材设计，由感性至理性，实用性、实践性、科学性、先进性、思想性、趣味性、人文交融性相结合。

6）教材风格新颖、活泼、通俗、精练，多采用图表。教材配套教师参考资料，方便教学和学生自学。

本丛书分《汽车构造与原理第4版（上册 发动机）》《汽车构造与原理第4版（中册 底盘 车身）》《汽车构造与原理第4版（下册 电气设备 新能源汽车）》3册共29章以及《汽车构造与原理实训第4版》配套实训教材。由蔡兴旺教授担任丛书主编，王海林、刘仁鑫、吴伟斌3位教授担任丛书副主编。

本丛书的《汽车构造与原理第4版（上册 发动机）》由王海林教授和蔡兴旺教授担任主编。编写分工为：王海林（第4章）、蔡兴旺（总论、第1章、第2章、第5章、第10章的10.1节、10.2节）、王斌（第3章）、余志兵（第6章）、李晓珍（第7章）、黄大星（第10章的10.3节）、张毅（第8章、第9章）。

本丛书的《汽车构造与原理第4版（中册 底盘 车身）》由刘仁鑫教授和蔡兴旺教授担任主编。编写分工为：刘仁鑫（第11章的11.2~11.5节）、蔡兴旺（第14章）、廖一峰（第12章）、李锦（第13章）、龙江启（第15章、第16章、第17章）、谢锐波（第11章的11.1节、11.6节、11.7节）。

本丛书的《汽车构造与原理第4版（下册 电气设备 新能源汽车）》由吴伟斌教授和蔡

汽车构造与原理（下册 电气设备 新能源汽车）第4版

兴旺教授担任主编。编写分工为：吴伟斌（第22章、第23章、第24章）、蔡兴旺（第19章、第21章、第25章、第27章、第28章、第29章）、王斌（第18章）、李晓珍（第20章）、黄大星（第26章）。

本丛书的《汽车构造与原理实训第4版》由蔡兴旺教授担任主编。编写分工为：蔡兴旺（总论、第1章、第2章、第5章、第10章的10.1节、第14章、第19章、第21章、第25章、第27章、第28章、第29章）、王海林（第4章）、刘仁鑫（第11章的11.2～11.5节）、吴伟斌（第22章、第23章、第24章）、王斌（第3章、第18章）、余志兵（第6章）、廖一峰（第12章）、李锦（第13章）、李晓珍（第7章、第20章）、龙江启（第15章、第16章、第17章）、张毅（第8章、第9章）、黄大星（第10章的10.2节、第26章）、谢锐波（第11章的11.1节、11.6节、11.7节）。

本丛书附带教师参考资料，内含PPT、视频资料、图库和习题解答，生动、形象地展示了现代汽车各总成与零部件的构造、工作原理、拆装与部分检查调整，非常方便教师备课、授课和学生课外学习。

在本丛书编写及光盘制作过程中，得到广东省教育厅、广州汽车工业集团、机械工业出版社、清华大学、华南理工大学、华南农业大学、江西农业大学、韶关学院、温州大学、顺德东升汽车修理厂等单位和个人的大力支持与帮助，在此深表感谢！本书引用了国内外一些工厂、研究所、大专院校的产品图样和试验研究资料，在此谨致深切的谢意！

本丛书涉及面广，编者编写水平有限，故疏忽谬误之处在所难免，敬请同行专家和广大读者批评指正。

《汽车构造与原理》编写组

前　言

近年来，随着汽车专业教学改革不断深入，大量本科院校转型应用型本科，着力加强技术技能的培养，加上汽车新技术和新结构不断涌现，特别是汽车上技术更新最快的电气设备更是发展迅速。近几年新能源汽车行业的飞速发展也使学校的专业教学发生了较大变化，为了适应新形势下汽车相关专业教学改革的需要，我们对教材进行了第3次修订。

本书以乘用车为主，将汽车的构造与原理有机融合，全面地介绍了现代汽车上的电气设备等内容，突出了现代汽车电子控制技术等新结构、新技术的介绍，并且引入了新能源汽车的相关内容。全书的主要内容包括：汽车电源系统、汽车仪表及警示系统、汽车照明系统及信号装置、汽车空调系统、汽车防盗系统、汽车影音与导航系统、车载网络系统、汽车其他电气设备、汽车总电路、电动汽车、燃气汽车和其他新能源汽车共12章。

本丛书可作为普通高等教育应用型本科汽车类专业教材，也可以作为高职高专、成教、职大、中专技校及汽车培训的参考用书。

本书由吴伟斌教授和蔡兴旺教授担任主编。编写分工为：吴伟斌（第22章、第23章、第24章）、蔡兴旺（第19章、第21章、第25章、第27章、第28章、第29章）、王斌（第18章）、李晓珍（第20章）、黄大星（第26章）。

本书编写及光盘制作过程中，得到广东省教育厅、广州汽车工业集团、机械工业出版社、清华大学、华南理工大学、华南农业大学、江西农业大学、韶关学院、温州大学、顺德东升汽车修理厂、广州智维电子科技有限公司等单位和个人的大力支持与帮助，在此深表感谢！本书引用了国内外一些工厂、研究所、大专院校的产品图样和试验研究资料，在此谨致深切的谢意。

本书涉及面广，编者水平有限，疏忽谬误之处在所难免，敬请同行专家和广大读者批评指正。

编　者

汽车常用缩略语

ABS——防抱死制动系统
A/F——空燃比
ASR——驱动防滑调节系统
AT——自动变速器
BEV——纯电动汽车
BLIS——盲点信息系统
BSG——传动带驱动起动-发电一体电机
CA——曲轴转角
CAN——控制器局域网
CCS——巡航控制系统
CISS——集成性安全核心系统
CNGV——压缩天然气汽车
CO——一氧化碳
DIS——无分电器点火系统
DLI——无分电器点火（系统）
DOD——可变排量技术
DOHC——双顶置凸轮轴
DSC——动态稳定控制（系统）
EBD——电子控制制动力分配（系统）
ECD——电子控制式柴油机
ECU——电子控制单元
EDS——电子差速锁
EFI——电子燃油喷射
EGR——废气再循环
EI——电子点火
ESC——电子稳定控制（系统）
ESP——电子稳定程序
ETS——电子牵引力控制系统
EV——电动汽车
FCEV——燃料电池电动汽车

FFV——可变燃料汽车
FSI——燃料分层喷射
GDI——汽油（缸内）直接喷射
GPS——全球定位系统
HC——碳氢化合物
HCCI——均质充量压缩点燃
HEV——混合动力电动汽车
ISC——怠速控制
KS——爆燃传感器
LPGV——液化石油气汽车
MCE——多循环发动机
MPI——多点（汽油）喷射（系统）
NO_x——氮氧化物
OBD-Ⅱ——第二代车载自诊断系统
RFID——射频识别
SOHC——单顶置凸轮轴
SPI——单点（汽油）喷射（系统）
SRS——辅助约束系统（安全气囊）
SSS——速度感应式转向（系统）
SVC——萨博可变压缩比
TCS——牵引力控制系统
TPMS——轮胎气压监视系统
VCM——可变气缸管理技术
VDIM——车辆动态集成管理
VIN——车辆识别代号
VSA——汽车稳定性辅助（系统）
VSC——汽车稳定性控制（系统）
VTEC——气门正时电子控制
VVT——可变气门正时
4WD——四轮驱动

目 录

序
前言
汽车常用缩略语

第四篇　汽车电气设备

第18章　汽车电源系统 … 3
18.1　汽车蓄电池 … 4
18.2　汽车发电机 … 9
18.3　汽车电压调节器 … 13
18.4　充电指示及过电压保护 … 17
本章小结 … 19
思考题 … 19

第19章　汽车仪表及警示系统 … 20
19.1　汽车仪表及警示系统总体组成与分类 … 21
19.2　主要汽车仪表结构与原理 … 24
19.3　主要汽车警示装置结构与原理 … 35
本章小结 … 37
思考题 … 38

第20章　汽车照明系统及信号装置 … 39
20.1　汽车照明系统 … 40
20.2　汽车信号装置 … 44
本章小结 … 48
思考题 … 48

第21章　汽车空调系统 … 49
21.1　汽车空调系统概述 … 50
21.2　手动空调系统结构与原理 … 51
21.3　自动空调系统结构与原理 … 67
本章小结 … 69
思考题 … 70

第22章　汽车防盗系统 … 71
22.1　汽车机械防盗系统 … 72
22.2　汽车电子防盗系统 … 73
22.3　汽车防盗系统的发展动态 … 78
本章小结 … 80
思考题 … 81

第23章 汽车影音与导航系统 ... 82
23.1 汽车影音系统概述 ... 83
23.2 汽车影音系统基本组成与原理 ... 83
23.3 汽车导航系统概述 ... 91
23.4 汽车导航系统基本组成与原理 ... 91
本章小结 ... 94
思考题 ... 94

第24章 车载网络系统 ... 95
24.1 车载网络系统概述 ... 96
24.2 CAN 总线技术及其应用 ... 97
24.3 LIN 总线与 BSD 总线技术 ... 102
24.4 MOST 总线与 DDB 技术 ... 105
24.5 Byteflight 总线技术 ... 109
24.6 以太网与 FlexRay 技术 ... 117
本章小结 ... 126
思考题 ... 127

第25章 汽车其他电器设备 ... 128
25.1 刮水器的结构原理 ... 129
25.2 风窗洗涤器的结构原理 ... 131
25.3 风窗除霜（雾）装置的结构原理 ... 131
25.4 电动后视镜的结构原理 ... 131
25.5 汽车巡航控制系统的结构原理 ... 134
本章小结 ... 136
思考题 ... 137

第26章 汽车总电路 ... 138
26.1 汽车电路图类型 ... 139
26.2 汽车电路元器件 ... 141
26.3 全车电路图与识读方法 ... 148
本章小结 ... 154
思考题 ... 154

第五篇 新能源汽车

第27章 电动汽车 ... 157
27.1 纯电动汽车 ... 158
27.2 混合动力电动汽车 ... 171
27.3 燃料电池电动汽车 ... 177
本章小结 ... 180
思考题 ... 181

第28章 燃气汽车 ... 182
28.1 燃气汽车概述 ... 183
28.2 CNG 汽车的结构与原理 ... 183
28.3 LPG 汽车的结构与原理 ... 186

28.4　氢气汽车的结构与原理 …………………………………………………………… 191
本章小结 ……………………………………………………………………………………… 193
思考题 ………………………………………………………………………………………… 193

第29章　其他新能源汽车 …………………………………………………………… 194

29.1　太阳能汽车 ………………………………………………………………………… 195
29.2　醇燃料汽车 ………………………………………………………………………… 197
29.3　二甲醚燃料汽车 …………………………………………………………………… 200
29.4　其他燃料汽车简介 ………………………………………………………………… 203
本章小结 ……………………………………………………………………………………… 204
思考题 ………………………………………………………………………………………… 205

参考文献 …………………………………………………………………………………… 206

第四篇 汽车电气设备

汽车电气如同人体神经，遍布全车。任何一条电路、一个插头或一个电器出问题，立即影响到汽车的某个性能或功能，严重的直接影响到汽车的动力性、经济性、可靠性、安全性、排气净化及舒适性，甚至无法起动和行驶。统计表明，汽车电气部分所出现的故障占汽车全部故障的30%以上。学习和研究汽车电气设备的作用、原理、结构和使用检修方法，对于从事汽车方面的工作具有十分重要的意义。

汽车经过一百多年的发展，发展最快的当属汽车电气设备。汽车发展的最初阶段，除了点火系统外几乎没有其他电气设备。到20世纪初至20世纪70年代末期，汽车电子装置逐步代替机械部件。20世纪70年代末期以后，微机开始在汽车上应用，迅速实现了对汽车各个部分诸多功能的集中智能控制（图x-1）。

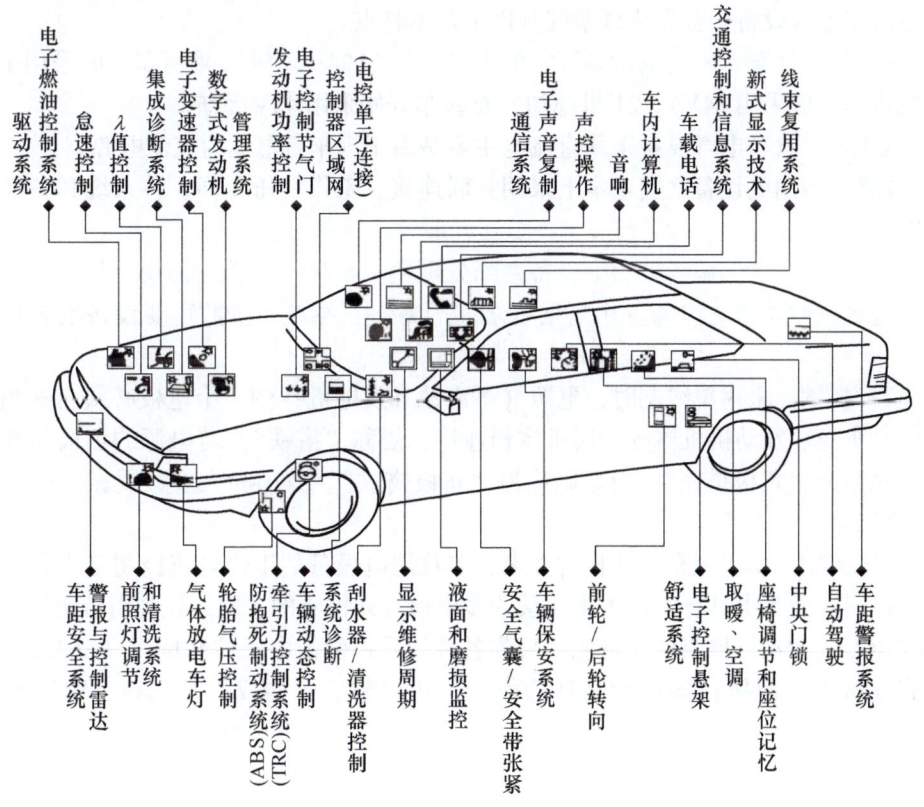

图x-1 汽车电气设备

现代汽车电气设备，按其用途大致可分为五大类。

(1) 供配电设备 供配电设备主要包括电源（蓄电池、发电机等）、熔断器、继电器、导线和插接器等，给用电设备提供工作所需的电能。

(2) **用电设备** 用电设备是将电能转换成其他形式能的设备。例如起动机、电动机、电动刮水器、电磁驱动器和各种电泵等，把电能转换成机械能；各种照明灯、指示与警告灯、闪光器等，把电能转换成光能；汽车喇叭、蜂鸣器、音响等，将电能变成声能；电磁离合器、继电器等，把电能变成磁能；点火器与加热器等，把电能转换成热能。

(3) **信号采集设备** 信号采集设备指用来完成信号提取并将信号转换成电量（电阻、电压、电流）的设备，也称为传感器。例如，汽车上的温度传感器、压力传感器、转速传感器、振动传感器等。

(4) **信号处理设备** 信号处理设备也称为电子控制单元（ECU），是用以完成信号接收、处理（逻辑运算、比较、放大）并将处理结果（处理后的信号）输出的设备，例如汽车各电子控制单元的微机（单片机）。

(5) **检测显示设备** 检测显示设备是指完成人机对话的各种仪表和显示屏。

汽车众多电气设备与机械装置往往紧密相连，难以分割，如汽车电子燃油喷射系统、ABS等已经在前面相关章节中进行了叙述，这里不再重复。本书侧重于其他电气设备，如电源系统、防盗装置、音响、仪表、灯光、车载网络和全车电路等内容。

学习汽车电气设备，首先应该掌握其以下基本特点：

1) **低电压。** 汽车上的用电设备额定电压有12V和24V两种（乘用车一般采用12V、大型柴油机货车一般采用24V）。21世纪初，有些车开始采用42V系统。

2) **直流电。** 汽车电气设备采用直流电主要是由于汽车蓄电池为直流电源。

3) **并联。** 各用电设备之间基本上采用并联连接，工作电压相同，各系统和各部件之间互不影响。

4) **单线制。** 一般电源和各用电设备之间分别用一根导线连接，而用车架、车身、发动机机体等金属机体充当电源和各用电设备之间的另一根导线。少数重要设备也有单独双线连接。

5) **负极搭铁。** 采用单线制时，电源（蓄电池和发电机）的一个电极必须与充当公共导线的车架、车身、发动机机体等金属机体相连接，俗称"搭铁"，若电源的负极与金属机体相连接，就称为"负极搭铁"，反之则称为"正极搭铁"。我国和大多数国家一样规定采用"负极搭铁"。

6) **网络控制。** 由于汽车智能化的要求，多数用电设备的工作电流控制已不是由单一的开关信号控制，而是由具有一定逻辑关系的多个信号来控制的。网络控制由传感器、电子控制单元（ECU）和执行器组成，传感器采集各种信号提供给电子控制单元（ECU），ECU再通过计算分析去控制执行器执行某种功能。这些控制装置构成一个网络，所以称为网络控制。

第 18 章

汽车电源系统

内容架构

```
第18章  汽车电源系统
├── 18.1  汽车蓄电池
├── 18.2  汽车发电机
├── 18.3  汽车电压调节器
└── 18.4  充电指示及过电压保护
```

教学目标要求、重点与难点

序号	教学目标要求	教学重点	教学难点
1	掌握汽车电源系统的作用及组成	√	
2	掌握蓄电池的基本结构、工作原理及其分类	√	
3	理解蓄电池的容量及型号	√	
4	掌握汽车发电机的结构及工作原理	√	√
5	掌握电压调节器的类型、结构及工作原理	√	√
6	理解充电指示电路原理		
7	理解过电压保护电路原理		
8	学会辨认汽车蓄电池及发动机零部件	√	

汽车电源系统主要由蓄电池和发电机并联组成，还包括电压调节器、充电指示及过电压保护电路等，它们负责向汽车点火系统、起动系统、各指示灯、信号发射装置等全车电气设备供电（图18-1）。

在发动机起动时，蓄电池向起动机、点火系统以及燃油喷射系统等用电设备供电。当发动机低速运转或不运转时，发电机发出电压很低或不发电，由蓄电池向全车电气设备供电。

当发动机转速大于一定值时，由发电机向全车电气设备供电，并同时给蓄电池充电。当汽车上的用电设备所需功率超过发电机的额定

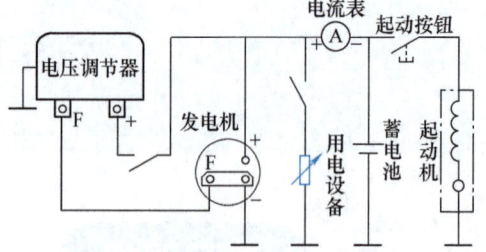

图18-1 蓄电池与发电机并联电路

功率时，蓄电池和发电机共同向用电设备供电。另外，蓄电池还相当于一个容量很大的电容器，可以吸收电路中的瞬时过电压，以保持汽车电路电压相对稳定，保护电子元件不被破坏。对于汽车防盗系统和汽车电子控制系统等，蓄电池还是其不间断的电源。

18.1 汽车蓄电池

蓄电池的主要功用是向起动机供电。当发动机起动时，蓄电池在5~10s内为起动机连续提供强大的起动电流，汽油发动机一般为200~600A，柴油发动机一般为500~1000A。目前，汽车上普遍采用的铅酸蓄电池（简称蓄电池），具有内阻小、能在短时间内输出大电流、起动性能好、工艺简单、生产成本低等特点。汽车用铅酸蓄电池又分为普通型、干式荷电型、湿式荷电型、免维护型和胶体型。

18.1.1 汽车蓄电池的构造

现代汽车用铅酸蓄电池由6个单格蓄电池串联而成，每个单格蓄电池电压约为2V，串联后蓄电池电压为12V。多数柴油机电源电压设计为24V，用两只12V蓄电池串联供电。

蓄电池的构造如图18-2所示，它一般由极板、隔板、壳体、电解液、连接板和接线柱等组成。蓄电池的结构认识与拆装使用参见《汽车构造与原理实训》教材及其光盘的项目18.1。

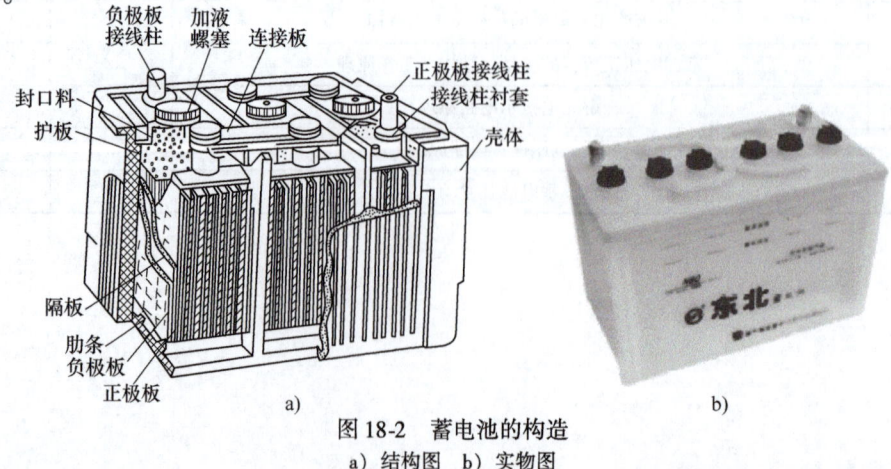

图18-2 蓄电池的构造
a) 结构图　b) 实物图

第18章　汽车电源系统

1. 极板

极板由栅架和活性物质组成，如图 18-3 所示。栅架由铅锑合金浇铸而成，活性物质涂覆在栅架上。极板有正极板和负极板两种，均由栅架和填充在其上的活性物质构成。正极板上的活性物质是二氧化铅（PbO_2），呈深棕色。负极板上的活性物质是海绵状纯铅，呈青灰色。

为了增大蓄电池的容量，将多片正、负极板分别并联，并用连接板焊接，组成正、负极板组。安装时，正、负极板相互嵌合，中间插入隔板后装入蓄电池单格内便形成单格蓄电池。在每个单格蓄电池中负极板总比正极板多一片，因为正极板的活性物质比较疏松，且正极板处的化学反应激烈，反应前后活性物质的体积变化较大，所以正极板夹在负极板之间，可使两侧放电均匀，从而减轻正极板的翘曲及减少活性物质的脱落。

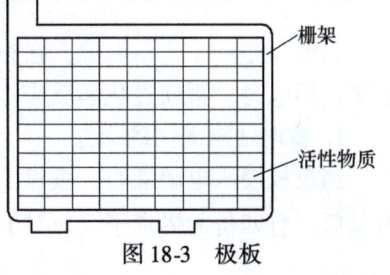

图 18-3　极板

2. 隔板

为了防止正负极板间短路及减小蓄电池的内阻和尺寸，正负极板之间用隔板隔开。隔板材料应具有多孔性，以便电解液渗透，还应具有良好的耐酸性和抗氧化性。隔板常用材料有木质、微孔橡胶、微孔塑料、玻璃纤维和纸板等。安装时，隔板带沟槽的一面朝向正极板，因为正极板在充放电过程中化学反应剧烈，沟槽既能使电解液上下流通，也能使气泡沿沟槽上升，还能使脱落的活性物质沿沟槽下沉。

有的厂家用微孔塑料袋做成袋式隔板，套在正极板上，可以有效防止活性物质脱落，避免极板内部短路并使组装工艺简化。

3. 壳体

壳体用来盛装电解液和极板组。它由耐酸、耐热、耐振、绝缘性能好且有一定机械强度的材料制成。早期采用硬橡胶，近年来多用工程塑料，如聚丙烯。

壳体为整体式结构，壳内由间壁分成 3 个或 6 个互不相通的单格，底部有凸起的肋条，以放置极板组。肋条间的空隙用来积存脱落下来的活性物质，以防止在极板间造成短路。每个单格的盖板中间有加液孔，用来添加电解液和蒸馏水，也可用来检查电解液液面高度和测量电解液的相对密度。加液孔用加液螺塞拧紧，螺塞中心有通气孔，便于蓄电池化学反应中产生的气体能自由逸出。使用中应注意通气孔的畅通，否则会使壳体炸裂。

4. 电解液

蓄电池电解液是由纯硫酸和蒸馏水按一定比例配制而成的稀硫酸溶液，硫酸溶液在充电和放电的电化学反应中起离子间导电作用，并参与化学反应。

电解液的纯度是影响蓄电池性能和使用寿命的重要因素。因此，配制电解液应采用化学纯硫酸和蒸馏水。工业硫酸和一般的水中含有铁等杂质，会增加自放电和损坏极板，不能用于配制蓄电池电解液。

5. 接线柱和连接板

铅酸蓄电池首尾两极板组的横板上焊有接线柱（也称极桩），正接线柱连接起动机和电流表的电线，负接线柱连接车身或车架的搭铁线。正接线柱附近标有"＋"或"P"标记，负接线柱附近标有"－"或"N"标记。

连接板的作用是将单格蓄电池串联起来，提高整个蓄电池端电压。连接板一般由铅锑合金铸造而成，硬橡胶外壳蓄电池的连接板位于蓄电池的上方，塑料外壳蓄电池则采用穿墙式连接板。

18.1.2 蓄电池的工作原理

蓄电池是一个化学电源，在充电时，靠内部的化学反应将电源的电能转变成化学能储存起来；用电时，再通过化学反应将化学能转变成电能，供给用电设备。

1. 蓄电池电动势的建立

当极板浸入电解液时，极板上就会有少量活性物质溶解电离。在正极板处的 PbO_2 溶解电离后，有四价的铅离子（Pb^{4+}）沉附于正极板上，使极板呈正电位。

$$PbO_2 + 2H_2O \rightarrow Pb(OH)_4$$
$$Pb(OH)_4 \rightarrow Pb^{4+} + 4OH^-$$

在负极板处的 Pb 溶解后有电子留在负极板上，使极板呈负电位。

$$Pb \rightarrow Pb^{2+} + 2e^-$$

2. 蓄电池的放电

蓄电池外电路接通后，在电动势的作用下，负极板的电子经外电路流向正极板，正极板上的 Pb^{4+} 得到两个电子，变成二价铅离子（Pb^{2+}），并溶于电解液中；与此同时，负极板上的 Pb 不断放出电子，变成 Pb^{2+}（图18-4），其化学反应方程式为

$$\underset{\text{正极板}}{PbO_2} + \underset{\text{负极板}}{Pb} + \underset{\text{电解液}}{2H_2SO_4} \underset{\text{充电}}{\overset{\text{放电}}{\rightleftharpoons}} \underset{\text{正极板}}{PbSO_4} + \underset{\text{负极板}}{PbSO_4} + 2H_2O$$

由此可见，放电过程正负极活性物质不断变成 Pb^{2+}，溶于电解液，与电解液中的 SO_4^{2-} 反应生成 $PbSO_4$，分别沉附在正负极板表面，使电解液中 H_2SO_4 减少，H_2O 增加，电解液密度降低，通过密度计测量电解液密度，就可以知道蓄电池存电情况。一般蓄电池充足电时的电解液密度为 $1.24 \sim 1.31 g/cm^3$，电解液密度每降低 0.01 g/cm^3，相当蓄电池放电6%。

3. 蓄电池的充电

充电过程的化学反应与放电过程相反，上述的化学反应方程式是可逆的。充电时正、负极板表面的 $PbSO_4$ 分别还原为 PbO_2 和 Pb，电解液中的 H_2O 减少，H_2SO_4 增加，电解液密度增加。当

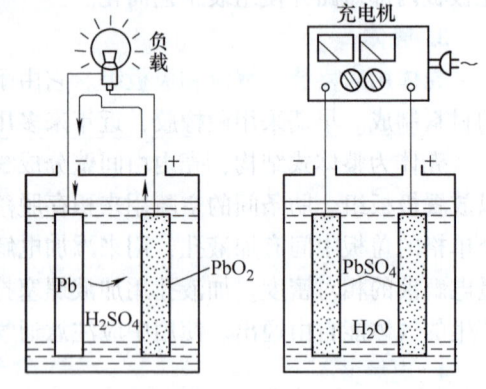

图18-4 铅酸蓄电池充放电原理

蓄电池充足电后，单格正极板正电位为2V，负极板负电位为 -0.1V，蓄电池电动势为2.1V。当蓄电池过充电时，会引起电解液中的水电解成氧气和氢气逸出。

> **想一想** 蓄电池正负极短路会产生什么后果？

18.1.3 其他改进型蓄电池

1. 干式荷电蓄电池

普通铅酸蓄电池负极板在储运过程中，活性物质表面易被氧化，为把这部分物质还原，

需要进行比较烦琐的初充电。干式荷电铅酸蓄电池（图18-5）负极板的活性物质在铅中配有一定比例的抗氧化剂，如松香、油酸和羊毛脂等。经深化处理后，活性物质形成了较深层的海绵状结构，再经防氧化处理，极板表面附着了一层较薄的保护膜，提高了抗氧化性能，最后还经惰性气体或真空干燥处理。经过这样的处理，能使负极板上的海绵状纯铅在空气中保存而不被氧化，达到负极板在干燥状态下长期保存电荷的目的（一般为1~2年）。

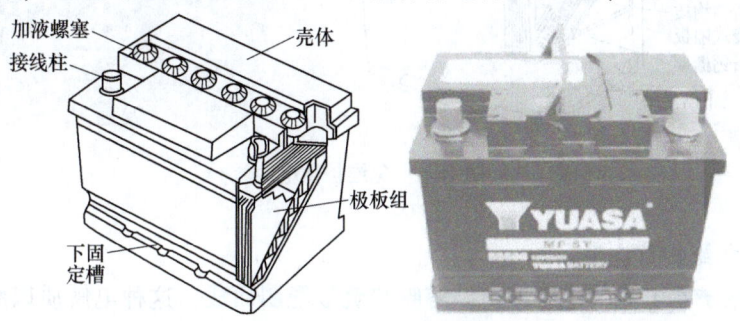

图18-5 干式荷电铅酸蓄电池

目前干式荷电蓄电池均采用穿墙式连接板、整体塑料容器结构，基本取代了传统的铅酸蓄电池。

初次使用干式荷电蓄电池时，需将蓄电池加液螺塞拧开，疏通通气孔，加入标准的电解液到规定的高度，记下密度和温度，将蓄电池静放20min，然后测量电解液的温度和密度。如果温度上升不超过6℃，密度下降不超过$0.01g/cm^3$，则蓄电池可以使用；若超过以上规定的差值，则需要按照正常充电率对蓄电池进行充电，干式荷电蓄电池除不必长时间初充电外，其使用与维护要求和普通铅酸蓄电池完全一样。

2. 免维护蓄电池

免维护蓄电池也称为MF蓄电池（Maintenace-Free Battery），它是指在使用寿命期内无须进行日常维护的蓄电池，除有几个很小的通气孔外，其余部分全部密封。免维护蓄电池的突出优点是在汽车合理使用过程中无须添加蒸馏水，蓄电池自放电小，仅为普通蓄电池的1/8~1/6，在使用期内一般无须进行补充充电；正负极接线柱腐蚀小或无腐蚀，使用寿命长，内阻小，起动性能好。

免维护蓄电池（图18-6）在结构、工艺和材料等方面采用了一些措施，主要有以下几项：

1）通气螺塞通气采用安全通气装置，可以阻止水蒸气和硫酸气体排出，因而减少了电解液的消耗，避免了可燃分解气体与外部火花接触而产生爆炸，也减少了正负极接线柱的腐蚀。有的免维护蓄电池在通气螺塞中装有催化剂钯，可帮助水解的氢氧根离子结合成水后再回到蓄电池中去，进一步减少了电解液的消耗。

2）采用袋式微孔塑料隔板，将正极板包住，避免了极板的短路，因而可以使容器底部不需要肋条，从而降低了极板组的高度，使极板上部的容积增大，增加了电解液的储存量。

3）极板栅架采用铅-钙-锡合金或低锑合金，减少了析气量，使电解液中水的消耗降低，并使自放电也大为减少。

4）装有内装式电解液密度计，密度计指示器以不同颜色显示蓄电池的存电情况及液面高度。

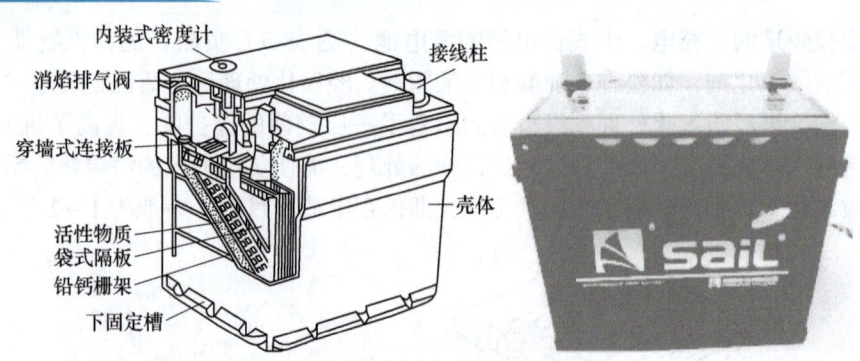

图 18-6　免维护蓄电池

3. 胶体型免维护蓄电池

胶体型免维护蓄电池的电解液由硅溶胶和硫酸配制而成，这种电解质以胶体状态存在，充满在隔膜中及正负极之间，硫酸电解液由凝胶包围着，不会流出蓄电池。有的胶体型蓄电池的极板及隔板做成螺旋捆绑状，即螺旋状极板胶体蓄电池（图 18-7）。胶体型免维护蓄电池具有以下特点：

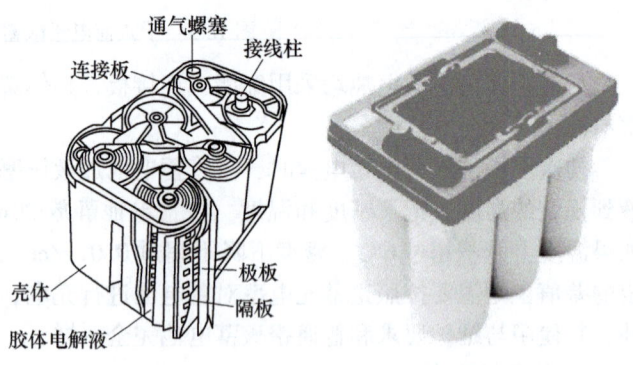

图 18-7　螺旋状极板胶体蓄电池

1) 胶体状电解液黏附于极薄的纤维隔板网材料上，在 -40℃ 低温时也不会结冰，65℃ 高温时不会漏液、漏气，可以任何角度固定蓄电池。

2) 自放电少。在不使用状态下可以至少放置 10 个月，放置 250 天后仍能保持 50% 的容量。

3) 过充电性能好。能在 1h 内以 100A 的大充电电流应急充足。

> **找一找**　汽车蓄电池还有什么其他类型？

18.1.4　蓄电池的容量与型号

1. 蓄电池的容量

蓄电池在规定条件（包括放电强度、放电电流及放电终止电压）下放出的电量多少或放电时间长短称为蓄电池容量，单位为 A·h 或 A·min。蓄电池的容量有理论容量、实际容量、额定容量和储备容量等多种表示方法。我国常用的蓄电池容量表示方法主要是 20h 放电率额定容量和额定储备容量。

20h 放电率额定容量是指以 20h 放电率的放电电流在电解液初始温度为 25℃，电解液密度为 1.28 g/cm³ 的条件下，持续放电到单格蓄电池电压下降到终止电压 1.75V 的过程中，蓄电池所输出的总电量，记为 C_{20}，单位为 A·h。

额定储备容量是指完全充足的蓄电池，在电解液初始温度为25℃的条件下，以25A的电流持续放电，直到单格蓄电池电压下降到1.75V，在此过程中，蓄电池的持续放电时间，记为C_m，单位为min。

影响蓄电池容量的因素有构造因素也有使用因素，构造因素如极板的厚度、极板的面积及同性极板的间距等。使用因素如放电电流的大小、电解液的温度和密度等。

2. 蓄电池的型号

按照JB/T 2599—2012《铅酸蓄电池名称、型号编制与命名办法》的规定，我国铅酸蓄电池型号由三部分组成，组成框图及含义如图18-8所示。

串联的单格电池数用阿拉伯数字表示。蓄电池类型是根据其主要用途划分的，用汉语拼音的第一个字母（大写）表示，如起动用蓄电池代号为"Q"，摩托车用蓄电池代号为"M"等。

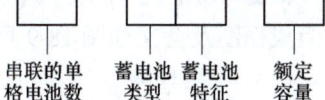

图18-8 铅酸蓄电池型号组成框图及含义

蓄电池特征为附加部分，仅在同类用途的产品中具有某种特征而在型号中又必须加以说明时用。当产品同时具有两种特征时，原则上应按表18-1顺序将两个代号并列标出。普通型号无特征代号。

表18-1 蓄电池产品结构特征代号

序号	产品特征	代号	序号	产品特征	代号	序号	产品特征	代号
1	干式荷电	A	4	排气式	P	7	微型阀控式	WF
2	湿式荷电	H	5	密封式	M	8	阀控式	F
3	免维护	W	6	卷绕式	JR	9	胶体式	J

额定容量是指20h放电率额定容量，单位为A·h（可免写），用阿拉伯数字表示。

例如，蓄电池型号6-QA-90，其表示由6个单格蓄电池组成、额定电压为12V、额定容量为90A·h、起动用的干式荷电蓄电池。

18.2 汽车发电机

汽车发电机用来向除起动机外的所有电气设备供电，并给蓄电池充电。为了满足蓄电池充电的要求，汽车发电机的输出电压必须是直流电压。目前，国内外汽车发电机已全部采用硅整流交流发电机，它是利用硅二极管将交流发电机定子绕组中所感应的三相交流电整流成为直流电。

18.2.1 硅整流发电机的类型及型号

1. 汽车用交流发电机的分类

按汽车用交流发电机总体结构分类，主要有以下几类：

1）普通交流发电机。普通交流发电机应用普遍，如JF132型交流发电机等。

2）整体式交流发电机。整体式交流发电机将电压调节器集成内装，如上海桑塔纳汽车用的JFZ813Z型交流发电机，应用已经很普遍。

3）带泵交流发电机。在柴油机汽车上，带有真空泵的交流发电机没有真空，为了确保真空制动助力器能够正常工作,会把发电机的轴做长一些,以此驱动一个真空泵,如龙口中宇的 JFWBZ27 型交流发电机。

4)**无刷交流发电机**。无电刷、集电环结构的交流发电机,结构上与普通交流发电机不同。由于无电刷的磨损,故障较少,维护更方便,如龙口中宇的 JFWBZ27 型交流发电机。

5)**永磁交流发电机**。永磁交流发电机即转子磁极采用永磁材料的交流发电机,如 YJFW168 型交流发电机。

2. 交流发电机的型号

根据 QC/T 73—1993《汽车电气设备产品型号编制方法》的规定,汽车交流发电机的型号组成框图及含义如图 18-9 所示。

(1)**产品代号** 用 2~3 个大写汉语拼音字母表示,交流发电机的产品代号有 JF、JFZ、JFB、JFW 4 种,分别表示交流发电机、整体式交流发电机、带泵交流发电机和无刷交流发电机。

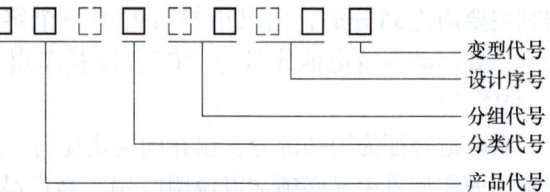

图 18-9 汽车交流发电机的型号组成框图及含义

(2)**分类和分组代号** 按各种产品的电气参数、结构和用途等,选取其中两个主要特征,一般各以一位阿拉伯数字组成,允许有两位阿拉伯数字作为分组代号。若以电压等级作为分类代号,用 1 表示 12V,用 2 表示 24V 等。若以电流等级作为分类代号,用 1 位数字表示,具体含义见表 18-2。

表 18-2 交流发电机的电流等级代号

电流等级	1	2	3	4	5	6	7	8	9
电流/A	≤19	20~29	30~39	40~49	50~59	60~69	70~79	80~89	≥90

(3)**设计序号** 按产品的先后顺序,用 1~2 位阿拉伯数字表示。

(4)**变型代号** 交流发电机以调整臂位置作为变型代号,在右边时用 Y 表示,在左边时用 Z 表示。

例如 JFZ1913Z 型交流发电机,其含义为电压等级为 12V,输出电流大于 90A,第 13 代设计,调整臂在左边的整体式交流发电机。

18.2.2 硅整流发电机的构造

硅整流发电机主要由转子、定子、整流器部件、前后轴承支架、风扇及带轮等组成(图 18-10)。发电机的结构认识与拆装检查参见《汽车构造与原理实训》教材及其光盘的项目 18.2。

1. 转子

转子通过轴承固定在发电机上,由发动机通过风扇传动带驱动旋转,用来产生

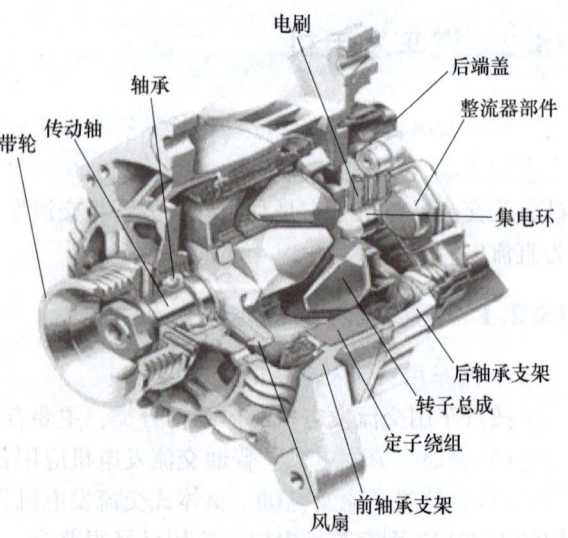

图 18-10 硅整流发电机的构造

第18章 汽车电源系统

旋转磁场。交流发电机转子总成如图18-11所示,它主要由两块爪形磁极、磁场绕组和集电环等组成。两块爪形磁极压装在转子轴上,在两块爪形磁极的空腔内装有磁轭,其上绕有磁场绕组,磁场绕组的两引出线分别焊接在与轴绝缘的两个集电环上,集电环与预装在后端盖上的两个电刷相接触。当接通电源时,磁场绕组中便有磁场电流通过,产生轴向磁通,使得一块爪形磁极被磁化成为N极,另一块爪形磁极被磁化成为S极。当转子旋转时,便产生旋转磁场。

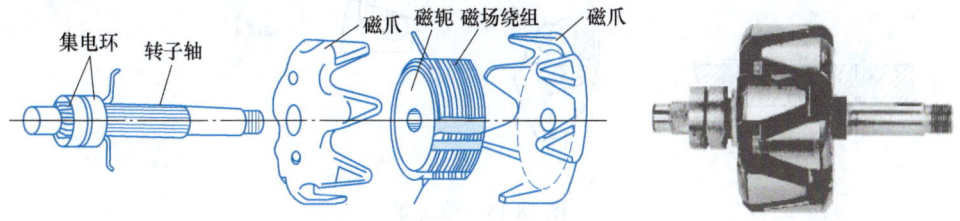

图18-11 交流发电机转子总成

2. 定子

定子也称为电枢,固定在发电机壳体上,用来产生感应电动势,如图18-12所示,它由定子铁心和三相定子绕组组成。定子铁心由相互绝缘且内圆带槽的环状硅钢片叠成,三相定子绕组对称地安放在定子铁心槽内。

为了保证三相定子绕组能产生频率和幅值相同、相位相差120°的三相交流电,定子绕组线圈的绕制和在定子铁心槽中的嵌入应符合一定规律。三相绕组的连接分为星形联结和三角形联结两种,如图18-12所示,星形联结是每相绕组的一根线头都接至公共接点,另外三根线头分叉成Y形,所以星形联结又称为Y形联结,星形联结具有低速发电性能好的优点,目前多数车用发电机多采用星形联结。三角形联结的三相绕组首尾线头彼此相接,连接成三角形,其优点是发电机内部损失小,调整时能产生较大的输出电流,缺点是低转速时输出电压较低。

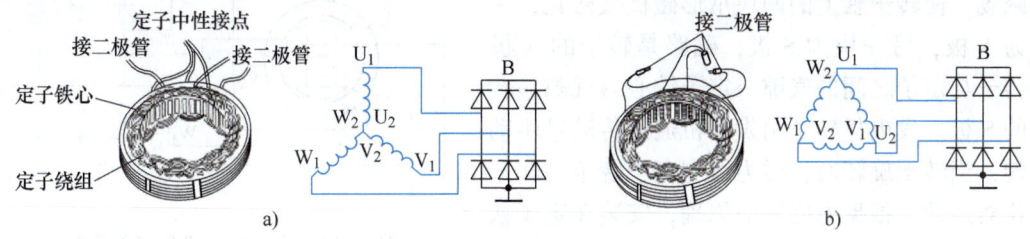

图18-12 交流发电机定子总成及其绕组连接方法
a) Y形联结 b) 三角形联结

3. 整流器

整流器的作用是将三相定子绕组产生的交流电转变成直流电。它是由6只硅二极管组成的三相桥式全波整流电路(图18-13)。

硅整流二极管通常直接压在散热板上或发电机后端盖上,其中压装在发电机后端盖上的3只硅二极管,其引线为负极,外壳为正极,俗称"负极管",管壳底部用黑字标记;压装在散热板上的3只二极管,其引线为正极,外壳为负极,俗称"正极管",管壳底部用红字标记。这样发电机的后端盖和散热板便组成了发电机整流器总成。散热板通常用铝合金制成，以利于散热，它与后端盖用绝缘材料制成的垫片隔开，并用螺栓通至后端盖外部，作为发电机的火线接线柱"+"。

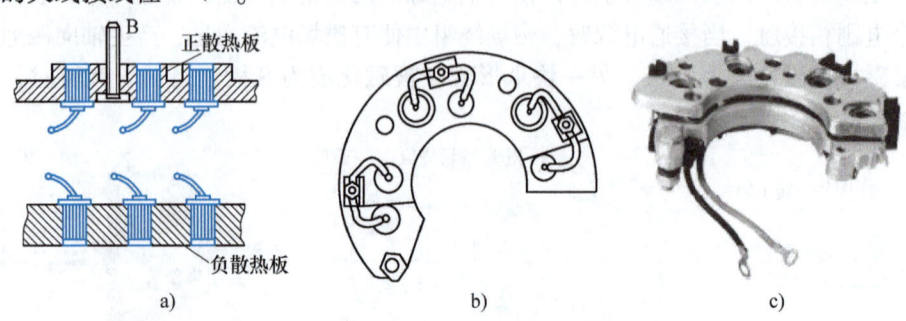

图 18-13 整流器
a）二极管安装示意图 b）散热板 c）实物照片

4. 端盖和冷却风扇

如图 18-10 所示，硅整流发电机前端安装有前端盖，内有轴承支承转子轴；后端装有后端盖，也装有支承转子轴的轴承；还装有整流器支架、电刷和电刷架及所有的接线柱。整体式交流发电机的电压调节器（后述）也装在后端盖上。为了使硅二极管散热良好，端盖一般都由铝合金制成，前端盖外侧还安装有冷却风扇，许多发电机上有前后 2 个风扇进行冷却。

18.2.3 硅整流发电机的工作原理

1. 发电原理

如图 18-14 所示，发电机的三相定子绕组为星形联结，当励磁电流通过电刷和集电环将直流电压作用于励磁绕组的两端时，在其周围产生磁场，使转子轴上的两块爪形磁极被磁化，一块为 N 极，另一块为 S 极，磁路是转子的 N 极→转子与定子之间的气隙→定子铁心→气隙→转子的 S 极。发电机转子由发动机通过传动带驱动旋转，当转子旋转时，磁力线与定子绕组之间产生相对运动，根据电磁感应原理，安装在定子铁心上的三相定子绕组就感应生成三相交流电。

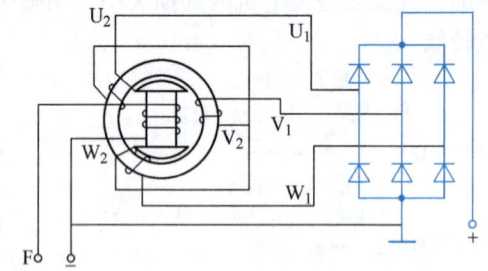

图 18-14 交流发电机的工作原理

每相绕组的有效电动势 E 与转子转速 n 及磁极磁通 Φ 成正比，C 为发电机的结构常数，即

$$E = Cn\Phi$$

2. 整流原理

硅整流器利用二极管的单向导通性，将交流电转变为直流电。

图 18-15 所示为三相桥式整流电路及电压波形，每相绕组接一对二极管，一个正向偏置，一个负向偏置。将负载接通后，电流总是从电压最高的绕组出发经二极管整流，回到电压最低的绕组。例如某一瞬间，若 U_1 绕组电压最高，V_1 绕组电压最低，则电流从 U_1 出发

第18章 汽车电源系统

经二极管 VD_1 到外电路负载，经二极管 VD_5 返回 V_1 绕组。这样依次类推，周而复始，6只二极管一对一地轮流导通，就在负载 R 上得到一个较平稳的脉动直流电压，每个周期内有6个波形，输出的电压波形就变得平稳。

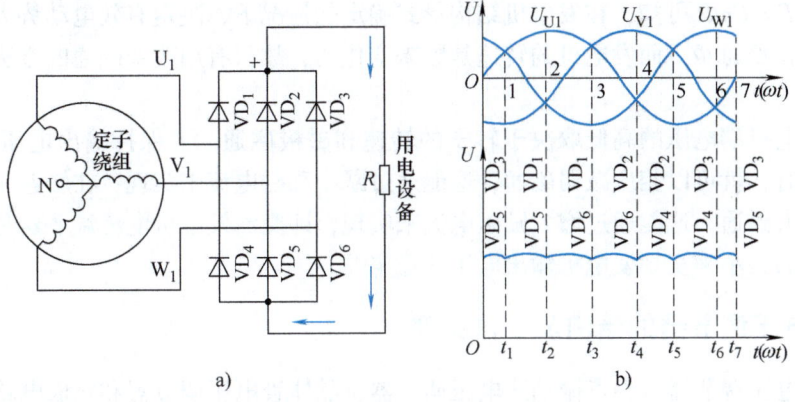

图 18-15 三相桥式整流电路及电压波形
a) 三相桥式全波整流电路 b) 三相交流电的波形

为了提高发电机的输出功率，许多交流发电机通过对中性点三次谐波电压进行整流，图 18-16 所示为八管整流发电机的整流电路，即在定子三相绕组的星形联结点引出连线并加装两只二极管 VD_7、VD_8，这样就形成了八管整流发电机。试验证明，在不改变发电机结构的情况下，加装中性点二极管后，发电机的输出功率与额定功率相比可以提高 10% ~ 15%，并且转速越高输出功率增加越明显。

3. 励磁方式

向交流发电机的磁场绕组供电使其产生磁场的过程称为励磁。交流发电机磁场绕组的励磁方式有两种形式，一种是由蓄电池供电，称为他励；另一种由发电机自身所发电能供电，称为自励。

图 18-16 八管整流发电机的整流电路

当发电机转速很低时，采用他励方式。由于转子磁极的剩磁很弱，在低转速下仅靠剩磁产生的电动势不能使二极管导通，发电机不能自励发电，必须由蓄电池供给发电机励磁绕组电流，使发电机具有较强的磁场，以使发电机电动势迅速提高。当发电机转速达到一定值后，发电机发电产生的电压达到或超过蓄电池电压，发电机开始向蓄电池充电，同时励磁电流由发电机提供，发电机由他励转为自励。

18.3 汽车电压调节器

汽车发电机由发动机通过风扇传动带驱动，由于发动机转速在很大范围内变化，使发电机的转速也随之变化，从而引起发电机的输出电压变化。而汽车用电设备和蓄电池的充电电压是恒定的（一般为12V），因此汽车发电机必须配用电压调节器，以便在发电机转速变化时，保持发电机输出电压在规定范围（13.8 ~ 14.8V）内。电压调节器可以保证交流发电机的输出电压不受转速和用电设备变化的影响，使其保持稳定，以满足用电设备的需要。

18.3.1 电压调节器的调压原理

根据式 $E = Cn\Phi$ 可知，在发电机结构形式确定的情况下，决定有效电动势大小的只有发电机转速 n 和磁通 Φ，而发电机的转速是频繁变化的，故只有用改变磁通的方法来改变电动势的大小。

交流发电机端电压的高低取决于转子的转速和磁极磁通。要保持输出电压 U 恒定，在转速 n 升高时，就可以相应减弱磁通，这能通过减小励磁电流来实现；在转速 n 降低时，就可以相应增大磁通，这能通过增大励磁电流来实现，即交流发电机电压调节器是通过动态调节励磁电流的大小来实现发电机输出电压的稳定的。

18.3.2 电压调节器的结构及工作原理

常用的电压调节器有触点振动式电压调节器、晶体管电压调节器和集成电路电压调节器等多种。

1. 触点振动式电压调节器

触点振动式电压调节器通过电磁铁控制触点的开闭来调节磁场绕组的励磁电流的大小，实现对发电机输出电压的调节。常用的触点振动式电压调节器有：单触点振动式电压调节器和双触点振动式电压调节器。

以东风 EQ1090 汽车上所用的 FT61 型双触点振动式电压调节器（图 18-17）为例说明其工作原理。

R_1—加速电阻　R_2—调节电阻　R_3—温度补偿电阻　K_1—低速触点　K_2—高速触点

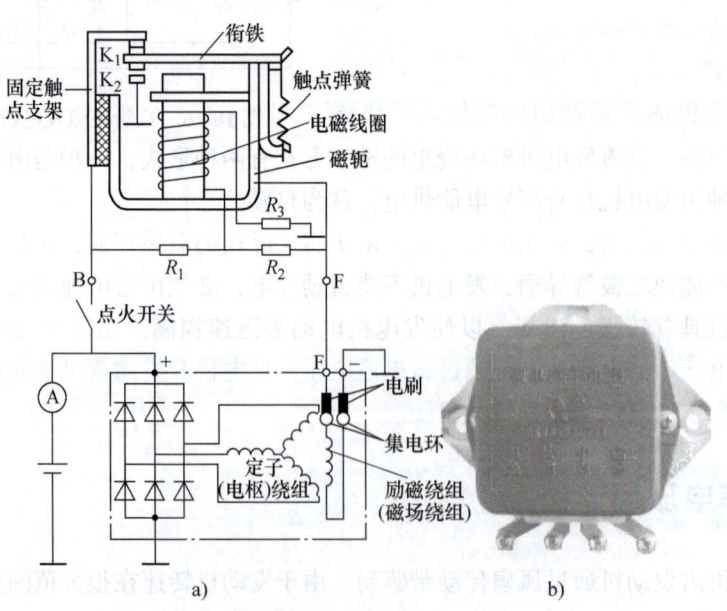

图 18-17 双触点振动式电压调节器
a) 电路图 b) 实物图

发动机起动并闭合点火开关时,发电机转速很低,其端电压低于蓄电池的端电压,电压调节器低速触点闭合,由蓄电池向发电机提供他励励磁电流。此时的励磁电路为蓄电池正极→电流表→点火开关→电压调节器火线接线柱→低速触点 K_1→衔铁、磁轭→电压调节器磁场接线柱 F→发电机励磁绕组→搭铁→蓄电池负极。这种情况下用电设备由蓄电池供电,电流表指向"-"的一侧,电压调节器不工作。

当发电机转速升高,其端电压略高于蓄电池的端电压但低于 14V 时,电压调节器低速触点 K_1 仍闭合,发电机由他励转入自励而正常工作。励磁电路基本不变,只是蓄电池被发电机取代。从此开始,所有用电设备均由发电机供电;同时,发电机向蓄电池做补充充电,电流表指向"+"的一侧,电压调节器处于准备工作状态。此时的工作电路为发电机正极→点火开关→电压调节器火线接线柱 B→R_1→电磁线圈→R_3→搭铁→发电机负极。

当发动机转速较高,发电机的电压达到第一级高压值时,电压调节器电磁线圈中的电磁力克服弹簧力,使低速触点 K_1 打开,但尚不能使高速触点 K_2 闭合。因为励磁电路中串入了 R_1 和 R_2,而 R_2 的阻值比 R_1 大得多,使励磁电流减小,端电压下降,低速触点又闭合;低速触点 K_1 重新闭合后,去除电阻 R_1 和 R_2,使励磁电流再次增大,端电压再次升高,低速触点 K_1 再次打开。如此循环下去,在低速触点 K_1 不断开闭振动下实现第一级电压的调节工作。一级调压的励磁电路为发电极正极→点火开关→电压调节器火线接线柱 B→R_1→R_2→电压调节器磁场接线柱 F→发电机励磁绕组→搭铁→发电机负极。

发动机高速运转时,发电机的电压将超过第一级高压值,达到第二级高压值,电压调节器电磁线圈中的电磁力远大于弹簧力,使高速触点 K_2 闭合,立即将励磁电路短接搭铁。于是励磁电流急速减小,电压下降,高速触点打开;高速触点打开之后,励磁电路又被接通,励磁电流增大,电压上升,高速触点又闭合。如此循环下去,在高速触点不断开闭振动下实现第二级电压的调节。二级调压高速触点闭合时的励磁电路短接回路为搭铁→高速触点 K_2→衔铁→磁轭→电压调节器→电压调节器磁场接线柱 F→发电机励磁绕组→搭铁。

发动机停转时,断开点火开关,发电机不发电,电压调节器恢复到不工作状态,即低速触点 K_1 常闭,高速触点 K_2 常开,电流表指针回到零位。

双触点振动式电压调节器由于采用了两级调压,适应的转速范围宽,更适合高转速交流发电机配用。

2. 晶体管电压调节器

触点振动式电压调节器由于有触点、弹簧铁心、线圈等机械装置,不仅结构复杂、体积大、质量大、触点易烧蚀和氧化、可靠性差、使用寿命短,而且由于触点振动时存在机械惯性、磁滞性,使触点振动频率低,调节精度差,使用中需要经常维修和调整。

晶体管电压调节器利用晶体管的开关特性代替触点开关,具有调节精度高、结构简单、工作可靠、无须维修和维护等特点。

晶体管电压调节器是将晶体管作为一只开关串联在发电机的磁场电路中,根据发电机输出电压的高低,控制晶体管的导通和截止,使发电机的输出电压稳定在规定范围内。

如图 18-18 所示,晶体管电压调节器由功率开关晶体管、信号放大和控制电路、电压信号的检测电路三部分组成。VT_2 是功率开关晶体管,用来接通和切断发电机的磁场电路,它串联在磁场绕组的电源端,晶体晶体管 VT_1 构成信号的放大和控制电路,它将电压检测电路送来的信号进行放大处理后控制功率晶体管的导通和截止;发电机电压信号的检测电路由

电阻 R_1、R_2 和稳压管 VS 组成，电阻 R_1、R_2 构成一分压器，接入发电机的输出端和搭铁端之间，用来检测发电机的输出电压。从电阻 R_1 上取出总电压 U_{AC} 的一部分 U_{AB} 作为电压调节器的输入信号电压，由于

$$U_{AB} = \frac{R_1}{R_1 + R_2} U_{AC}$$

所以，U_{AB} 可反映发电机的输出电压 U_{AC} 的高低。稳压管 VS 反向串联在晶体管 VT_1 的基极回路中控制着晶体管 VT_1 的导通和截止。

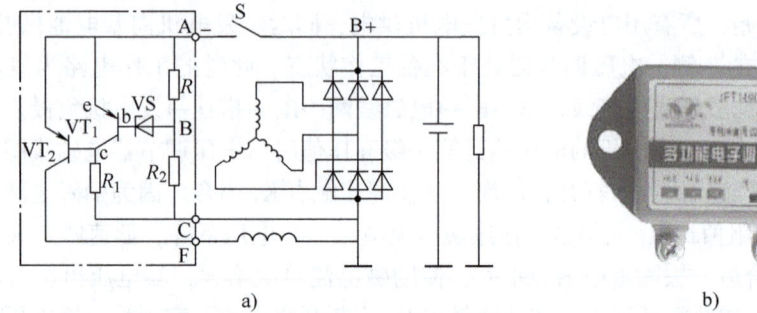

图 18-18　晶体管电压调节器

上述晶体管电压调节器的工作原理如下：

当接通点火开关 S 后，蓄电池电压便加在 A、C 两端，R_1 上的分压 U_{AB} 则通过晶体管 VT_1 的发射极加到稳压管 VS 上，由于蓄电池电压低于发电机的规定电压，故此时加到稳压管上的电压低于稳压管的反向击穿电压 U_{VS}，稳压管 VS 截止，VT_1 无基极电流而截止，VT_2 则由 R 提供偏置电流而处于饱和导通状态，蓄电池便经 VT_2 给发电机磁场绕组提供磁场电流，其电流通路为蓄电池正极→点火开关 S→电压调节器"＋"接线柱→VT_2（e、c）→电压调节器"F"接线柱→发电机"F"接线柱→发电机磁场绕组→搭铁→蓄电池负极。若此时发电机运转，发电机电压就会随转速的上升而迅速升高，当发电机电压升高到蓄电池电压时发电机开始自励发电；当发电机电压超过规定值时，通过 R_1 的分压加到稳压管 VS 的电压超过稳压管 VS 的反向击穿电压，则稳压管导通，VT_1 获得基极电流而导通，VT_1 导通后，使 VT_2 的发射极被短路，因而 VT_2 截止，从而切断了发电机的磁场电路，使得发电机电压迅速下降。当发电机的电压降到低于规定值时，加到稳压管 VS 上的电压又低于其反向击穿电压，稳压管重新截止，使 VT_1 也截止，VT_2 重新导通，接通发电机的磁场电路而使发电机电压又升高，如此往复，发电机的电压便被稳定于规定值。

该电压调节器的调节电压决定于分压电阻 R_1 和 R_2 以及稳压管 VS 的反向击穿电压（稳压管的稳压值）。减小 R_1 的阻值、增大 R_2 的阻值或增大稳压管的稳压值时，电压调节器的调节电压将增高，反之调节电压降低。

3. 集成电路电压调节器

集成电路电压调节器（图 18-19）的组成与工作原理和晶体管电压调节器相似，但其电路中的所有元器件都组合在同一个半导体基片上，形成一个独立的、互不可分的电子电路，即集成线路。集成电路电压调节器具有体积小、工作可靠、使用中不需维护等特点，在现代汽车上已得到广泛应用。

第18章 汽车电源系统

集成电路电压调节器由于体积小巧，因此可以安装在发电机外部，也可以安装在发电机内部，并与发电机组成一个完整的充电系统，称为内装式电压调节器。具有内装式电压调节器的交流发电机称为整体式交流发电机。

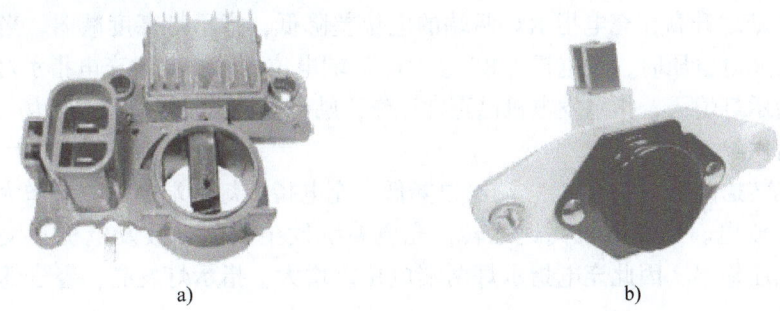

图 18-19 集成电路电压调节器

目前，在有些采用 ECU 控制的燃油喷射式发电机的汽车上，还可以取消发电机的电压调节器。发电机工作时，由 ECU 通过对发电机励磁电流的调节，调节发电机的端电压，使发电机转速变化时其电压保持恒定。

> **找一找** 找一辆汽车，分析其电源系统的组成特点。

18.4 充电指示及过电压保护

18.4.1 充电指示灯控制电路

目前，国内外许多汽车的仪表板大多装有充电指示灯，以指示发电机的工作情况，但由于控制方式的不同，其显示的意义也有所不同。

大多数汽车是接通点火开关时充电指示灯亮，而发动机起动后，交流发电机工作正常时，充电指示灯熄灭。发动机正常工作时，充电指示灯不熄灭或突然发亮，则表示充电系统故障。目前，典型的充电指示灯的控制电路有如下几种。

1. 磁场二极管控制电路

在普通的六管整流交流发电机基础上，多装 3 个功率较小的二极管，组成九管交流发电机。3 个功率较小的二极管专门用来供给磁场电流，故又称为磁场二极管。

图 18-20 所示为九管交流发电机充电系统的典型电路。磁场二极管能输出与发电机"B"端相等的电压，它既能供给发电机

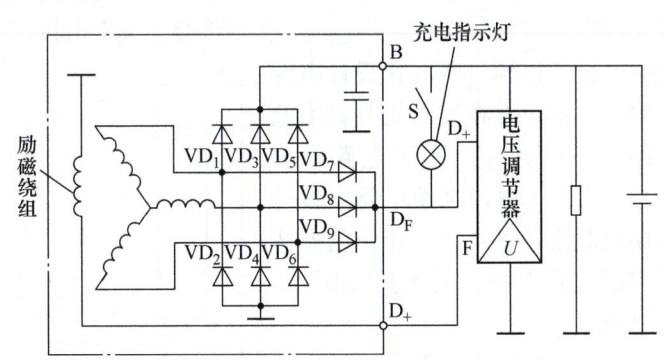

图 18-20 九管交流发电机充电系统的典型电路

17

励磁电流，又能控制充电指示灯，其工作如下：接通点火开关S，蓄电池电流便经点火开关S→充电指示灯→电压调节器→发电机励磁绕组→搭铁，构成回路。此时充电指示灯亮，指示励磁电路接通并由蓄电池供电。在发电机起动后，随着发动机转速的升高，发电机"D_+"端电压随之升高，充电指示灯两端的电位差降低，指示灯亮度减弱。当发电机电压升高到蓄电池充电电压时，发电机"B"、"D_+"端电位相等，此时充电指示灯两端电位差降低到零，指示灯熄灭，指示发电机已正常工作，励磁电流由发电机自身磁场二极管和负极二极管整流后供给。

当发电机转速降低时，"D_+"端电位降低，充电指示灯两端的电位差增大，指示灯逐渐变亮，指示放电。当发电机高速运转，充电系统发生故障导致发电机不发电时，由于"D_+"端无电压输出，因此充电指示灯两端电位差增大，指示灯发亮，警告驾驶人应及时排除故障。

十一管交流发电机是在八管交流发电机的基础上，增加3个磁场二极管，其功用和九管交流发电机里的3个磁场二极管一样。

2. 隔离二极管控制电路

有些汽车采用隔离二极管控制方式，即在充电电路中增加了一个功率较大的隔离二极管，利用二极管的单向导通性控制充电指示灯，其电路如图18-21所示。

隔离二极管控制方式工作原理如下：接通点火开关时，电流从蓄电池正极→点火开关→充电指示灯→电压调节器接线柱"B"→磁场接线柱"F"→励磁绕组→搭铁→

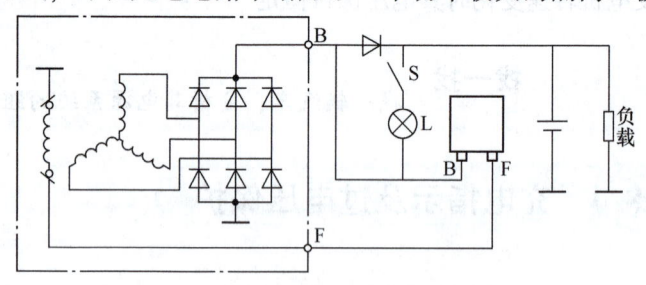

图18-21 隔离二极管充电指示灯控制电路

蓄电池负极，构成回路，充电指示灯亮，并使发电机有较小的励磁电流。当发电机转速升高，输出电压超过蓄电池电压时，发电机自励，同时充电指示灯因两端电压差趋于零而熄灭。

18.4.2 电源系统的保护

虽然汽车用交流发电机和电压调节器联合工作，输出的是基本稳定的直流电压，但在实际使用过程中，发电机必须与蓄电池并联工作，特别是在发电机输出大电流的情况下，绝对不允许突然切断与蓄电池的连接，否则将会造成发电机产生一个很高的电压峰值，导致车上的电子设备损坏。所以在设计电源电路时，不允许在发电机与蓄电池之间有熔丝连接，为了电路的安全，有的汽车电源系统电路中设计有保护电路，最常见最简单的方式是用稳压管保护，其电路如图18-22所示。

图中VS为稳压管，利用它的稳压特性，当发电机负荷突然减小

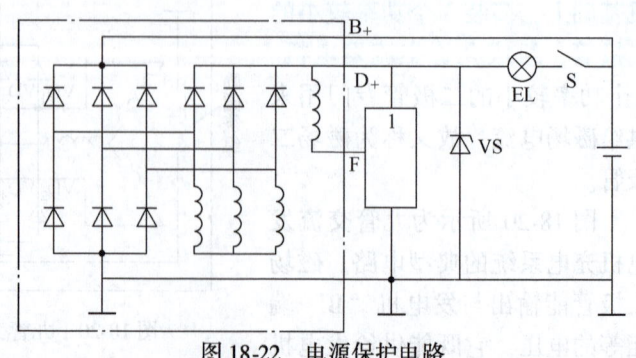

图18-22 电源保护电路

第18章 汽车电源系统

或与蓄电池接线突然断开时，可对发电机所产生的正向瞬变过电压进行吸收保护，并可利用其正向导通性，对开关断开时电路可能产生的反向瞬变过电压进行短路保护，防止电压调节器或其他电子设备的电子元器件损坏。

本章小结

1. 汽车电源由蓄电池和发电机组成，并联供电。蓄电池是化学电源，其充放电是可逆的。发电机一般采用硅整流发电机，并通过电压调节器调节，保持输出电压基本稳定。集成电路电压调节器具有体积小、工作可靠、使用中不需维护等特点，在现代汽车上已得到广泛应用。

2. 车用铅酸蓄电池由极板、隔板、电解液和壳体组成，正极板的活性物质为二氧化铅，负极板的活性物质为纯铅，充足电后，单格蓄电池电压约为2V。目前，一些改进型蓄电池如免维护蓄电池、干式荷电蓄电池及胶体型免维护蓄电池已经得到广泛应用。

3. 车用硅整流交流发电机由定子、转子、整流器部件、前后轴承支架、风扇及带轮等组成，利用电磁感应原理进行发电，利用二极管单向导电性进行整流。

4. 电压调节器是通过调节交流发电机的励磁电流对发电机的输出电压进行调节，主要类型有触点振动式、晶体管式及集成电路式。其中集成电路式电压调节器内装在发电机内部，是目前广泛应用的一种形式。

5. 汽车的仪表板大多装有充电指示灯，以指示发电机的工作情况；有的汽车电源系统中还设计有保护电路。

思考题

1. 名词解释：蓄电池容量、20h放电率额定容量、免维护蓄电池。
2. 简述汽车电源的组成及功用。
3. 简述铅酸蓄电池的结构与工作原理。
4. 简述硅整流发电机的基本构造与工作原理。
5. 车用发电机为什么必须配备电压调节器？触点振动式电压调节器、晶体管电压调节器各是如何进行电压调节的？
6. 汽车充电系统指示灯的控制方式主要方式有哪几种？简述其控制原理。

第19章

汽车仪表及警示系统

内容架构

```
第19章  汽车仪表及警示系统
    ├── 19.1 汽车仪表及警示系统总体组成与分类
    ├── 19.2 主要汽车仪表结构与原理
    └── 19.3 主要汽车警示装置结构与原理
```

教学目标要求、重点与难点

序号	教学目标要求	教学重点	教学难点
1	掌握汽车仪表及警示系统的基本作用与总体分类	✓	
2	掌握汽车常见仪表及警示系统的基本组成	✓	
3	理解主要汽车仪表的基本结构及工作原理	✓	✓
4	理解主要警示系统的基本结构及工作原理	✓	✓
5	学会辨认汽车主要仪表及警示装置	✓	
6	学会识读汽车仪表板常见指示灯及警示系统显示符号含义	✓	

第 19 章 汽车仪表及警示系统

19.1 汽车仪表及警示系统总体组成与分类

1. 汽车仪表及警示系统的作用

汽车仪表及警示系统可以及时地将汽车的行驶速度、润滑油（机油）压力等大量重要运行状态参数及时地显示在仪表板上，有的通过声、光等信息发出警示，便于驾驶人随时了解汽车的运行状态，及时发现问题，采取措施，正确地使用汽车，防止发生机械事故，保证汽车可靠和人身安全。

2. 汽车仪表及警示系统的组成

图 19-1 所示为桑塔纳 2000 汽车仪表板的组成示意图。汽车仪表及警示系统结构认识参见《汽车构造与原理实训》教材及其光盘的项目 19.1。

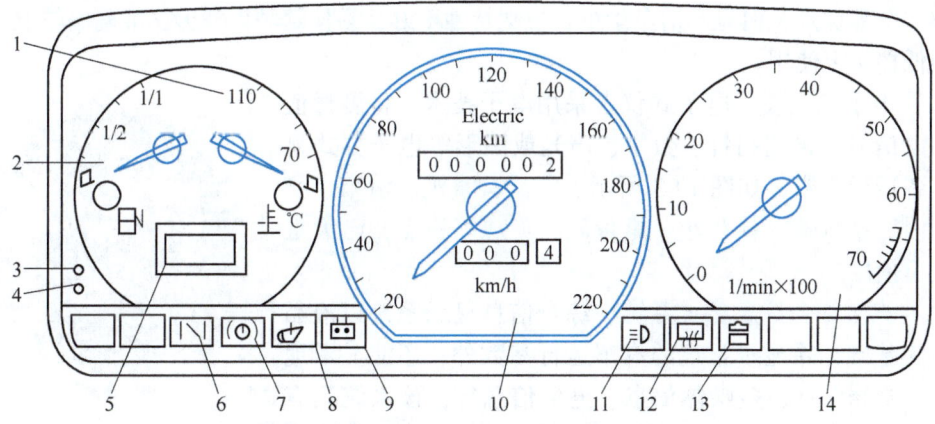

图 19-1 桑塔纳 2000 汽车仪表板的组成示意图

1—冷却液温度表 2—燃油表 3—电子钟分钟调节旋钮 4—电子钟时钟调节旋钮 5—电子液晶钟
6—阻风门指示灯 7—驻车制动拉起和制动液液面警告灯 8—机油压力警告灯 9—充电指示灯
10—电子车速里程表 11—远光指示灯 12—后窗除霜加热指示灯
13—冷却液液面警告灯 14—电子发动机转速表

汽车常用仪表及警示装置见表 19-1。

表 19-1 汽车常用仪表及警示装置

仪表及警示系统		功 用
充放电显示系统	电流表	指示蓄电池充电或放电的电流值
	电压表	指示蓄电池充电或放电的电压值
	充电指示灯	指示蓄电池充电或放电
机油压力显示系统	机油压力表	指示发动机主油道中机油压力大小
	机油压力警告灯或蜂鸣器	机油压力过低时报警
燃油量显示系统	燃油表	指示汽车燃油箱内储存燃油量的多少
	液面警告灯	燃油箱内燃油量过少时报警
冷却液温度显示系统	冷却液温度表	指示发动机水套中冷却液温度的高低
	冷却液温度警告灯或蜂鸣器	冷却液温度过高时报警

(续)

仪表及警示系统		功 用
车速里程显示系统	车速里程表	指示汽车行驶速度
	里程表	指示汽车累计行驶里程
	转速表	指示发动机转速的高低

找一找 找一辆汽车，看仪表板上有哪些仪表和警示装置。

3. 汽车仪表分类

按显示方式的不同，汽车仪表可分为机械式仪表、电子式仪表和综合信息显示系统3类。

（1）机械式仪表 机械式仪表采用机械指针显示数值（图19-2）。它具有性能稳定、可靠、成本低等优点，但显示信息量少，视觉特性不好，易使驾驶人疲劳，准确率较低。目前只在中低档车上使用。

（2）电子式仪表 电子式仪表采用电子技术，将测量值转换为电信号，再用指针、数字、声光或图形等电子方式显示汽车各运行参数，如图19-3所示。它具有直观、清晰、稳定、即时、精度高、体积小、重量轻、美观等特点，已大量在汽车上使用。

（3）汽车综合信息显示系统 综合信息显示系统以液晶显示器为基础，除显示常规的汽车运行参数外，还能显示地图信息、维修信息、多媒体信息、电话信息等，该系统具有导航、音响、道路和信息处理等功能（图19-4）。汽车仪表系统正向综合信息显示系统发展。

图19-2 车速里程表

图19-3 汽车电子式仪表

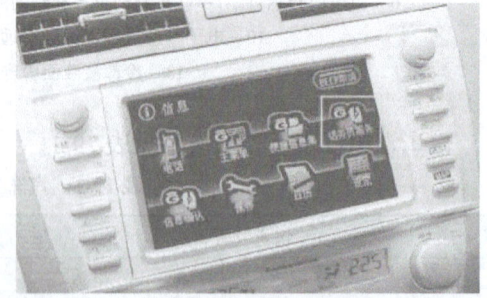

图19-4 综合信息显示系统

4. 汽车仪表板常见显示符号说明

汽车仪表板常见显示符号及其说明见表19-2。

表19-2 汽车仪表板常见显示符号及其说明

序 号	符 号	名 称	符 号 说 明
1		驻车指示灯	驻车制动手柄被拉起时，此灯点亮。驻车制动手柄被放下时，该指示灯自动熄灭。在有的车型上，制动液不足时此灯会亮

第19章 汽车仪表及警示系统

（续）

序号	符号	名称	符号说明
2		蓄电池指示灯	显示蓄电池工作状态的指示灯。接通点火开关后亮起,发动机起动后熄灭。如果不亮或常亮不灭,应立即检查发电机及其电路
3		制动盘指示灯	显示制动盘片磨损情况的指示灯。正常情况下此灯熄灭,点亮时提示车主应及时更换故障或磨损过度的制动片,修复后指示灯熄灭
4		机油指示灯	显示发动机机油压力的指示灯。指示灯亮起时表示润滑系统失去压力,可能有渗漏,此时需立即停车,关闭发动机进行检查
5		冷却液温度指示灯	显示发动机冷却液温度过高的指示灯。此灯点亮报警时,应即时停车并关闭发动机,待冷却至正常温度后再继续行驶
6		安全气囊指示灯	显示安全气囊工作状态的指示灯。接通点火开关后点亮,3~4s后熄灭,表示系统正常,不亮或常亮表示系统存在故障
7		ABS指示灯	接通点火开关后点亮,3~4s后熄灭,表示系统正常。不亮或常亮则表示系统故障,此时可以继续低速行驶,但应避免紧急制动
8		发动机自检灯	发动机工作状态的指示灯。接通点火开关后点亮,3~4s后熄灭,表示发动机正常。不亮或常亮表示发动机故障,需及时进行检修
9		燃油指示灯	提示燃油不足的指示灯。该灯亮起时,表示燃油即将耗尽,一般从该灯亮起到燃油耗尽之前,车辆还能行驶约50km
10		车门状态指示灯	显示车门是否完全关闭的指示灯。车门打开或未能关闭时,相应的指示灯亮起,提示车主车门未关好,车门关闭后熄灭
11		清洗液指示灯	显示风窗清洗液存量的指示灯。如果清洗液即将耗尽,该灯点亮,提示车主及时添加清洗液。添加清洁液后,指示灯熄灭
12		电子节气门指示灯	本灯多见于大众汽车公司的车型中,车辆开始自检时,EPC灯会点亮数秒,随后熄灭。出现故障时,指示灯亮起,应及时进行检修
13		前后雾灯指示灯	用来显示前、后雾灯的工作状况,前、后雾灯接通时,两灯点亮,图中左侧为前雾灯显示,右侧为后雾灯显示
14		转向指示灯	转向指示灯亮时,相应的转向灯按一定频率闪烁。按下双闪警告灯按键时,两灯同时亮起,转向灯熄灭后,指示灯自动熄灭
15		远光指示灯	显示前照灯是否处于远光状态。通常的情况下该指示灯为熄灭状态。在远光灯接通和使用远光灯瞬间点亮功能时亮起

(续)

序号	符号	名称	符号说明
16		安全带指示灯	显示安全带状态的指示灯。按照车型不同,灯会亮起数秒进行提示,或者直到系好安全带才熄灭,有的车还会有声音提示
17		空调内循环指示灯	用来显示车辆空调系统的工作状态,平时为熄灭状态。当打开内循环按钮、车辆关闭外循环时,该指示灯自动点亮
18		示宽指示灯	用来显示车辆示宽灯的工作状态,平时为熄灭状态,当示宽灯打开时,该指示灯随即点亮
19		VSC指示灯	用来显示车辆VSC(电子车身稳定控制)系统的工作状态,多出现在日系车上。当该指示灯点亮时,说明VSC系统已被关闭
20		TCS指示灯	用来显示车辆TCS(牵引力控制系统)的工作状态,多出现在日系车上。当该指示灯点亮时,说明TCS已被关闭
21		O/D档指示灯	用来显示自动档的O/D档(Over-Drive)即超速档的工作状态,当O/D档指示灯闪亮时,说明O/D档已锁止

19.2 主要汽车仪表结构与原理

1. 机油压力表

机油压力表用于指示发动机润滑系统主油道中机油压力的大小。发动机正常工作时,机油压力正常值为:低速时不小于0.15MPa,高速时不大于0.5MPa。常用机油压力表有电热式和电磁式。

(1) **电热式机油压力表** 电热式机油压力表又称为双金属片式机油压力表,由油压指示表和双金属式油压传感器组成,结构如图19-5所示。当点火开关闭合,电流通过双金属片的加热线圈时,就会使双金属片受热变形。

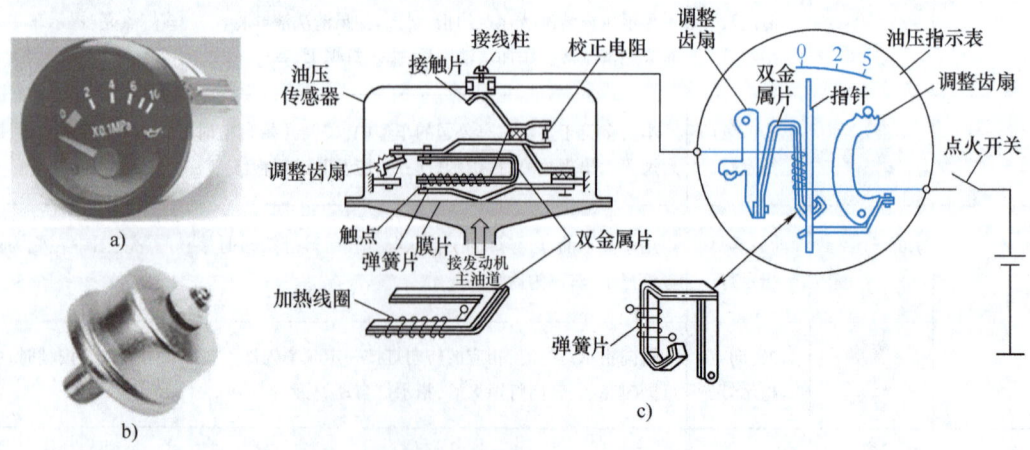

图19-5 电热式机油压力表结构
a) 油压指示表 b) 油压传感器 c) 电路连接

如果机油压力很低，机油压力传感器内的膜片变形很小，这时作用在触点上的压力很小。电流通过，温度略有上升时，机油压力传感器内双金属片稍有变形，就会使触点分开，切断电路。经过稍许时间后，机油压力传感器内双金属片冷却伸直，触点又闭合，线圈再次通电发热，使机油压力传感器内双金属片变形，很快触点又分开。如此循环，触点在不断的开闭状态下工作。但由于机油压力低，触点压力小，极易分开，因而触点打开时间长，闭合时间短，使电路中的平均电流值很小，所以机油压力表内双金属片受热变形小，指示低油压。

当机油压力升高时，膜片向上弯曲，触点压力增大，使机油压力传感器内双金属片向上弯曲。这就需要加热线圈通电时间长，机油压力传感器内双金属片有较大的变形，触点才能打开，而分开后稍稍冷却，触点即闭合。因此在机油压力升高时，触点打开时间短，闭合时间长，电路中平均电流值大，使得机油压力表内双金属片受热变形量增大，指针偏转角度增大，指示高油压。

为了使机油压力表的指示值不受外界温度变化的影响，双金属片做成"Ⅱ形"，其中一个为工作臂，绕有加热线圈，另一个为补偿臂。当外界温度变化时，工作臂和补偿臂同时变形，弯曲方向相反，所以工作臂的附加变形得到了补偿臂的相应变形补偿，减小了误差。

（2）**电磁式机油压力表**
电磁式机油压力表由油压指示表和油压传感器组成（图19-6）。油压指示表内有电感不同的主线圈和副线圈及指针。油压传感器则安装在发动机润滑系统主油道上，内有膜片、滑动触点及电阻。当汽车发动机主油道的油压增高时，油压推动膜片弯曲，使滑动触点向左滑动，电阻值减小，故通过主线圈的电流增大，这时电流通过主线圈和副线圈的合成磁场使指针偏向右侧，指示出相应的油压。

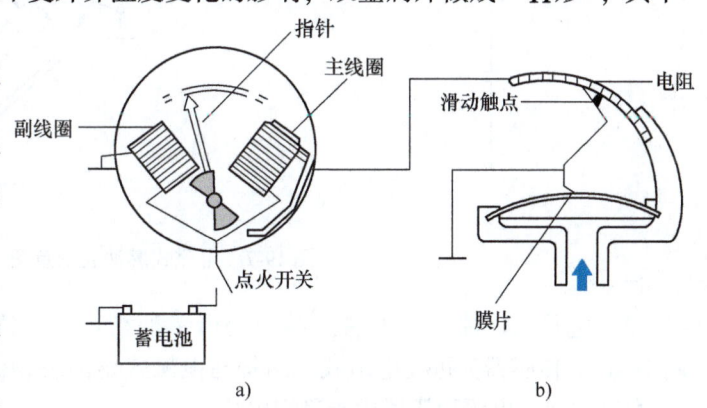

图19-6　电磁式机油压力表示意图
a）油压指示表　b）油压传感器

2. 燃油表
常用的燃油表有电热式、电磁式、集成电子式等。

（1）**电磁式燃油表**　电磁式燃油表由装在仪表板上的燃油指示表和装在燃油箱内的传感器两部分组成，燃油指示表刻度盘上从左至右标有0、1/2、1，分别表示油箱内无油、半箱油、满油（图19-7）。

滑动变阻器式传感器由电阻、滑片及浮子等组成。浮子漂浮在油面上，随油面高度的变化而起落，从而带动滑片在电阻上滑动，使传感器的阻值随油面高度的改变而改变。

点火开关接通后，电流流过燃油指示表和传感器。当油箱无油时，浮子下降到最低位置，电阻被短路，此时指示表中的右线圈也随之被短路，无电流通过，而左线圈承受电源的全部电压，通过的电流达到最大值，产生的电磁吸力最强，吸引转子，使指针指在"0"位上。随着油箱中油量的增加，浮子上升，电阻部分被接入，并与右线圈并联，同时又与左线圈串联，使左线圈电磁吸力减弱，而右线圈中有电流通过，产生磁场，使转子在两磁场的作用下向右偏转。当油箱盛满油时，浮子带动滑片移动到电阻的最左端，使电阻全部接入。此时左线圈中的电流最小，右线圈中的电流最大，转子带着指针向右偏转角度最大，指在"1"的刻度，表示油箱盛满油。传感器的电阻末端搭铁，可以避免滑片与电阻之间因接触不良而产生火花引起火灾。

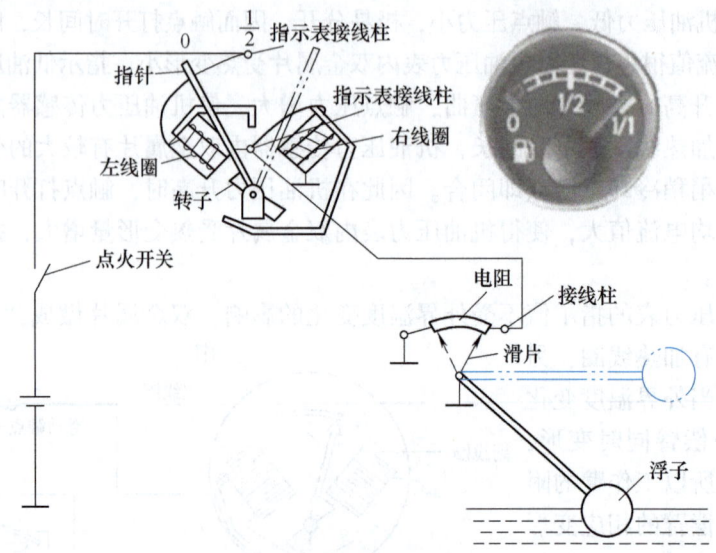

图19-7 电磁式燃油表示意图

（2）电热式燃油表　电热式燃油表由燃油指示表、传感器和电源稳压器等部分组成（图19-8）。传感器为可变电阻式，结构与电磁式燃油表相似，燃油指示表结构与电热式机油压力表类似，电源稳压器用于稳定电压。

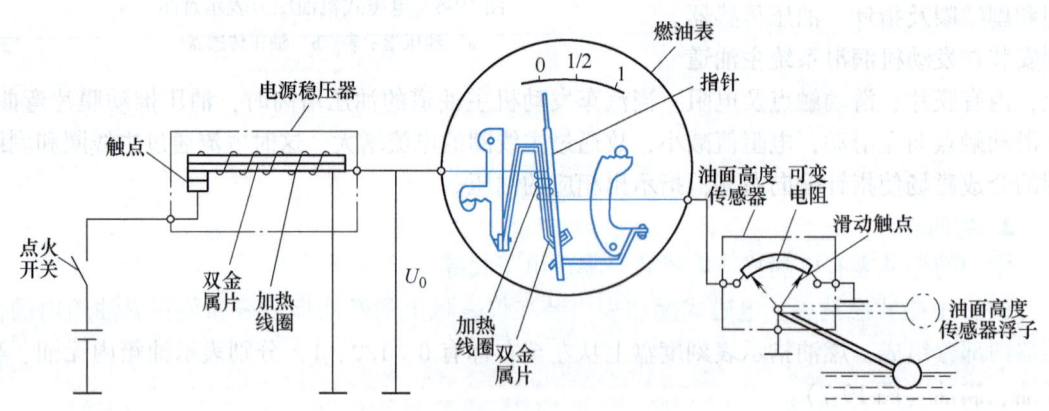

图19-8 电热式燃油表示意图

点火开关接通后，电流流过燃油指示表加热线圈。当油箱无油时，浮子下降到最低位置，可变电阻阻值最大，加热线圈电流很小，双金属片不产生变形，指针处于"0"位置。当油箱存油量增加时，浮子上升，可变电阻阻值变小，加热线圈电流变大，双金属片产生弯曲变形，带动指针向右偏转，指示相应的存油量。

（3）集成电子式燃油表　集成电子式燃油表由两块LM324集成块及相应的检测、显示

第19章 汽车仪表及警示系统

<u>电路组成</u>（图 19-9）。油位测试仍采用浮子式可变电阻传感器，在电路图中以 RP 表示，显示器采用发光二极管发光显示。

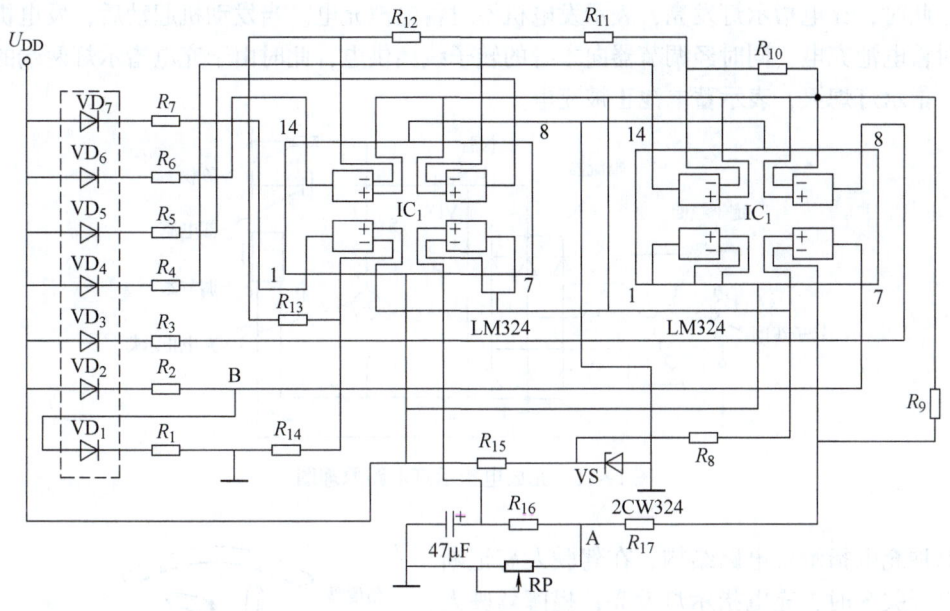

图 19-9　集成电子式燃油表

3. 电流表

<u>电流表主要有电磁式和充放电指示灯式。</u>

（1）电磁式电流表　电流表串联于电路中，用以指示蓄电池的充放电电流值。电磁式电流表的结构与工作原理如图 19-10 所示，黄铜片固定在绝缘底板上，下面夹有永久磁铁，在轴上装有带指针的软铁转子。

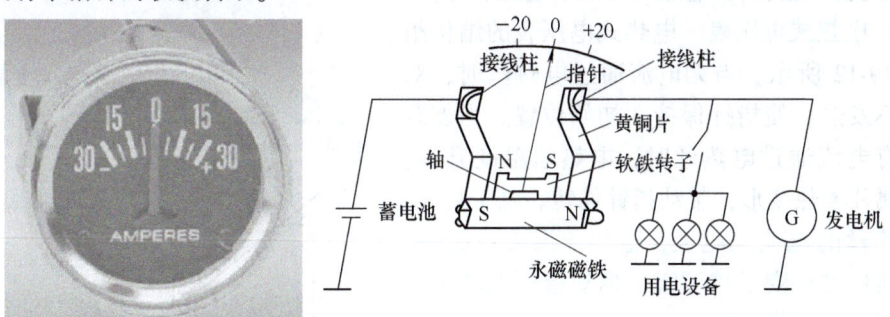

图 19-10　电磁式电流表的结构与工作原理

当没有电流通过电流表时，软铁转子在永久磁铁的作用下被磁化，其极性与永久磁铁的极性相反，因二者的两端互相吸引，使指针保持在中间刻度"0"的位置。当蓄电池放电电流通过黄铜片时，在铜片的周围产生磁场，其方向与永久磁铁的磁场相垂直。在这两个磁场的合成磁场作用下，软铁转子及指针向电流表的"－"刻度方向偏转一个角度，指示出放电电流值。电流值越大，软铁转子的偏转角越大。若有反向电流（即充电电流）通过黄铜片，则指针向"＋"刻度方向偏转，指出相应的充电电流值。

（2）充放电指示灯式 目前，汽车上普遍采用充放电指示灯代替电流表，图 19-11 所示为其电路原理图。在发动机起动前将点火开关 S 闭合时，蓄电池的放电电流方向如图中箭头所示。此时，充电指示灯发亮，表示发电机不对蓄电池充电。当发动机起动后，发电机经二极管对蓄电池充电，同时经调节器向本身的转子线圈供电，此时由于充电指示灯两端的电位相等，指示灯熄灭，表示蓄电池正被充电。

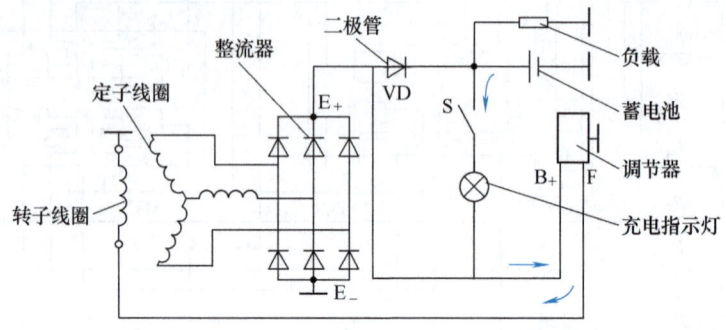

图 19-11　充放电指示灯电路原理图

这种充电指示灯电路结构，在驾驶人忘记断开点火开关 S 时，充电指示灯发亮，提醒驾驶人及时断开点火开关，避免蓄电池向发电机转子线圈长时间大量供电而烧坏调节器和发电机，故可起报警作用。

在电子式仪表显示系统中，则通过电压显示器直接显示汽车电源的电压和充放电情况。

4. 电压表

电压表有电热式、电磁式和数字电压表等。

（1）**电热式电压表** 电热式电压表的结构组成如图 19-12 所示。当无电流通过电热丝时，双金属片不发热，使指针保持在初始位置。当加载电压，有电流通过电热丝时，电热丝温度升高，使双金属片发热变形，带动指针偏转。电压越高，通过电热丝的电流也越大，电热丝温度也越高，使双金属片发热变形越厉害，带动指针偏转角度越大，指示电压值也越大。

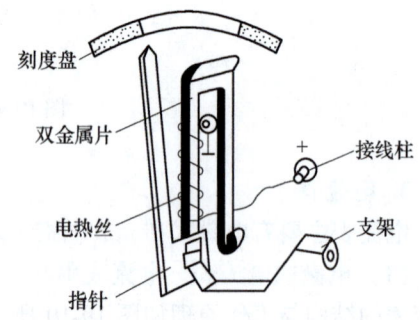

图 19-12　电热式电压表的结构组成

（2）**电磁式电压表** 电磁式电压表的结构组成如图 19-13 所示，两线圈与稳压管 VS 及限流电阻 R 串联。当电源电压低于稳压管击穿电压时，永久磁铁将转子磁化，使指针保持在初始位置。当电源电压达到稳压管击穿电压后，两线圈通过电流产生合成磁场，该合成磁场与永久磁铁磁场相互作用，使转子带动指针偏转。电源电压越高，

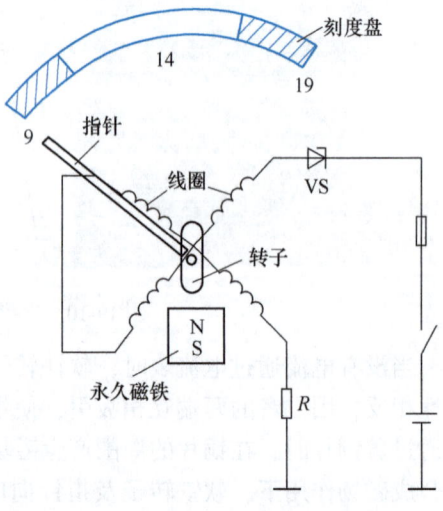

图 19-13　电磁式电压表的结构组成

通过电磁线圈电流越大,其磁场就越强,指针偏转的角度也越大。

(3) 数字式电压表　数字式电压表的基本组成框图如图19-14所示。输入电路的作用是将基本量程变为扩展量程,以便构成多量程数字式电压表,满足各种测量的需要。A-D转换器是电压表的核心,它可将模拟量转换成数字量。逻辑控制器是仪表的中枢,用以控制A-D转换顺序,保证测量正常进行。A-D转换结果反映在计数器中,并通过译码驱动器驱动数字显示器显示出相应的数值。目前的数字式电压表大多采用LED或LCD显示器,二者均可由集成电路直接驱动。

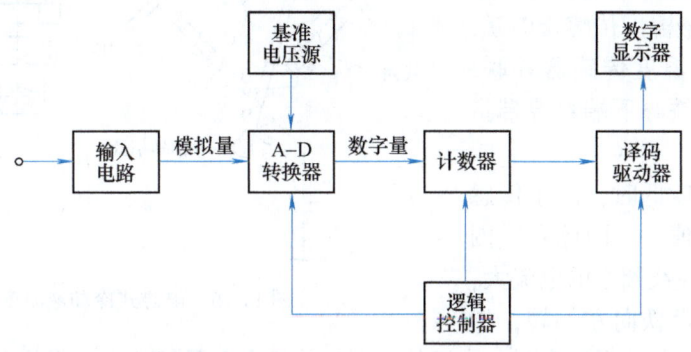

图19-14　数字式电压表的基本组成框图

5. 冷却液温度表

常用的冷却液温度表有电热式、电磁式和集成电子式。

(1) 电热式冷却液温度表　电热式冷却液温度表由安装在仪表板上的温度指示表和安装在发动机气缸盖水套上的发动机冷却液温度传感器组成,其结构如图19-15所示。

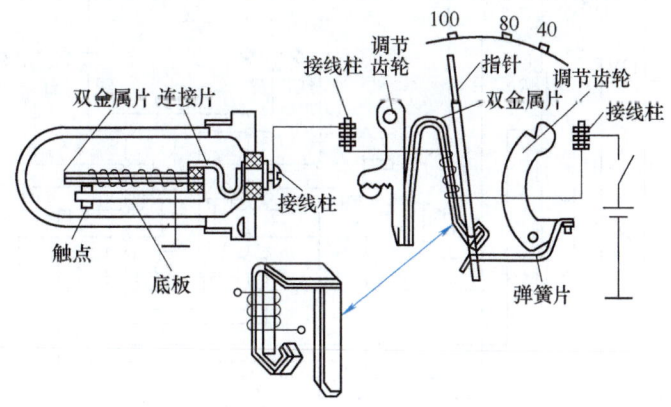

图19-15　电热式冷却液温度表的结构

电热式冷却液温度表的工作原理与电热式机油压力表相似,在发动机冷却液温度较低时,双金属片左端下弯,使触点的初始接触压力较大,电流经过加热线圈,双金属片需经一段较长时间加热,才能使触点分开。由于温度低,双金属片的冷却较快,触点很快又闭合。因此,在发动机冷却液温度较低时,触点闭合的相对时间较长,电路中的有效电流值较大,故温度指示表内的双金属片受热变形大,指针的偏转角大,指示较低的发动机冷却液温度。

当发动机冷却液温度升高时,双金属片左端向上弯曲而使触点的接触压力降低,线圈通电加热使触点断开所需时间变短，而双金属片的冷却则变慢，使触点的相对闭合时间缩短，电路中的电流有效值减小，温度指示表内的双金属片变形量减小，指针偏转角小，指示高温。

(2) 电磁式冷却液温度表　电磁式冷却液温度表一般由电磁式温度表与热敏电阻式传感器配套组成（图 19-16）。冷却液温度表内有两个互成一定角度的铁心，铁心上分别绕有磁化线圈，其中右线圈与冷却液温度传感器串联，左线圈与冷却液温度传感器并联，两个磁化线圈的铁心下端对着带指针的偏转衔铁。

当冷却液温度低时，由于传感器的热敏电阻阻值大，因此右线圈中的电流小，而左线圈中的电流大，左磁场强，吸引衔铁向左偏转，指针指向低温；当冷却液温度高时，由于传感器的热敏电阻阻值减小，因此右线圈中的电流增大，右磁场增强，吸引衔铁逐渐向右偏转，使指针指向高温。

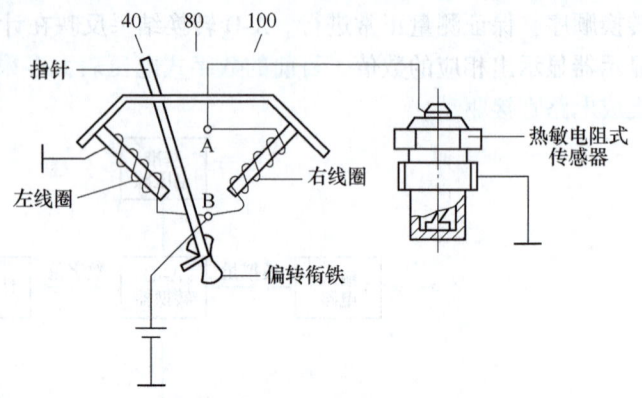

图 19-16　电磁式冷却液温度表

(3) 集成电子式冷却液温度表　集成电子式冷却液温度表常与电子式机油压力表组合在一起，共用一个电路（图 19-17）。

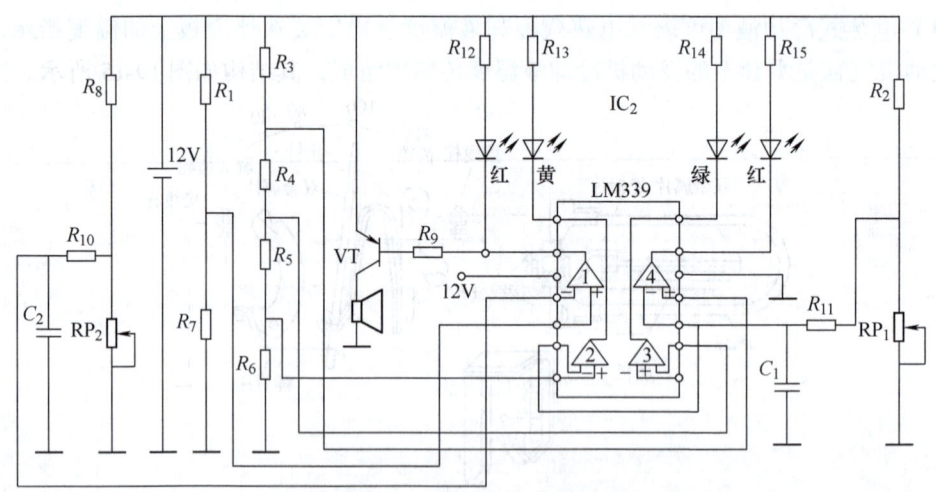

图 19-17　集成电子式冷却液温度和机油压力表电路

冷却液温度传感器（热敏电阻型）安装在发动机水套内，与 R_2 组成温度测量电路；机油压力传感器（双金属片电阻型）安装在发动机主油道中，与电阻 R_8 组成机油压力测量电路。

当冷却液低于 40℃ 时，用黄色发光二极管发黄色光显示；当冷却液温度在正常工作温度（约 85℃）时，用绿色发光二极管发绿色光显示；当冷却液温度超过 95℃ 时，发动机有过热危险，以红色发光二极管发光报警，同时由晶体管 VT 控制的蜂鸣器也发出报警声响信号。

图 19-18 所示为集成电子式冷却液温度和机油压力表，温度用 16 格亮杆显示，亮格愈多，温度愈高。亮格旁边有国际标准（ISO）温度符号及冷（C）和热（H）符号。当亮格达到 11 或 12 时，ISO 符号开始闪烁，提醒驾驶人注意避免温度过高。

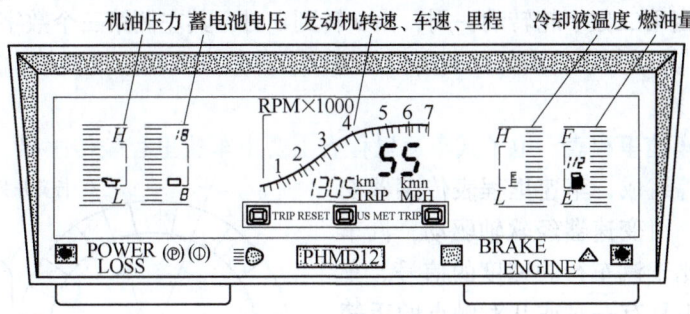

图 19-18 集成电子式冷却液温度和机油压力表

6. 车速里程表

车速里程表有磁感应式车速里程表和电子式车速里程表两种。

（1）磁感应式车速里程表　图 19-19 所示为磁感应式车速里程表的结构简图，它由车速表和里程表两部分组成。

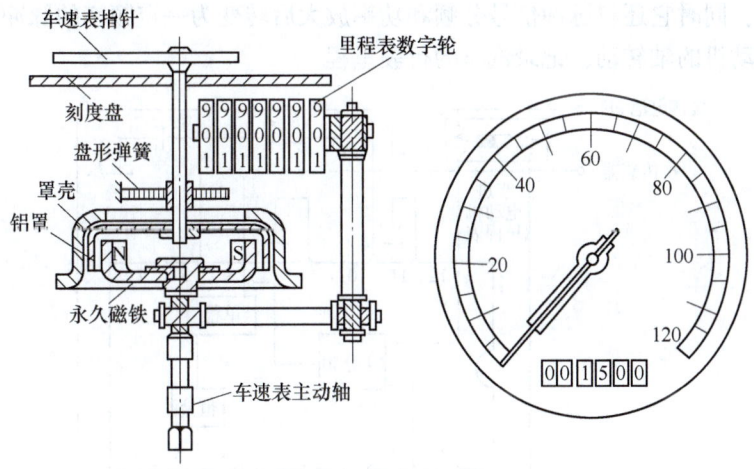

图 19-19 磁感应式车速里程表的结构简图

车速表主要由与主动轴固定在一起的 U 形永久磁铁、带有转轴与车速表指针的铝罩以及罩壳、固定在车速里程表外壳上的刻度盘等组成，主动轴由变速器或分动器传动蜗杆经软轴驱动。

不工作时，盘形弹簧使车速表指针位于刻度盘的零位。当汽车行驶时，主动轴带动永久磁铁旋转，永久磁铁的磁力线在铝罩上产生涡流，涡流产生的磁场与旋转的永久磁铁磁场相互作用产生转矩，使铝罩克服盘形弹簧的弹力向永久磁铁转动的方向旋转，直至与盘形弹簧弹力相平衡。车速越高，永久磁铁旋转越快，铝罩上产生的涡流越大，转矩越大，使铝罩带动车速表指针偏转的角度就越大，指示的车速的示值也就越高。

里程表由蜗轮、蜗杆机构和数字轮组成。汽车行驶时,主动轴经罩壳对蜗轮、蜗杆驱动里程表最右边的第一数字轮,使第一数字轮上的数字表示 1/10km。从第一数字轮向左,每两个相邻的数字轮之间,又通过本身的内齿和进位数字轮传动齿轮,形成 1∶10 的传动比。当第一数字轮转动一周,由 9 转到 0 时,由内传动齿拨动左侧第二个数字轮转动 1/10 圈,成 1km 数递增;当第二数字轮转动一周,由 9 转到 0 时,其左侧第三个数字轮转动 1/10 圈,以 10km 数递增。其余数字轮由低位到高位的显示、计数方式均依此类推,就能累计汽车行驶里程数。

(2)电子式车速里程表　电子式车速里程表主要由车速里程表传感器、信号处理电路、车速表和里程表等组成,车速里程表传感器安装在组合仪表内,由变速器经软轴驱动,汽车行驶时它产生正比于汽车行驶速度的信号。车速里程表传感器由具有一对或几对触点的舌簧开关和转子组成(图 19-20)。

信号处理电路由单稳态触发电路、恒流电路、64 分频电路、功率放大电路以及电源稳压等电子电路组成(图 19-21)。汽车运行时,信号处理电路将车速传感器输入的脉冲信号整形和处理转变为电流信号,并加以放大后驱动车速表指示车速;同时它还将脉冲信号分频和功率放大后转变为一定频率的脉冲信号,以驱动里程表步进电动机的轴转动,记录汽车的行驶里程。

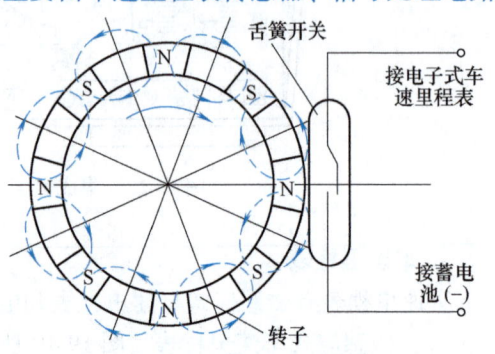

图 19-20　车速里程表传感器

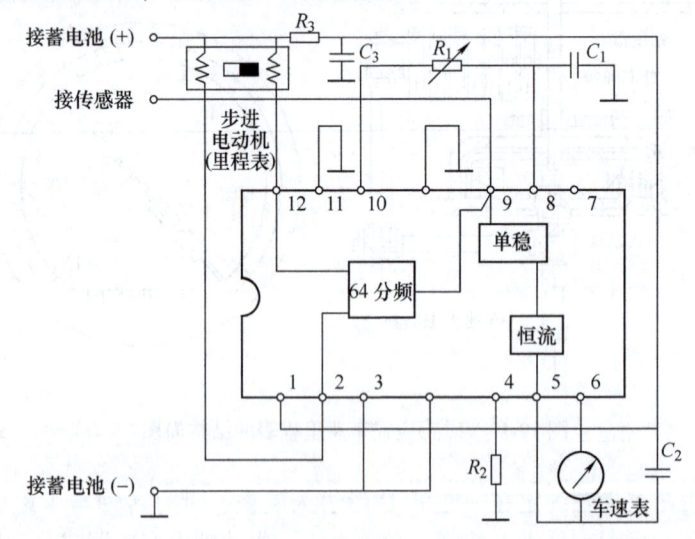

图 19-21　电子式车速里程表的信号处理电路示意图

车速表以一个磁电式电流表作为指示表。汽车以不同的车速运行时,信号处理电路将车速传感器输入的脉冲信号转变为与车速成比例的电流信号,使电流表的指针偏转,指示出相应的车速。

里程表由步进电动机、六位十进制计数器及内传动齿轮等组成。汽车运行时车速传感器输出的脉冲信号经信号处理电路分频和功率放大，转变为一定频率的脉冲信号，作用于步进电动机的电磁线圈。步进电动机将这一脉冲信号转变为角位移信号，使电动机轴转动，驱动里程表十进制计数器的六个计数轮依次转动，记录汽车行驶的总里程和单程行驶里程。当需要消除短程里程时，只需按一次复位杆，短里程表就会归零。

7. 发动机转速表

为了检查发动机，并监视发动机的工作状况，更好地掌握换档时机，利用经济车速行驶等，汽车还装有发动机转速表（图19-22a），用来测量发动机曲轴转速。按其结构不同可分为机械式和电子式两种。

电子式发动机转速表具有指示平稳、结构简单、安装方便等优点，所以被广泛应用，图19-22b 所示为转速信号取自点火线圈负极低压接线柱的单稳态多谐波振荡式电子发动机转速表电路。

VT_1、VT_2 及相应的电阻和电容组成单稳态多谐振荡电路，R_1、R_3、C_1、C_2 组成滤波电路。振荡器由断电器触点打开进行触发，当点火开关接通，发动机未转动时，VT_2 通过 R_5 处于正向偏置而导通，VT_2 饱和导通后 VT_1 和 VD_2 就不能导通，因此转速表读数为零。

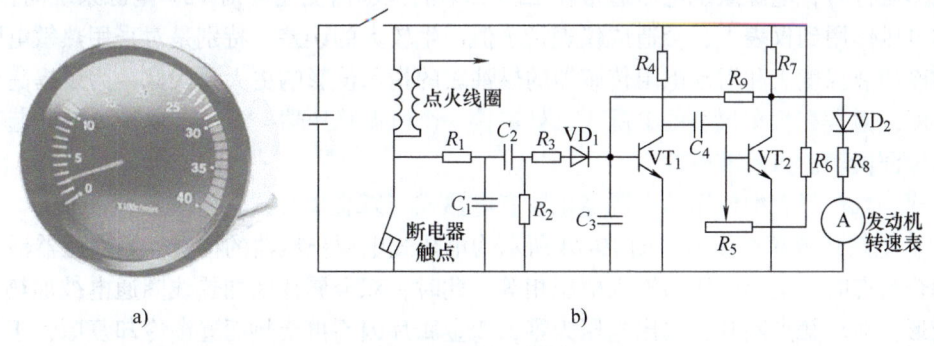

图 19-22 电子式发动机转速表
a）转速表 b）单稳态多谐波振荡式电子发动机转速表电路

发动机转动后，当第一个断电器触点脉冲经滤波电路到达 VT_1 的基极使 VT_1 导通后，C_4 放电，VT_2 的基极电位下降而截止（非稳态），VT_2 的集电极电位迅速升高，通过 R_9 反馈到 VT_1 的基极，使 VT_1 迅速饱和导通。在 VT_2 截止这段时间内，VD_2 导通，转速表有电流通过。VT_2 的截止时间取决于 C_4 的放电时间，随着 C_4 放电电流的逐渐减小，VT_2 基极电位升高，当达到其导通电压时，VT_2 导通，其集电极电位下降，又通过 R_9 反馈使 VT_1 迅速截止、VT_2 饱和导通（稳态）。当第二个断电器触点脉冲经滤波电路到达 VT_1 的基极时，VT_1 才第二次导通。

由于经单稳态多谐振荡电路输出的脉冲幅度和脉冲宽度一定，因此无论输入的转速信号脉冲随转速如何变化，通过转速表的有效电流只与发动机转速成正比。发动机的转速上升，单稳态多谐振荡电路输出脉冲的频率增加，通过转速表的有效电流增大，转速表的示值相应增大。

目前，一些车型上使用的发动机转速表，采用专用集成电路芯片来实现信号的采集和处理（图19-23），其芯片的体积很小，可以安装在转速表内。

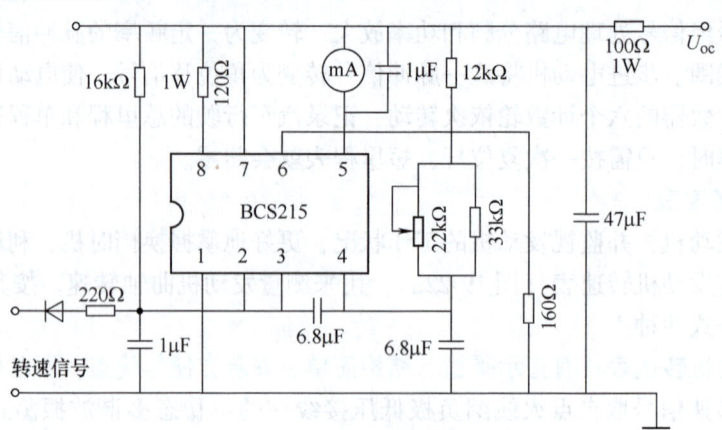

图 19-23　发动机转速表集成电路

8. 汽车仪表的电源稳压器

汽车运行时,电源系统电压通常在 12～15V 的范围内变化(对 12V 电源系统而言),若波动的电压作用到仪表上,会造成仪表指示值产生较大的误差,特别是对采用热敏电阻式传感器的冷却液温度表和滑动电阻传感器的燃油表的指示值影响更大。因此,为了提高仪表的指示精度,通常在汽车仪表的电源入口处串接一个电源稳压器,当电源电压波动时起稳压作用,以保证仪表读数的准确性。

目前,汽车仪表中使用的电源稳压器有电热式(双金属片式)和电子式两种。

(1) 电热式电源稳压器　图 19-24 所示为电热式电源稳压器的构造。当稳压器活动触点处于闭合状态时,输出电压与输入电压相等。此时,双金属片因加热线圈通电被加热而向上挠曲变形,活动触点断开,输出电压为零,双金属片因不再受热而逐渐冷却复原,于是触点重又闭合。如此反复变化,使稳压器输出脉冲电压。

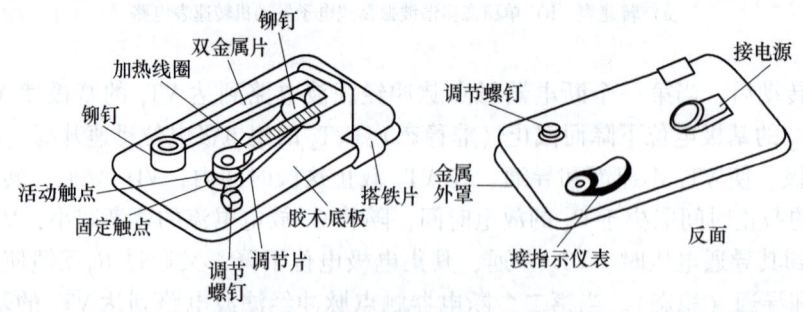

图 19-24　电热式电源稳压器的构造

当输入电压增加时,由于流过稳压器加热线圈的电流增大,产生热量大,因此用较短的时间就可使触点打开。而触点打开后,却需较长的时间才能使触点闭合,这样尽管输入电压增加,但因触点闭合时间减短,打开时间增长,输出电压仍可保持稳定。反之,当输入电压降低时,因流过稳压器加热线圈的电流减小,产生热量小,于是触点闭合时间增长,打开时间减短,则输出电压有效值仍保持稳定。该电源稳压器的输出电压为 (8.64 ± 0.15) V。

(2) 电子式电源稳压器　电子式电源稳压器一般采用三端集成电路式,具有体积小、接线方便、外接元器件少、抗干扰强、输出电压不需调整、电压稳定以及设计有过电流、过热、短路等保护电路、可靠性高、使用寿命长、价格便宜等优点，已广泛用于现代汽车仪表的稳压电源中。桑塔纳汽车仪表的电源稳压器采用的就是三端集成电路式电源稳压器，其结构如图 19-25 所示，图中 A 脚为输出脚，"⊥" 脚为搭铁脚，E 为电源输入端。该稳压器的输出电压为 9.5～10.5V。

9. 汽车新型的 HUD 平视显示系统

平视显示系统（Head Up Display，HUD），也称为抬头显示系统。HUD 利用虚拟成像技术，将行车重要信息通过 HUD 显示屏投射到风窗玻璃上（图 19-26），再通过风窗玻璃反射给驾驶人，从而避免驾驶人在行车过程中频繁低头看仪表或者车载屏幕导致的行车安全事故。

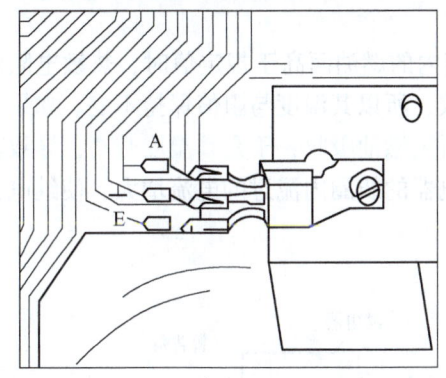

图 19-25 三端集成电路式电源稳压器的结构

图 19-26 汽车 HUD 平视显示系统

HUD 技术最开始应用于战斗机上。1988 年，通用汽车公司在其旗下的 Oldsmobile Cutlass Supreme Indy 500 Pace Car 上采用了 HUD，是世界上首款采用 HUD 技术的汽车。此后 HUD 开始逐渐装备在跑车和高档乘用车中，目前许多汽车厂家都有车型装备了 HUD。

想一想　风窗玻璃上为什么可以显示行车信息？

19.3　主要汽车警示装置结构与原理

1. 机油压力报警装置

机油压力报警装置有弹簧管式和膜片式。

（1）弹簧管式机油压力报警装置　如图 19-27 所示，弹簧管式机油压力报警装置由装在发动机主油道上的弹簧管式传感器和装在仪表板上的警告灯两部分组成。传感器内的管形弹簧一端与发动机主油道连接，另一端与动触点连接，静触点经导电片与接线柱连接。当润滑系统机油压力低于允许值时，管形弹簧几乎无变形，动静触点闭合，警告灯中有电流通过，灯亮，提醒驾驶人注意。当润滑系

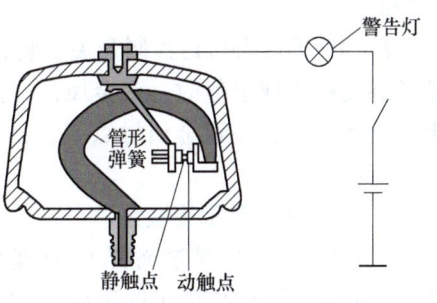

图 19-27 弹簧管式机油压力报警装置

统机油压力达到允许值时，管形弹簧变形程度增大，使动静触点分开，警告灯中无电流通过，灯灭。

(2) 膜片式机油压力报警装置　膜片式机油压力报警装置由装在仪表板上的机油低压警告灯和装在发动机主油道上的油压传感器（图19-28）组成。

当发动机润滑系统主油道中的机油压力低于正常范围下限值时，导电压紧弹簧伸张，橡胶膜片向下挠曲，并使导电弹簧座得以与限止圈接触，于是仪表板上低压警告灯形成回路而发亮。当主油道中机油压力重新升高而达到正常值时，油压克服了导电压紧弹簧的压力，橡胶膜片将绝缘顶芯顶起，使限止圈与导电弹簧座分离，于是回路断开，警告灯熄灭。报警油压可通过调节螺钉按发动机的技术要求加以调节。

2. 燃油低油面报警装置

图19-29所示为燃油低油面报警装置，当燃油箱内的燃油面高于规定值时，热敏电阻浸泡在燃油中。由于热敏电阻所产生的热量被燃油吸收，所以其温度与阻值保持不变。如果燃油油面降低到使热敏电阻露出油面时，其热量就不再被燃油吸收，于是其温度升高，导致其阻值下降。当热敏电阻阻值下降到一定程度时，继电器的线圈内流过的电流增大，使继电器的触点闭合，从而使低油面警告灯发亮报警。

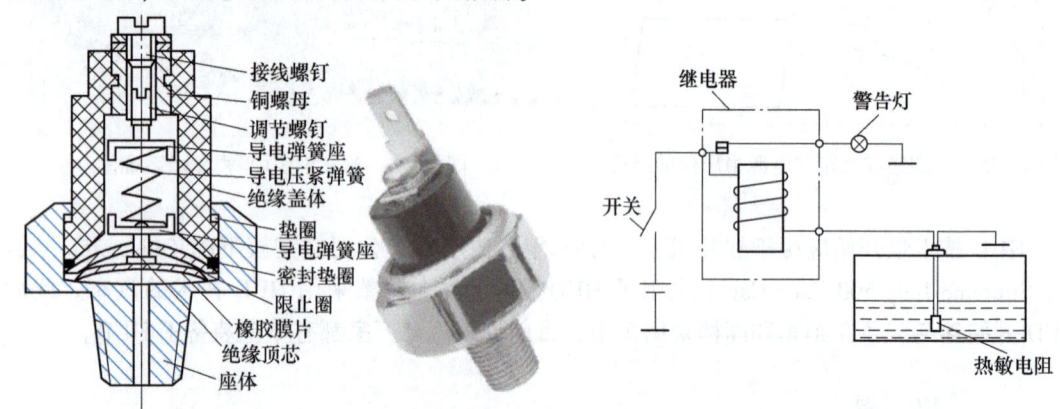

图19-28　膜片式机油压力报警装置　　　　图19-29　燃油低油面报警装置

3. 冷却液温度报警装置

冷却液温度警告灯在冷却液温度超过一定值时点亮，发出报警信号，以引起驾驶人的注意。冷却液温度警告灯一般安装在冷却液温度表内，其工作可以由冷却液温度警告灯控制开关控制。

冷却液温度警告灯控制开关安装在发动机气缸盖的水套中（图19-30），当水套中冷却液的温度超过规定值时，双金属片受热变形，向下弯曲，使双金属触点闭合，接通警告灯电路。

4. 冷却液不足报警装置

冷却液不足报警装置结构原理如图19-31所示，它由安装在仪表板上的冷却液不足警告灯、警告灯控制电路和插在密

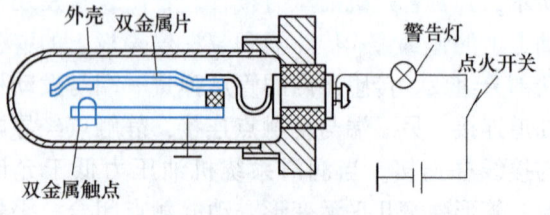

图19-30　冷却液温度警告灯控制开关

第 19 章 汽车仪表及警示系统

封散热器中的探针构成，探针通过导电的冷却液及散热器壁搭铁。

5. 车速报警装置

为了保证行车安全，一些车型的车速表电路中装有车速报警装置，其工作原理如图 19-32 所示，当汽车行驶速度达到或超过某一限定车速（如 100km/h）时，车速表内的速度开关接通蜂鸣器的电路，蜂鸣器发出声响提醒驾驶人车速已超过限定值。

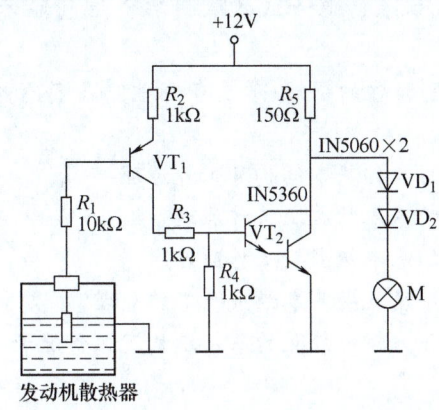

图 19-31　冷却液不足报警装置结构原理

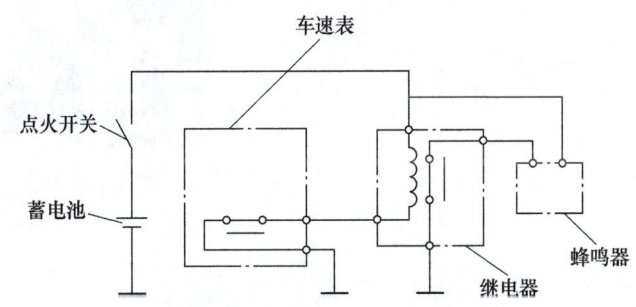

图 19-32　车速报警装置工作原理

 汽车上还有哪些报警装置？

本章小结

1. 汽车仪表及警示系统主要用于反映汽车的一些重要运行状态参数，必要时提出警示，防止发生机械事故，保证汽车可靠行驶和人身安全。

2. 汽车仪表按显示方式不同可分为机械式、电子式和综合信息显示系统 3 类。

3. 汽车常见的仪表及警示装置有机油压力表、燃油表、电流表、电压表、冷却液温度表、车速里程表、发动机转速表、机油压力报警装置、燃油低油面报警装置、冷却液温度报警装置、冷却液不足报警装置、车速报警装置等。

4. 汽车仪表板常见指示灯对保证汽车安全行驶意义重大，应密切注意汽车起动后和行驶中各仪表、指示灯和警告灯的工作情况，若发现异常，应立即停车检查并排除。应保持各种仪表及指示灯工作可靠。

思考题

1. 名词解释：机械式仪表、电子式仪表、综合信息显示系统、HUD 技术。
2. 汽车仪表板常见指示灯的显示符号有哪些？各符号含义是什么？
3. 叙述电磁式机油压力表的基本结构及工作原理。
4. 叙述电磁式电流表的基本结构及工作原理。
5. 说明电磁式燃油表的基本组成及工作原理。
6. 说明电磁式冷却液温度表的基本组成及工作原理。
7. 叙述弹簧管式机油压力报警装置的基本结构及工作原理。

第20章 汽车照明系统及信号装置

内容架构

```
第20章 汽车照明系统及信号装置
        ├── 20.1 汽车照明系统
        └── 20.2 汽车信号装置
```

教学目标要求、重点与难点

序号	教学目标要求	教学重点	教学难点
1	掌握汽车照明装置的组成及各自的作用	✓	
2	掌握电喇叭及其继电器的基本结构与工作原理	✓	
3	理解汽车前照灯的基本结构原理与新技术	✓	
4	掌握闪光器的基本结构与工作原理		✓
5	掌握液压式制动信号灯的基本结构与工作原理	✓	✓
6	学会电喇叭的音量和音调调整	✓	
7	能够识别汽车各种灯光和信号装置	✓	
8	能够控制照明和各个信号装置	✓	

20.1 汽车照明系统

20.1.1 照明系统的功用与组成

1. 照明系统的功用

为保证汽车在夜间及能见度较低的情况下安全、高速行驶，改善车内驾乘环境，便于交通安全管理和车辆使用、检修，汽车必须设置照明系统。

2. 照明系统的组成

汽车照明系统由电源、照明装置及其控制部分组成。控制部分包括各种灯光开关、继电器等。照明装置包括车外照明、车内照明和工作照明三部分，其具体组成与作用见表20-1。照明及信号装置在车上的布置如图20-1所示。

表 20-1 汽车照明装置的组成及作用

照明装置		作用
车外照明装置	前照灯	夜间行驶时照明，可发出远光和近光两种光束
	示宽灯	夜间示宽、近距离照明等
	后灯	红色，警示作用，兼作牌照灯
	雾灯	黄色，在有雾、下雪、暴雨或尘埃弥漫时行车照明，具有信号作用
	倒车灯	倒车时后照明，并起信号作用
	牌照灯	照明汽车后牌照
车内照明装置	仪表灯	仪表板照明
	顶灯	车内照明
	阅读灯	乘客阅读照明
工作照明装置	行李箱灯	夜间行李箱门打开时照明
	发动机罩灯	夜间发动机罩打开时照亮发动机

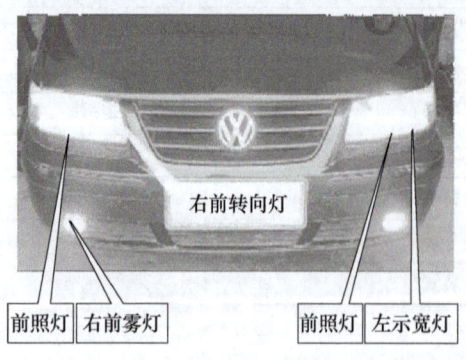
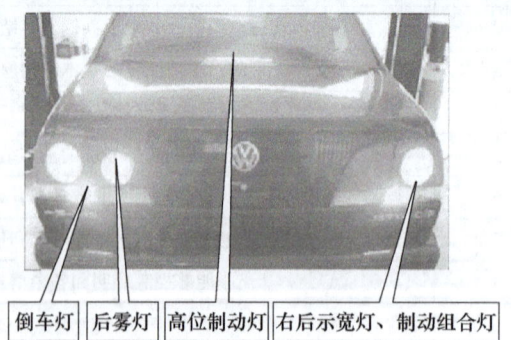

图 20-1 照明及信号装置在车上的布置

20.1.2 前照灯及控制装置的结构与工作原理

1. 前照灯

前照灯有二灯式和四灯式两种，前者是在汽车前端左右各装一个前照灯，后者是在汽车前端左右各装两个前照灯。前照灯常用外形参见上海帕萨特B5，如图20-2所示。

第 20 章　汽车照明系统及信号装置

前照灯有全封闭式、半封闭式和可拆卸式等几种。图 20-3 所示的前照灯是半封闭式前照灯的结构，主要由灯泡组件、反光罩和透光玻璃等组成。

灯泡组件是将电能转变为光能的装置。现代汽车的前照灯都采用双丝灯泡。远光灯丝位于反光罩的焦点上，近光灯丝位于焦点上方。在近光灯丝下方加有金属遮罩，下部分的光线被遮罩挡住，以防止光线向上反射及直接照射对方驾驶人而引起眩目。

图 20-2　上海帕萨特 B5 前照灯

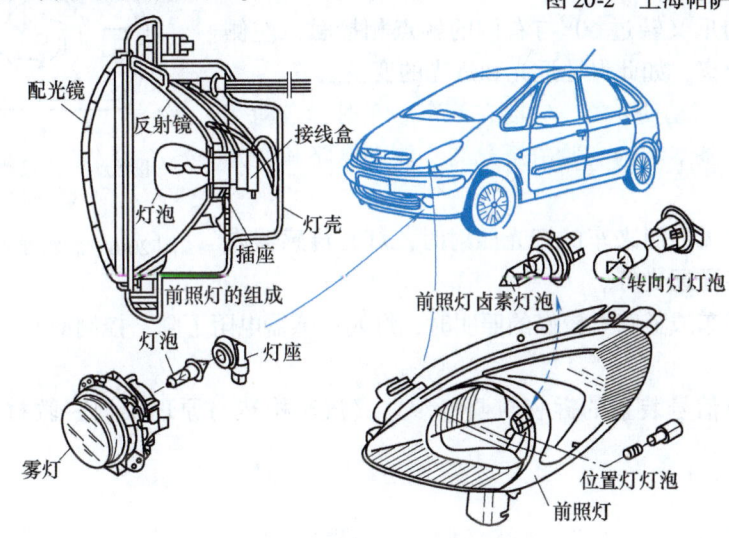

图 20-3　照明及部分信号装置

反光罩的形状是一旋转抛物面，其作用是将灯泡远光灯丝发出的光线聚合成平行光束，并使光亮度增大几百倍。其外形结构和工作原理如图 20-4 和 20-5 所示。

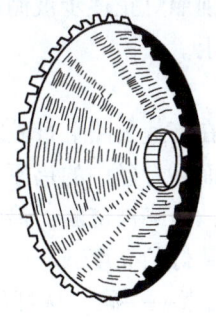

图 20-4　反光罩外形结构

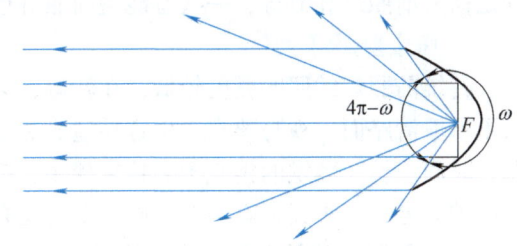

图 20-5　反光罩工作原理

透光玻璃是许多透镜和棱镜的组合体，其上有皱纹和棱格。光线通过时，透镜和棱镜的折射作用使一部分光束折射并分散到汽车的两侧和车前路面上，以照亮驾驶人的视线范围。

2. 前照灯控制装置

前照灯控制装置控制前照灯的开关和变光。有机械式脚踏变光开关和电子式自动变光器两类。

(1) 脚踏变光开关　脚踏变光开关安装于驾驶室内离合器踏板左侧，用于控制前照灯远光和近光的切换。

脚踏变光开关的结构如图 20-6 所示，其"火线"接线柱用导线与车灯开关的Ⅱ档（前照灯）接线柱相连，内部与接触块相通，另外两个接线柱的导线分别与前照灯远光灯和近光灯相连。变光开关设计保证在任何时候接触块（转子）总有一个爪的端部与某一个触点相互接触。当踏下踏帽后推杆推动棘轮，带动接触块顺时针转动 60°，使图示下方的爪与左侧触点接触，而右侧触点与接触块分离。再踏一下踏帽，上面的爪又转过 60° 与右侧的触点相接触，左侧触点与接触块分离，如此保证远光和近光的变换。

(2) 前照灯自动变光器　它能在汽车会车时，自动变远光为近光。其基本结构主要由感光器、放大电路和变光继电器组成。

在夜间行车无迎面来车的灯光照射时，灯光传感器内阻较大，控制接通远光灯。

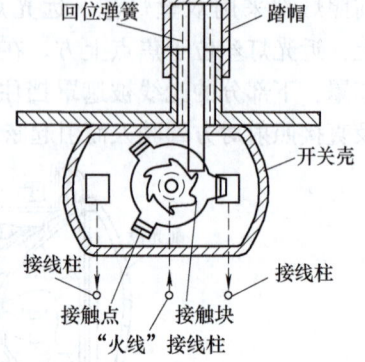

图 20-6　脚踏变光开关的结构

当有迎面来车或道路有较好的照明时，灯光传感器电阻下降，控制前照灯由远光自动切换为近光。

汽车照明及信号装置的拆装与调整参见《汽车构造与原理实训》教材及其光盘的项目 20.1。

> **找一找**　目前一些常用车型上的前照灯的设计和结构特点是什么？

20.1.3　汽车照明系统的新技术

在现代乘用车上，传统的可装卸的白炽灯泡和白炽真空前照灯正逐步被淘汰，取而代之的是卤素前照灯和氙灯，一些智能型前照灯也已经用在汽车上。

1. 卤素前照灯

传统前照灯的照明亮度较低，在转弯、会车、雨雾天及在高速公路上行驶时，会使驾驶人不易看清路面，视野狭窄，也容易造成对方驾驶人眩目。而且灯丝中的钨原子处在蒸发状态，时间一长，蒸发的钨原子会越来越多，钨丝会越烧越细，最终被烧断，钨原子会沉积在灯泡玻璃上，日久天长就会有一层阴影遮住光线的照射，导致灯的亮度减弱。

卤素前照灯就是在灯泡内的惰性气体中渗入少量的卤元素——碘，从灯丝蒸发出来的钨原子与碘原子相遇发生反应，生成碘化钨化合物，当碘化钨接触白热化的灯丝又会分解还原为钨和碘，钨又重新回到灯丝中去，碘则重新进入气体中。如此循环不已，灯丝几乎不会烧断，灯泡也不会发黑。所以，卤素前照灯比传统的白炽前照灯使用寿命更长，亮度更大。

卤素前照灯的"近光"采用偏光束灯丝，反射出去的光线朝下漫射向地面，不会给对面来车的驾驶人造成眩目。同时灯罩也采用新型聚光玻璃，能提供更远更广泛的视野区域，不易使迎面而来的驾车人感到眩目，日本雷克萨斯汽车就装配了这种前照灯。

2. 氙灯

卤素灯与普通灯泡一样有灯丝，而氙灯则没有灯丝，它是利用两电极之间放电器产生的电弧来发光的，如同电焊中产生的电弧的亮光，呈现蓝白色光，大幅提高了道路标志和指示牌的亮度，氙灯发射的光通量是卤素灯的2倍以上，同时电能转化为光能的效率也比卤素灯提高70%以上。

3. LED前照灯

发光二极管（LED）拥有高亮度、反应时间短与使用寿命长等优点。用它取代传统灯泡，应用到汽车前照灯上，可采用太阳能作为照明系统的电力来源。LED前照灯在日间有阳光时采集能量并加以储存，夜间便可供灯光照明使用。2007款林肯Aviator即采用此照明系统。

4. 像素前照灯照明系统

像素前照灯照明系统（Pixel Headlights System）是德国宝马公司研制的，它采用480000个独立控制的显微镜片取代了传统的反射镜。这种方法形成的前照灯光柱形状完全符合驾驶人的驾驶条件，同时还不会产生耀眼的远光照明，并且在拐弯、城市、高速公路和恶劣天气时具有独特的照明效果，可以给驾驶人提供特别的提示、警告信息，例如左转时光束显示出相应的左转箭头指示信息。另外，它的附属光还可以照亮道路标志。

5. 自适应前照灯系统

自适应前照灯系统（Adaptive Front Lighting System，AFS）是一种智能灯光调节系统，它能自动改变两种以上的光型以适应车辆行驶条件的变化。AFS的主要功能是通过感知驾驶人的操作（如转向、制动等）、车况（如高速巡航、减速慢行、起步等）、路况（如高速路况、市郊路况、城市路况等）以及环境（如黄昏、阴天、下雨、下雪等）等信息，自动控制前照灯的实时照射强度和照明方向，改善各种因素所造成的视线不良问题。如在连续起伏路上和连续转弯及弯道行驶时，系统可以根据车身倾斜、车速、转向盘转向角等信号，判定汽车当前的行驶状态并自动调整前照灯上下左右的照射方向，以减少视觉盲区；当白天车辆穿过隧道和桥梁或遇到恶劣天气时，前照灯会自动打开以补充照明；当从黄昏过渡到黑夜或在夜间对面有车辆行驶而来时，前照灯能够自动根据外界的亮度而改变自身的照射强度。为了更方便地实现灯光调整，新一代AFS前照灯的灯光控制系统提供了基准、弯道、城镇、高速公路、雨天等不同模式，智能调光系统能结合车辆本身配装的传感器，适时地自动调节前照灯的光型、光束照射的远近以及亮度的强弱，从而达到相应状况下的最优光照表现，为驾驶人提供最佳道路照明效果。

20.1.4 汽车内部照明系统

1. 内部照明系统的组成和作用

内部照明灯包括仪表灯、顶灯、阅读灯等，工作照明灯包括行李箱灯、发动机罩灯等，如图20-7所示。其作用和特征在表20-1中已列出。

2. 内部照明系统的控制

顶灯由顶灯开关和门控开关共同控制，当顶灯开关接通时（手动），顶灯亮。当顶灯开关断开时，顶灯由4个门控开关控制，只要有一个门关闭不严，这个门控开关就接通，顶灯就亮。

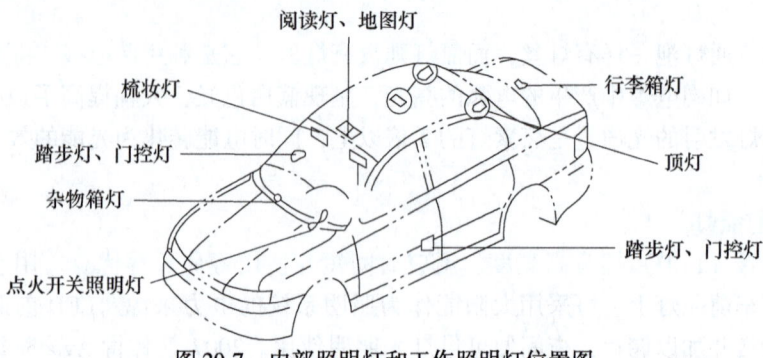

图 20-7 内部照明灯和工作照明灯位置图

行李箱灯由行李箱灯门控开关控制,当行李箱门打开时,门控开关闭合,行李箱灯亮。仪表板、时钟、点烟器、雾灯开关、后风窗除霜器开关、空调开关等的照明灯均由车灯开关直接控制。

20.2　汽车信号装置

20.2.1　信号装置的作用与组成

1. 信号装置的作用

信号装置的作用是通过灯光和音响等手段,向行人和车辆发出警告,以保障行车安全。

2. 信号装置的组成

常见的汽车信号装置有喇叭音响信号装置(电喇叭、气喇叭等)、转向信号装置(转向灯、闪光器)、制动信号装置(制动信号灯、制动信号灯开关)、倒车信号装置(倒车信号灯、蜂鸣器)和危险警告信号装置。

20.2.2　信号装置主要部件的结构与工作原理

1. 喇叭音响信号装置

喇叭音响信号装置主要有气喇叭、电喇叭等。气喇叭用气流使金属膜片振动而发声,在一些装备气压制动的汽车上使用,其音量高,禁止在城市使用。电喇叭在所有汽车上都安装,分有触点和无触点两类。

(1) 触点式电喇叭　触点式电喇叭有筒形、螺旋形和盆形等不同的结构形式。盆形电喇叭具有尺寸小,指向性好等特点,被现代汽车广泛应用,其结构如图 20-8 所示。

按下电喇叭按钮,电喇叭内部通电,电路为蓄电池正极→线圈→触点→按钮→搭铁→蓄电池负极。线圈通电后产生磁力,吸动上铁心及衔铁下移,使膜片下拱,衔铁下移中将触点顶开,线圈电路被切断,其磁力消失,上铁

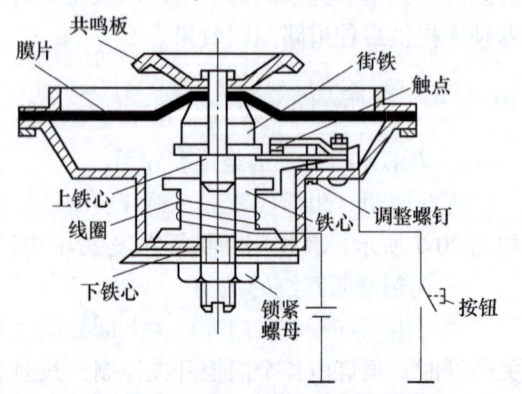

图 20-8　盆形触点式电喇叭的结构

第20章 汽车照明系统及信号装置

心、衔铁及膜片又在触点和膜片自身弹力的作用下复位,触点闭合。触点闭合后,线圈又通电产生磁力吸动上铁心和衔铁。如此循环,使膜片振动,产生较低频率的振动,促使共鸣板产生谐振。发出音量适中、和谐悦耳的声音。

盆形电喇叭音调的高低取决于其膜片的振动频率。通过改变上、下铁心之间的间隙来改变膜片的振动频率。需要调整音调时,松开锁紧螺母,旋动下铁心,旋入下铁心时,上下铁心之间的间隙减小,音调升高;旋出下铁心则使音调降低。调至合适的音调后,旋紧锁紧螺母即可。

盆形电喇叭音量的高低取决于线圈电流,通过线圈的电流大,膜片的振动也大,喇叭发出的音量也就大。线圈电流可以通过调整螺钉来调整触点的接触压力。调整螺钉旋出,触点接触压力增大,电喇叭音量增大;调整螺钉旋入则会抵消部分触点臂的自身弹性,使电喇叭音量减小。

(2) 无触点式电喇叭 触点式电喇叭的触点容易烧蚀和氧化,工作不稳定,故障率较高。无触点式电喇叭用晶体管代替触点,得到了广泛应用。

(3) 喇叭继电器 为使电喇叭声音更加悦耳,有的汽车上设置了双音(高、低音两只)喇叭或三音(高、中、低三只)喇叭,因此通过喇叭按钮的电流较大。喇叭继电器的作用是减小通过喇叭按钮的工作电流,降低喇叭按钮触点烧蚀的故障率,延长其使用寿命。配用喇叭继电器的电喇叭电路如图20-9所示。

当按下喇叭按钮时,喇叭继电器线圈通电,产生的电磁力使触点闭合,接通喇叭电路而使电喇叭发声。

2. 转向信号装置

转向信号装置用于显示汽车的转弯方向。由转向灯、转向灯开关和闪光器等组成。转向灯安装于车身前端和后端的左右两侧,驾驶人转向时,通过转向灯开关控制转向灯闪烁,发出警示。

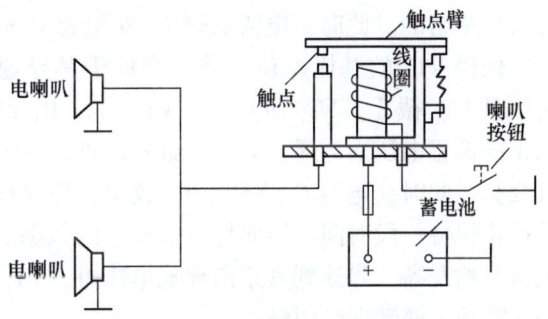

图20-9 配用喇叭继电器的电喇叭电路

转向灯闪烁靠闪光器来完成,闪光器有电热式、电容式和电子式几种。

(1) 电热式闪光器 电热式闪光器的结构如图20-10所示,在胶木底板上固定着工字形

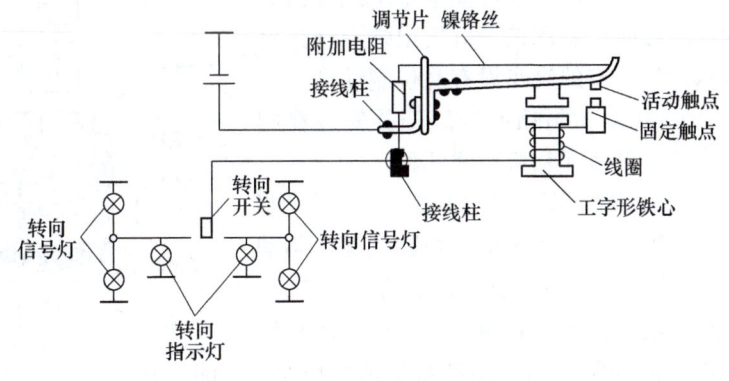

图20-10 电热式闪光器的结构

铁心4，上面绕有线圈3，线圈的一端与固定触点2相连，另一端固定在接线柱5上。附加电阻12由镍铬丝制成，并且和镍铬丝14串联。

汽车不转向时，转向开关10处于中间位置，转向信号灯及指示灯的电路均断开。

汽车转向时，转向开关10向左或右闭合，转向信号灯电路接通，电流从蓄电池正极→接线柱11→活动触点1→镍铬丝14→附加电阻12→接线柱5→转向开关10→转向信号灯及指示灯→蓄电池负极，形成回路。由于回路接入附加电阻，故灯泡的亮度较弱。经过一段时间后，镍铬丝受热膨胀而伸长，使触点1、2闭合，电流经闭合的触点→线圈3→转向信号灯及指示灯，形成回路，镍铬丝14和附加电阻12被短路。这时，线圈中有电流通过，产生电磁力使触点闭合较牢。由于此时电路中的电阻减小，电流增大，故转向信号灯及指示灯发出较亮的光。又经过一段时间后，镍铬丝14又冷却收缩使触点重新断开，电流又流经附加电阻12，灯光变暗。如此循环，触点反复开闭，附加电阻不断被接入与短路，使通过转向信号灯及指示灯的电流忽大忽小，灯光一明一暗，标示车辆转弯的方向。

(2) **电子式闪光器** 电子式闪光器分为有触点和无触点两种类型。国产SG131型无触点闪光器电路如图20-11所示。工作时，接通转向灯开关，VT_1因有正向偏置电压而导通，VT_2、VT_3则截止。由于VT_1的集电极电流很小，故转向灯是暗的。此时，电流通过R_1对电容C充电，使得VT_1的基极电位下降，当低于其导通电压时VT_1截止。VT_1截止后，VT_2通过R_3得到正向偏置电压而导通，VT_3也随之导通，转向灯变亮。此时，电容C经R_1、R_2放电，使VT_1

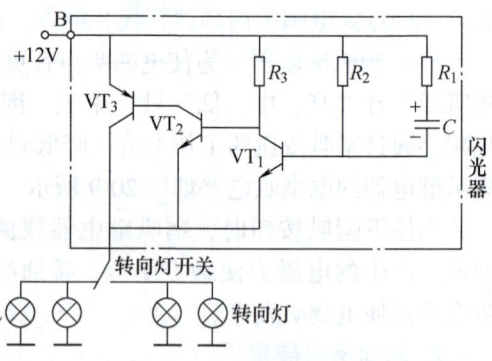

图20-11 国产SG131型无触点闪光器电路

的截止保持一段时间，转向灯也保持亮的状态。随着电容C放电电流的逐渐减小，VT_1基极电位开始升高，当达到其正向导通电压时，VT_1又导通，VT_2、VT_3又截止，转向灯又变暗。如此循环，使转向灯闪烁。

3. 制动信号装置

制动信号装置用于汽车制动时发出警示信号。它由制动信号灯、制动信号灯开关和制动灯断线报警开关等组成。

(1) **制动信号灯** 制动信号灯安装在汽车尾部，当驾驶人踩下制动踏板时，制动信号灯发出强烈红光警示。为了增强显示效果，有的汽车设有高位制动灯。

(2) **制动信号灯开关** 制动信号灯开关安装在制动回路中，有液压式、气压式和机械式几种。

1) **液压式制动信号灯开关**（图20-12）。液压式制动信号灯开关用在液压制动的汽车中，安装在液压制动总泵的前端，当踩下制动踏板时，制动系中的液压增大，膜片向上拱曲，使接触桥接通左右两个接线柱，制动信号灯通电发亮，松开制动踏板时，制动系统液压降低，在接触桥回位弹簧的作用下复位，制动信号灯断电熄灭。

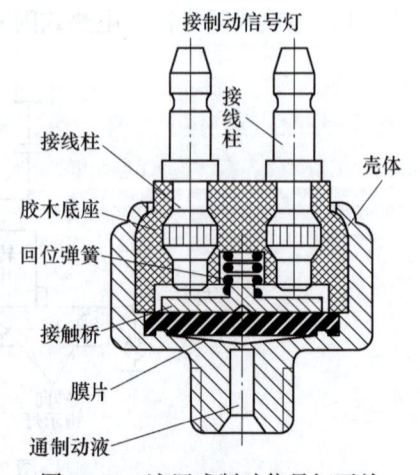

图20-12 液压式制动信号灯开关

第 20 章　汽车照明系统及信号装置

2）气压式制动信号灯开关。气压式制动信号灯开关用在气压制动的汽车中，安装在制动系统的输气管路上。它的基本工作原理与液压式类似，其制动动力来自气压。

3）机械式制动信号灯开关。机械式制动信号灯开关制动时直接由制动踏板推动制动灯开关的推杆，使开关触点闭合，接通制动信号灯电路。松开制动踏板时，推杆在回位弹簧的作用下复位，触点断开，制动信号灯断电熄灭。

（3）制动灯断线报警开关　为防止制动灯电路断路导致制动信号显示失效产生危险，有些汽车安装有制动灯断线报警开关（图20-13），其舌簧开关受左右两个电磁线圈共同控制，当两个线圈均通电时，磁场相互抵消，舌簧开关保持断开，警告灯不亮，当左右两个制动灯有一个不亮时，电磁线圈中有一个无电流通过，另一线圈产生磁场吸动舌簧开关闭合，警告灯亮，但当制动灯同时不亮时，警告灯不亮。

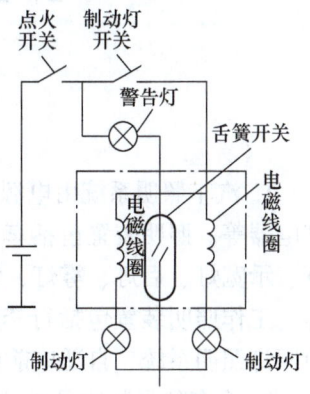

图 20-13　制动灯断线报警开关

4. 倒车信号装置

倒车信号装置用于倒车时发出警示信号。它由倒车信号灯和倒车蜂鸣器组成。倒车信号灯安装于汽车后面，其作用是在汽车倒车时照明，灯光为白色。

倒车蜂鸣器的电路如图 20-14 点画线框内部分所示。利用电容器充放电时电流方向相反和延时的特性，控制继电器线圈 W_1、W_2 所产生的电磁力的大小和方向，进而控制继电器触点（常闭触点）的开闭状态，使喇叭断续工作，产生蜂鸣效果。

5. 警告灯

警告灯的作用是用来监测汽车各系统的技术状况。当某一系统出现异常情况时，对应的警告灯亮，提醒驾驶人该系统出现故障，灯光为红色、绿色或黄色。如发动机故障警告灯、机油警告灯和冷却液温度警告灯等。

6. 危险警告信号装置

现代汽车已经越来越多地安装了危险警告灯系统。当汽车发生故障或遇到其他紧急危险状况时，所有的转向信号灯均同时闪烁，用来向周围行人、车辆或交警报警。

一般危险警告信号灯、指示灯及闪光器均与转向灯系统同用，只是通过不同的控制电路进行控制。典型的警告灯电路如图 20-15 所示。当发生危险时，只要拉动报警开关，所有的转向信号灯及指示灯将同时接通并闪烁，以示警告。

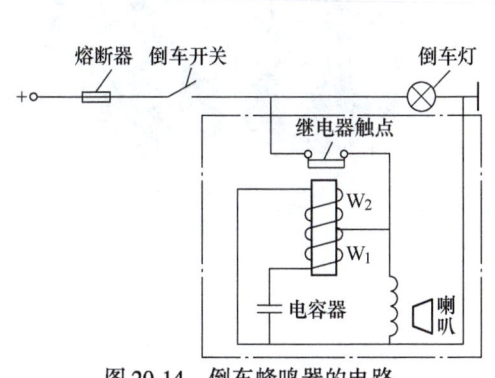

图 20-14　倒车蜂鸣器的电路

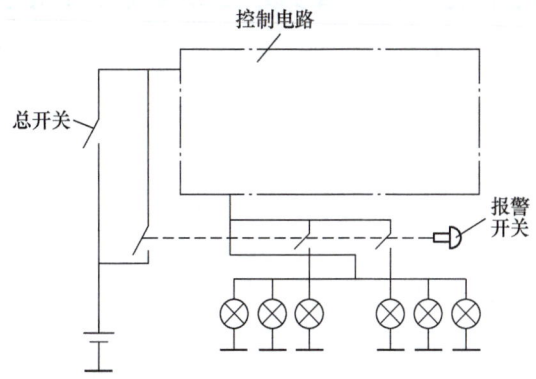

图 20-15　转向灯用做危险报警器时的电路

想一想 汽车上还可以设计哪些信号装置更好地保证汽车运行的安全性、稳定性和便捷性？

本章小结

1. 汽车照明系统由电源、照明装置及其控制部分等组成。控制部分包括各种灯光开关、继电器等。照明装置包括车外照明、车内照明和工作照明三部分。车外照明装置包括前照灯、示宽灯、后灯、雾灯、倒车灯、牌照灯等；车内照明装置包括仪表灯、顶灯、阅读灯等；工作照明装置包括行李箱灯、发动机罩灯等。卤素前照灯、氙灯、LED前照灯、像素前照灯照明系统、自适应前照灯系统等新技术已经得到广泛应用。

2. 汽车信号装置是通过灯光和音响等手段，向行人和车辆发出警告，以保障行车安全。常见的汽车信号装置有喇叭音响信号装置（电喇叭、气喇叭等）、转向信号装置（转向灯、闪光器）、制动信号装置（制动信号灯、制动信号灯开关）、倒车信号装置（倒车信号灯、蜂鸣器）和危险警告信号装置等。

思考题

1. 名词解释：卤素前照灯、LED前照灯、AFS。
2. 说明半封闭式汽车前照灯的基本结构与工作原理。
3. 叙述汽车照明系统新技术在汽车上的应用。
4. 说明盆形触点式电喇叭的基本结构与工作原理。
5. 说明无触点式电喇叭电路的特点。
6. 说明电热式闪光器的基本结构与工作原理。
7. 说明无触点闪光器的基本结构与工作原理。
8. 说明液压式制动信号灯开关的基本结构与工作原理。

第 21 章 汽车空调系统

内容架构

```
第21章  汽车空调系统
   ├── 21.1 汽车空调系统概述
   ├── 21.2 手动空调系统结构与原理
   └── 21.3 自动空调系统结构与原理
```

教学目标要求、重点与难点

序号	教学目标要求	教学重点	教学难点
1	掌握汽车空调系统的功用与总体组成	✓	
2	理解汽车空调系统的总体分类与特点	✓	
3	掌握手动空调系统的基本构造和工作原理	✓	✓
4	掌握自动空调系统的基本构造和工作原理	✓	✓
5	能够识别汽车空调系统的主要零部件	✓	

21.1 汽车空调系统概述

1. 汽车空调系统的功能

汽车空调是汽车空气调节器的简称，主要有以下几个功能：

(1) 车内温度调节　人感到舒适的温度，在夏季是 22～28℃，冬季是 16～18℃。夏季气温高时，由制冷装置对车内进行降温，冬季气温低时，由供暖装置对车内进行升温。

(2) 车内湿度调节　人感到舒适的相对湿度，在夏季是 50%～60%，冬季是 40%～50%。湿度的大小直接影响人体内的水分蒸发速率、口腔、鼻腔黏膜等健康状况和驾驶人的工作状况。目前，高级豪华乘用车采用冷暖一体式空调对车内湿度进行适当调节。

(3) 车内空气流速调节　空气的流速和方向对人体舒适性的影响很大，这是因为流动的空气能促进人体向外散热。空气流速的大小应根据乘员的特点来调整，一般应在 0.2m/s 以下，并且以低速变动为佳。

(4) 净化车内空气　车内空气质量是乘员健康和舒适性的重要保证。一般在空调的进风口都装有空气过滤装置和空气净化装置，以清除空气中的灰尘、花粉和各种有害气体。

(5) 去雾　汽车空调还能去除风窗玻璃上的雾、霜，保证行车安全。

2. 汽车空调系统的组成

现代空调系统主要由制冷系统、供暖系统、通风和空气净化装置及控制系统组成。

(1) 制冷系统　利用制冷剂蒸气压缩原理对空气进行冷却和除湿。

(2) 供暖系统　通常利用发动机热水加热装置对车内空气进行加热。

(3) 通风装置　利用自然通风或强制通风方式将车外新鲜空气引入车内。

(4) 空气净化装置　利用灰尘滤清器、电子集尘器及负离子发生器等过滤和净化车内空气。

(5) 控制系统　利用电气元件、真空机构和操纵机构对车内空气的温度、风量、流向进行控制，同时对制冷、供暖系统内的温度、压力进行控制和安全保护。

3. 汽车空调系统的分类和特点

汽车空调系统的分类及特点见表 21-1。

表 21-1　汽车空调系统的分类及特点

分类方法	类　型	特　点
按驱动方式的不同	独立式	专用一台发动机驱动压缩机，制冷量大，工作稳定，但成本高、体积及质量大，多用于大、中型客车
	非独立式	空调压缩机由汽车发动机驱动，制冷性能受发动机工作影响较大，稳定性较差，多用于小型客车和乘用车
按空调功能的不同	单一功能型	将制冷、供暖、通风系统各自安装，单独操作，互不干涉，多用于大型客车和载货汽车
	冷暖一体式	制冷、供暖、通风共用鼓风机和风道，在同一控制面板上进行控制。工作时可分为冷暖风分别工作的组合式和冷暖风可同时工作的混合调温式。乘用车多用后一种
按控制方式的不同	手动空调	利用控制面板上的功能键，手动对温度、风速、风向进行控制
	自动空调	利用计算机等电子控制手段，实现对车内空气的多功能最佳控制

21.2 手动空调系统结构与原理

手动空调系统主要由制冷系统、暖风系统、通风系统、空气净化系统和控制系统等几部分组成（汽车空调系统拆装参见《汽车构造与原理实训》教材及其光盘的项目21.1）。

21.2.1 制冷系统基本结构原理

1. 制冷系统的组成

在汽车空调制冷系统中，压缩机、冷凝器、膨胀阀、蒸发器是制冷系统中必不可少的四大件，如图21-1所示。实际制冷系统中，除上述四大件之外，常常有一些辅助设备，如电磁阀、储液干燥器、集热器、易熔塞、导管及软管、压力控制器等。

2. 制冷系统的工作过程

通过制冷剂在系统内循环流动，利用制冷剂液态变为气态时要大量从外界（车内）吸收热量的原理，达到降低车内温度的目的。常用的制冷剂有R-12（二氟二氯甲烷，又称"氟利昂"）和R-134a（四氟乙烷）。由于R-12中的氯元素对大气中臭氧的破坏作用很强，故R-12现已基本禁止使用。R-134a是一种环保制冷剂。

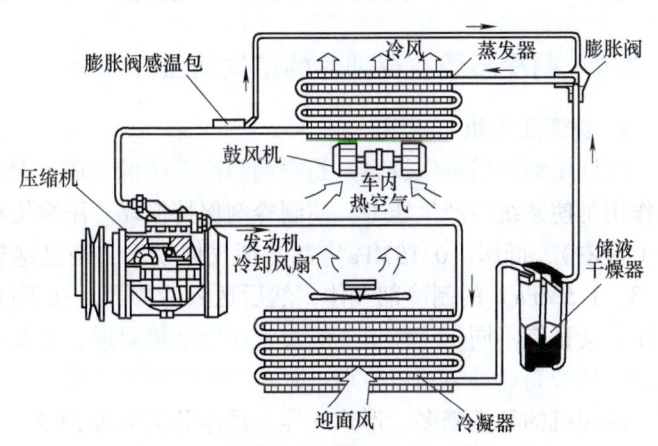

图21-1 空调制冷系统的组成及工作过程

制冷系统工作时，压缩机由发动机带轮带动，将蒸发器中因吸热而汽化的低温低压制冷剂蒸气吸入后，压缩成高温高压制冷剂气体，经高压管送入冷凝器，在冷凝器中将热量散发到车外空气中，经冷凝器冷却使高温高压的制冷剂气体冷凝成中温高压的制冷剂液体，进而流入储液干燥器中除去水分和杂质，然后流至膨胀阀，经膨胀阀节流降压，变为低温低压气液混合制冷剂后进入蒸发器，液态制冷剂汽化吸热，当鼓风机将空气吹过蒸发器表面时，降低车内温度。汽化后的制冷剂再次被压缩机吸入，进而重复上述循环。

由此可见，制冷循环是由压缩、放热、节流和吸热4个过程组成的。

（1）压缩过程 压缩机从蒸发器吸入低温低压气态制冷剂，并将其压缩成高温高压气态制冷剂。

（2）放热过程 高温高压气态制冷剂由冷凝器散热，冷凝成中温高压液态制冷剂。

（3）节流过程 中温高压液态制冷剂由膨胀阀节流、降压，转变为低温低压气液雾状混合制冷剂后进入蒸发器。

（4）吸热过程 低温低压气液雾状混合制冷剂在蒸发器内蒸发、沸腾，转变为低温低压气态制冷剂，吸收大量热量，降低车内温度。与此同时，低温低压气态制冷剂再次被吸入压缩机。

3. 新型制冷剂——CO_2

汽车空调制冷剂的发展经历了一个长期的过程，早期使用的 R-12（氟利昂）被发现严重破坏大气臭氧层并产生温室效应而被全面禁用。目前使用最广泛的汽车空调制冷剂是 R-134a，尽管它对臭氧层没有破坏作用，但其全球变暖潜能值（GWP）高达 1300（欧盟汽车技术指令 2006/40/EC 要求汽车空调制冷剂 GWP 值为 150）；且 R-134a 亲油性差，与现用冷冻润滑油不相容，还对铜管有腐蚀性。

二氧化碳是无毒、非燃烧性的物质，获取的来源非常广泛，费用低。且 CO_2 汽车空调系统的 GWP 仅为 1，化学稳定性好，不可燃，蒸发潜热较大，单位容积制冷量高，有利于减小装置体积。其主要问题是压力较高，目前正在研发和推广中。

> **找一找** 汽车空调还有哪些新型制冷剂在研发？

21.2.2 制冷系统主要部件的结构与工作原理

1. 空调压缩机

空调压缩机俗称空调泵，是空调制冷系统的心脏，是使制冷剂在系统内循环的动力源，其作用是使系统内产生压力，使制冷剂保持循环。压缩机将因蒸发器吸收热量而蒸发的低温（0℃左右）、低压（0.15MPa）制冷剂气体吸入，经过绝热压缩成高温（70℃左右）、高压（1.3~1.5MPa）的制冷剂气体，然后送入冷凝器。在不同环境温度下，不同车系的空调管路压力会稍有不同。压缩机一般安装在发动机附近，除部分由发动机直接带动外，大多靠发动机曲轴带轮通过传动带带动电磁离合器以驱动压缩机。

压缩机的种类繁多，形式各异。具体分类见表 21-2。

表 21-2 空调压缩机的分类

按排量变化分	按结构形式分		应 用
定排量压缩机	往复式定排量压缩机	曲柄连杆式压缩机	大多应用在客车和货车大排量空调系统
		斜盘式压缩机	广泛应用于汽车空调
		摆盘式压缩机	汽车空调压缩机的主流产品
	旋转式定排量压缩机	旋叶式压缩机	广泛应用于汽车空调，逐步取代往复式压缩机
		滚动活塞式压缩机	广泛应用于小功率、小排量空调系统
		螺杆式压缩机	制冷中比重较大
		涡旋式压缩机	在小型空调领域应用越来越广泛
变排量压缩机	机械控制式变排量压缩机		适用性广，适应多种车型
	电子控制式变排量压缩机		适用性更广，适应多种车型

（1）定排量压缩机 定排量压缩机的排气量一定，不能根据需要变化，只是随发动机转速的升高而增大，它一般通过采集蒸发器出风口的温度信号来进行控制，当温度达到设定的温度时，压缩机的电磁离合器松开，压缩机即停止工作。当温度升高后，压缩机的电磁离合器结合，压缩机即开始工作。定排量压缩机也受空调系统压力的控制，当管路内压力过高时，压缩机即停止工作。常见定排量压缩机如下：

1）曲轴连杆式压缩机。曲轴连杆式压缩机的结构与发动机曲柄连杆机构相似（图21-2）。其工作可以分为压缩、排气、膨胀、吸气4个过程，曲轴旋转时，通过连杆带动活塞在气缸内做上、下往复运动，完成压缩、排气、膨胀、吸气过程，从而在制冷系统中起到压缩和输送制冷剂的作用。

曲轴连杆式压缩机为第1代压缩机，结构简单、成本较低，但其无法实现较高转速、机器大而重、排气不连续、振动较大，目前大多应用在客车和货车的大排量空调系统中。

2）轴向活塞式压缩机。轴向活塞式压缩机为第2代压缩机，常见的有斜盘式和摆盘式压缩机，是汽车空调压缩机中的主流产品。

斜盘式压缩机结构如图21-3所示，压缩机每端均装有几个独立的气缸、活塞和簧片阀。发动机工作时，

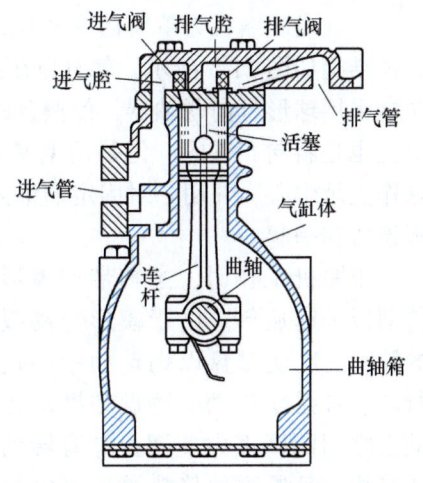

图21-2　曲轴连杆式压缩机的结构

曲轴带轮通过驱动带驱动压缩机带盘转动。当电磁离合器线圈未接通电流时，曲轴带轮只是驱动压缩机带盘在压缩机前盖轴颈上空转。当电磁离合器线圈接通电流时，产生的电磁吸力便克服吸盘弹片的弹力，将离合器的吸盘与压缩机带盘吸合在一起，使压缩机随带盘一同旋转，压缩机轴上的斜盘驱动活塞做往复运动，从而驱动制冷剂流动。

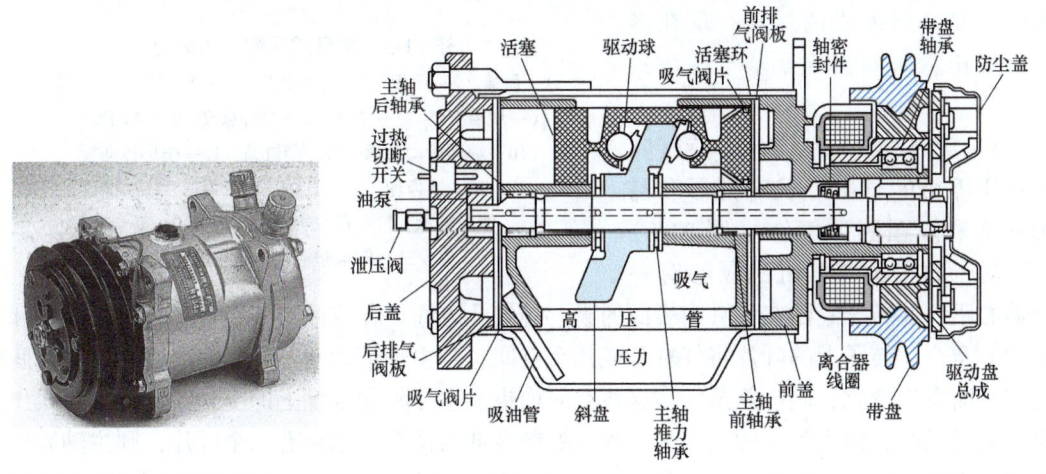

图21-3　斜盘式压缩机结构

图21-4为斜盘往复活塞式压缩机工作过程示意图，主轴旋转时斜盘做左、右摇摆运动，斜盘通过钢球驱动双头活塞在前、后气缸中做往复运动，完成进气和压缩过程，从而驱动制

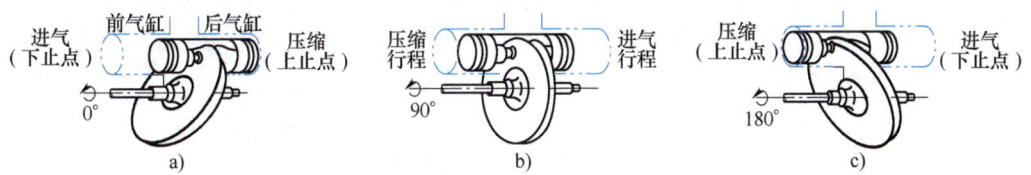

图21-4　斜盘往复活塞式压缩机工作过程示意图

a）前气缸处于进气下止点　b）前气缸处于压缩行程　c）前气缸处于压缩上止点

冷剂流动。

摆盘式压缩机为单向活塞式压缩机，又称为单向斜盘式压缩机或摇板式压缩机，其总体结构如图21-5所示。气缸以压缩机的轴线为中心，均匀分布，连杆连接活塞和摆盘，两端采用球形万向联轴器，使摆盘的摆动和活塞移动相协调而不发生干涉。摆盘在压缩机内也是斜向布置的，但是活塞是单向的，一般一个摆盘配有5个活塞。摆盘中心用钢球作支承中心，并用一对固定的锥齿轮限制摆盘只能摆动而不能转动，主轴和楔形传动板连接在一起。

压缩机工作时，主轴带动楔形传动板一起旋转。由于楔形传动板的转动，迫使摆盘以钢球为中心进行左、右摇摆移动。摆盘和楔形传动板之间的摩擦力使摆盘具有转动的趋势，但是这种趋势被一对锥齿轮所限制，使得摆盘只能左右移动，并带动活塞在气缸内做往复运动，从而完成压缩、排气、膨胀、吸气4个过程。摆盘式压缩机通过改变摆盘的角度可以改变活塞的行程，从而可以改变压缩机的排量，现在多数可变排量压缩机均是基于摆盘式压缩机。

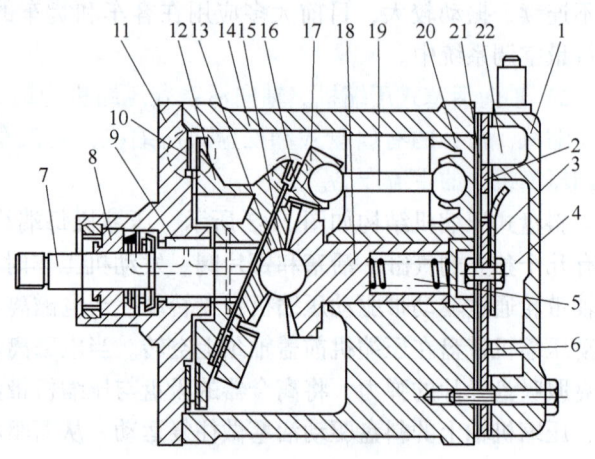

图21-5 摆盘式压缩机的结构

1—后盖 2—阀板 3—排气阀片 4—排气腔 5—弹簧
6—后盖缸垫 7—主轴 8—油封总成 9—滑动轴承
10—端面滚动轴承 11—前缸盖 12—楔形传动板
13、18—锥齿轮 14—缸体 15—钢球 16—摆盘
滚柱轴承 17—摆盘 19—连杆 20—活塞
21—阀板垫 22—吸气腔

3) 旋转叶片式压缩机。旋转叶片式压缩机的气缸形状有圆形和椭圆形2种。在圆形气缸（图21-6）中，转子的主轴与气缸的圆心有一个偏心距，使转子紧贴在气缸内表面的吸、排气孔之间。在椭圆形气缸中，转子的主轴和椭圆中心重合。转子上的叶片将气缸分成几个空间，当主轴带动转子旋转一周时，这些空间的容积不断发生变化，制冷剂蒸气在这些空间内也发生体积和温度上的变化。旋转叶片式压缩机没有吸气阀，因为叶片能完成吸入和压缩制冷剂的任务。如果有2个叶片，则主轴旋转一周有2次排气过程。叶片越多，压缩机的排气波动就越小。作为第3代压缩机，由于旋转叶片式压缩机的体积和质量可以做到很小，易于在狭小的发动机舱内进行布置，加之噪声和振动小以及容积效率高等优点，在汽车空调系统中也得到了一定的应用。但是旋转叶片式压缩机对加工精度要求很高，制造成本较高。

4) 涡旋式压缩机。涡旋式压缩机可以称为第4代压缩机，主要分为动静式和双公转式2种，目前动静式应用较为普遍。涡旋式压缩机的结构如图21-7所示，它由动涡轮（动盘）、静涡轮（静盘）等零部件组成。动涡轮和静涡

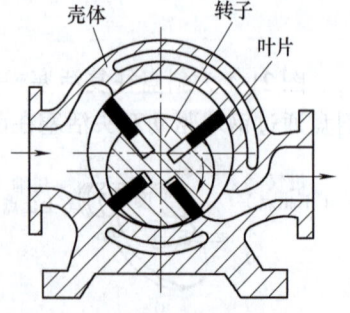

图21-6 圆形气缸旋转叶片式压缩机结构示意图

的涡线呈渐开线形状,安装时使两者中心线距离一个回转半径 e,相位差 180°。这样,两涡轮啮合时,与端板配合形成一系列月牙形柱体工作容积。静涡轮固定在机体上,涡线外侧设有吸气室,端板中心设有排气孔。动涡轮由一个偏心轴带动,使之绕静涡轮的轴线摆动。为了防止动涡轮的自转,结构中设置了防自转环。该环的上、下端面上具有两对相互垂直的键状突肋,分别嵌入动涡轮的背部键槽和机体的键槽内。制冷剂蒸气由涡旋体的外边缘吸入到月牙形工作容积中,随着动涡轮的摆动,工作容积逐渐向中心移动,容积逐渐缩小,使气体受到压缩,最后由静涡轮中心部位的排气孔轴向排出。

涡旋式压缩机的工作过程如图 21-8 所示。当动涡轮位置处于 0°时,涡线体的啮合线在左右两侧,由啮合线组成了封闭空间,此时完成了吸气过程;当动涡轮顺时针方向公转 90°时,密封啮合线也移动 90°,处于上、下位置,密封空间的气体被压缩,与此同时,涡线体的外侧进行吸气过程,内侧进行排气过程;动涡轮公转至 180°时,涡线体的外、中、内侧分别继续进行吸气、压缩和排气过程;动涡轮继续公转至 270°时,内侧排气过程结束,中间部分的气体制冷剂压缩过程也告结束,外侧吸气过程仍在继续运行;当动涡轮转至原来位置时,外侧吸气过程结束,内侧排气过程仍在进行。如此反复循环。由以上分析可以看出,涡旋式压缩机的工作过程仅有吸气、压缩、排气 3 个过程,而且是在主轴旋转一周内同时进行的,外侧空间与吸气口相通,始终处于吸气过程,内侧空间与排气口相通,始终处于排气过程,而上述两个空间之间的月牙形封闭空间内,则一直处于压缩过程。因而可以认为吸气和排气过程都是连续的。

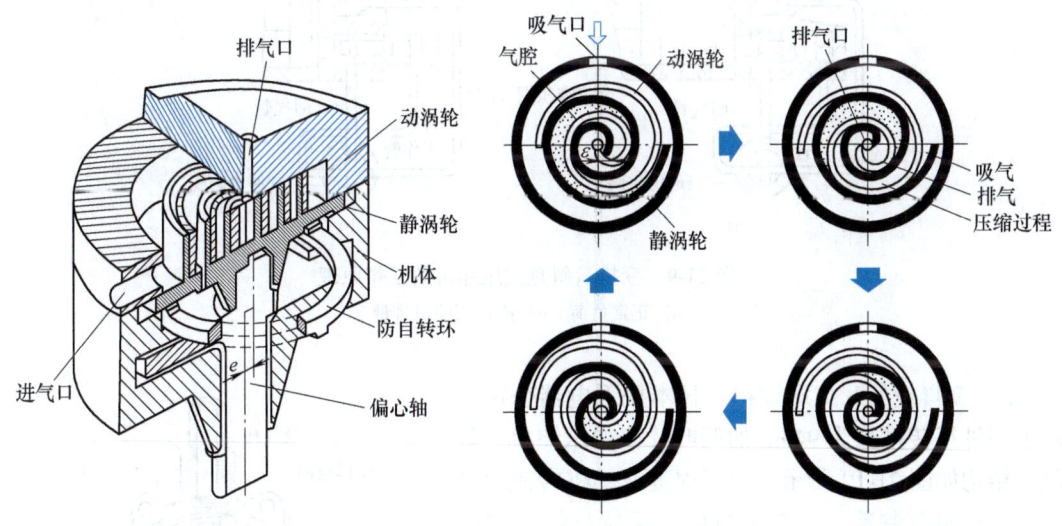

图 21-7 涡旋式压缩机的结构　　　　图 21-8 涡旋式压缩机的工作过程

涡旋式压缩机具有很多优点。例如压缩机体积小、质量小,驱动动涡轮运动的偏心轴可以高速旋转;因为没有了吸气阀和排气阀,涡旋式压缩机运转可靠,而且容易实现变转速运动和变排量技术;多个压缩腔同时工作,相邻压缩腔之间的气体压差小,气体泄漏量少,容积效率高。涡旋式压缩机以其结构紧凑、高效节能、微振低噪以及工作可靠等优点在小型制冷领域获得越来越广泛的应用,也因此成为压缩机技术发展的主要方向之一。

（2）变排量压缩机　变排量压缩机的排量能根据需要自动调节变化。空调控制系统不采集蒸发器出风口的温度信号，而是根据空调管路内压力的变化信号控制压缩机的压缩比来自动调节出风口温度。在制冷的全过程中，压缩机始终是工作的，制冷强度的调节完全依靠装在压缩机内部的压力调节阀来控制。当空调管路内高压端的压力过高时，压力调节阀缩短压缩机内活塞行程以减小压缩比，这样就会降低制冷强度。当高压端压力下降到一定程度，低压端压力上升到一定程度时，压力调节阀则增大活塞行程以提高制冷强度。

1）变排量斜盘式压缩机。斜盘式压缩机实现排量变化的形式很多，但原理均相差不大，都是采用三通电磁阀来调节气缸内余隙容积大小，使排气量发生变化，从而达到调节制冷量大小的目的。如图21-9a所示，压缩机每缸均配置1个余隙容积调节阀，使用1个电磁阀控制。

正常负荷工作时，电磁阀与排气腔工作管接通，高压气体将余隙容积调节阀向右推，直至将阀口堵住，此时压缩机为100%的负荷，即以正常排气量工作。

当需要降低压缩机的排气量时，电磁阀与回气管、工作管相通。当吸气时，余隙首先将原来左端的高压气体通过工作管、回气管送到吸气气缸。在活塞压缩时，气体推动余隙容积调节阀左移，留下一个空间，如图21-9b所示。当压缩完毕时，余隙容积调节阀内的气体保留下来。当活塞右移时，余隙容积调节阀内的高压气体首先膨胀，这样就减少了气缸的吸气量和排气量，相应功耗也就减少了。

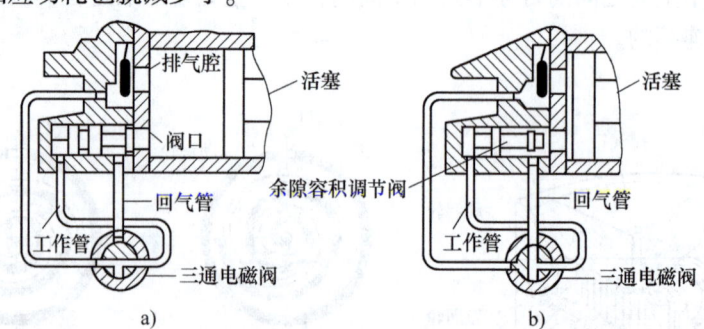

图21-9　变排量斜盘式压缩机的工作原理
a）正常负荷　b）降低压缩机排量

2）变排量旋叶式压缩机。日本松下电器公司开发了一种每转排量为94mL的两叶片节能压缩机，其剖面结构如图21-10所示。它可根据发动机转速的高低，自动调节制冷量，转速低时，保持足够的制冷量，转速高时，能抑制制冷量过大，降低高速时的功耗，达到节能目的。其工作原理是：在气缸的吸气孔处，有一条吸气槽，当叶片刮过吸气孔时，吸气过程应该结束，但由于开了一条吸气槽，在气流惯性作用下，继续通过吸气槽充气，提高充气效率，但不影响气缸的吸气过程；吸气槽和叶片构成了一个缺口，通过吸气槽进入气缸的气体流量与缺口截面积和流入时

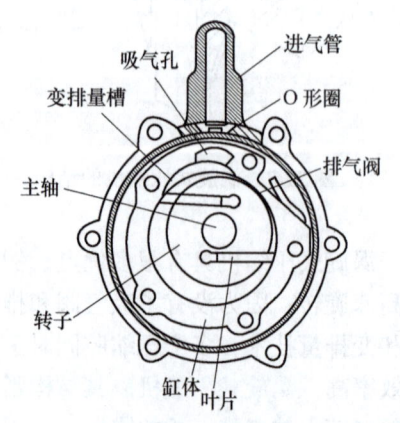

图21-10　变排量旋叶式压缩机的剖面结构

间的乘积成正比。低转速时，叶片刮过吸气槽的时间长，充气量增多，制冷量大；而高转速时，叶片刮过吸气槽的时间短，气缸充气量相对减少，制冷量减小，能耗降低。

由工作原理可知，这种压缩机提高了充气效率，所以在制冷量相同的条件下，气缸容积可以减小30%，而质量降低20%。从整体来说，不仅排量可自动调节，而且能够节约能源。

3）**变排量摆盘式压缩机**。变排量摆盘式压缩机是对原摆盘式压缩机的改进，改进后的压缩机在摆盘与主轴间增加了一个可在主轴上滑动的轴套（图21-11），主轴上装有驱动摆盘运动的驱动杆。摆盘与驱动杆通过两个同心短销轴相连接，驱动杆上开有腰形槽，摆盘与驱动杆通过长销轴构成活动连接。摆盘倾角的改变可以改变活塞的行程，从而实现压缩机的排量变化。

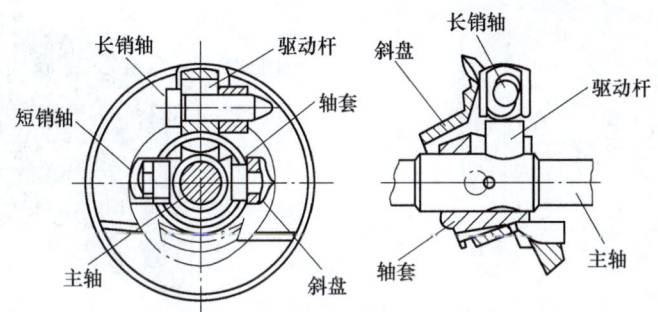

图21-11 变排量摆盘式压缩机的变排量机构

变排量摆盘式压缩机是通过安装在后盖上的控制阀（图21-12）实现温度自动控制的。控制阀则通过波纹管来感知吸气压力的变化。这种内部抽真空的波纹管能够补偿不同海拔高度大气压力的变化，压缩机控制阀不断调节吸气压力与主轴箱内的差值。电磁控制阀可以根据系统负荷的需要，通过改变加到控制阀上的控制信号（这里是电流）的大小，调整铁心推杆的电磁推力，从而控制连接压缩机吸气腔、排气腔和压缩机腔内各通道的开启和关闭，调节压缩机腔内气体的升压和泄流，改变摆倾角，来满足不同的排量控制要求。

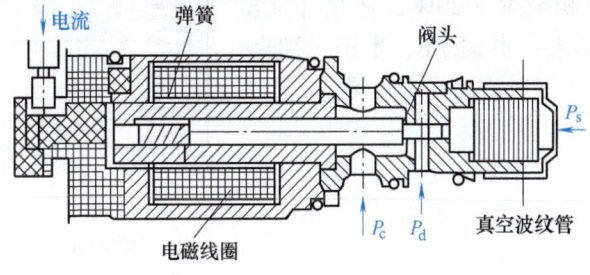

图21-12 电磁控制阀的结构简图

> **找一找** 还有哪些类型的汽车空调压缩机？

2. 冷凝器

冷凝器是一种热交换器，将压缩机压出的高温高压的气态制冷剂的热量散发，使高温高压的气态制冷剂变为中温（50℃左右）、高压（约1.1MPa）的液态制冷剂（少量气态）。冷凝器安装在散热器的前方，用发动机风扇和迎面风对其强制冷却。

常见的冷凝器结构形式有管翅式、管带式、平行流动式3种。

（1）管翅式冷凝器　管翅式冷凝器由安装在一系列薄翅片（散热片）上的制冷剂螺旋管所组成（图21-13），其结构简单，成本低，但换热效率较低，一般用于中、大型汽车空调。

（2）管带式冷凝器　管带式冷凝器是由一条连续的铝合金材料挤压成多孔道的椭圆扁管，然后弯成等间距的蛇形管，管间焊有双向百叶窗式条缝并折成V形或U形的散热片（图21-14）。其换热效率比管翅式冷凝器提高了15%～20%。

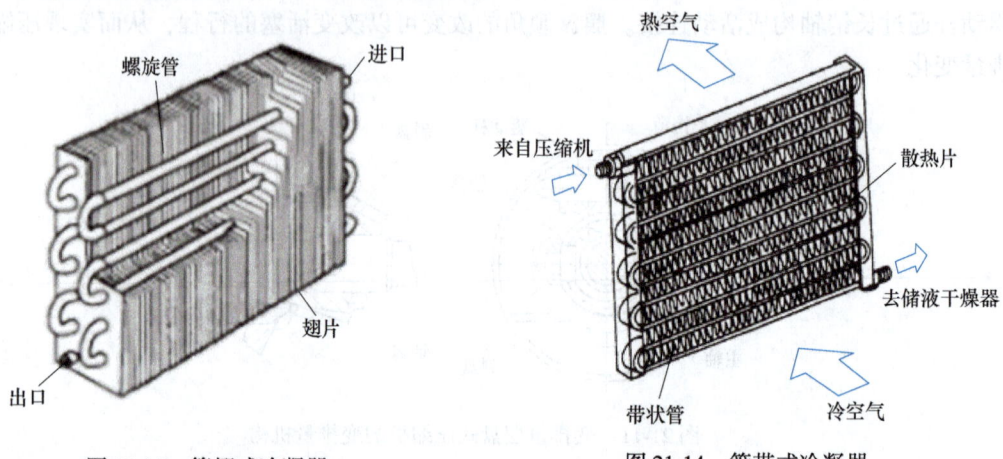

图21-13　管翅式冷凝器　　　　图21-14　管带式冷凝器

（3）平行流动式冷凝器　平行流动式冷凝器由集流管、扁管段和波浪形散热片组成（图21-15）。两条集流管间用多条铝制内肋扁管相连，制冷器在同一时间经多条扁管流通而进行热交换。在同样的迎风面积下，它比管带式的换热效率提高了30%～40%，制冷剂流动阻力减少到管带式的25%～33%，容积减少了20%，是专门为R-134a提供的新型冷凝器。奥迪A6、本田、别克、帕萨特等汽车均采用了平行流动式冷凝器。

目前，我国乘用车上主要采用全铝管带式和平行流动式冷凝器，大型客车上主要采用铜管铝片式冷凝器，中型客车以管带式冷凝器为主。

3. 储液干燥器

储液干燥器也称为储液干燥过滤器、储液罐或干燥瓶，它安装在冷凝器出口处，起储液、干燥、过滤和防止气态制冷剂进入蒸发器的作用。储液干燥器的结构如图21-16所示。

储液罐用来储存和供应制冷系统内的液体制冷剂，以便工况变动时能补偿和调节液体制冷剂的盈亏。一般情况下，空调系统开始工作时的负荷大，要求制冷剂的循环量也大。当工作一段时间之后，负荷将减小，这时所需的制冷剂量相应地减少。因此，负荷大时，储液罐中的液体制冷剂补充进来，而负荷小时，又可将液体制冷剂存储起来。

滤网过滤制冷剂杂质。在制冷系统中，会由于制造时没有处理干净而带入碎渣、尘土或

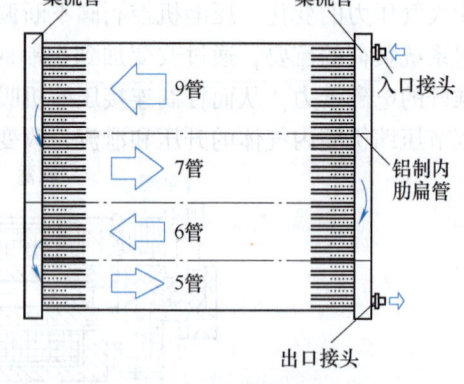

图21-15　平行流动式冷凝器

第21章 汽车空调系统

由于制冷剂的不纯净而带入脏物，也可能由于制冷剂对系统部件内壁发生侵蚀作用而脱落杂质，管道中也可能产生污物（如氧化皮之类），还有压缩机运行时的粉末磨屑等。所以，常常需要通过过滤来清除掉这些机械杂物和污物，保证制冷剂顺利流通，不致因堵塞而影响正常工作。

干燥剂一般为硅胶形状，用来吸收制冷剂中的水分，防止其腐蚀零部件和在膨胀阀的节流小孔处冻结，造成管路堵塞。水分来源于制冷剂干燥不严格、有空气进入或冷冻油中溶解的水分。

出口处的玻璃观察孔用来观察制冷剂是否足量，若观察孔明净，则说明制冷剂足量；若出现气泡，则说明系统内有空气，影响制冷效果。进出口有 IN 和 OUT 字母及箭头标识，安装时千万不能装反。储液干燥器安装位置应与冷凝器一样高，而且应尽量垂直，这样可防止气态制冷剂进入蒸发器。

有些储液干燥器上还装有易熔塞，当储液干燥器内部压力和温度达到一定值时，易熔塞就会熔化，排出制冷剂，保护制冷系统免遭损坏。

在孔管系统中，利用一个储液罐装置来完成储液干燥器的功能。储液罐安装在蒸发器出气口处低压侧内。储液罐的功能基本与储液干燥器相同。

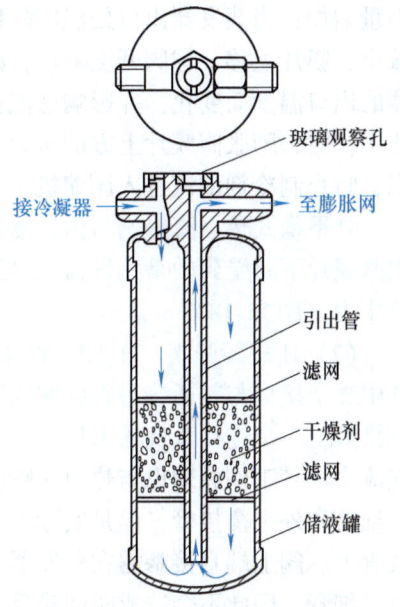

图 21-16　储液干燥器的结构

4. 膨胀阀

膨胀阀又称为节流阀，是制冷循环高压和低压的分界点，其作用一是将高压制冷剂液体进行节流减压，变为低温（1～4℃）、低压（0.15～0.3MPa）雾状制冷剂后进入蒸发器；二是自动调节制冷剂流量，以适应制冷负荷的需要；三是防止液击和异常过热，避免液态制冷剂进入压缩机而造成液击现象（即未蒸发的液态制冷剂进入压缩机后被压缩，极易引起压缩机阀片的损坏），同时控制蒸发器尾部过热度（即其出口制冷剂蒸气温度与其进口液态制冷剂温度的温差）在一定范围内（-16～-8.9℃）。

膨胀阀主要有热力膨胀阀、H 型膨胀阀等多种类型，其中热力膨胀阀按照平衡方式的不同又分为内平衡式和外平衡式 2 种。

（1）热力膨胀阀　内平衡式热力膨胀阀的结构如图 21-17 所示，它安装在蒸发器入口处，感温包直接固定在蒸发器出口的管路外壁，感温包内装有惰性气体，通过毛细管与膨胀阀膜片的上方相连，感受蒸发器出口制冷剂温度，膜片下面感受到的是蒸发器入口压力。

当压缩机工作时，液态制冷剂经球阀被喷入蒸发器中，液态制冷剂因突然膨胀而变成低压蒸气，吸收蒸发器周围的空气热量，使蒸气汽化成低压气态制冷剂。当蒸发器出口处的温度高时，感温包中的惰性气

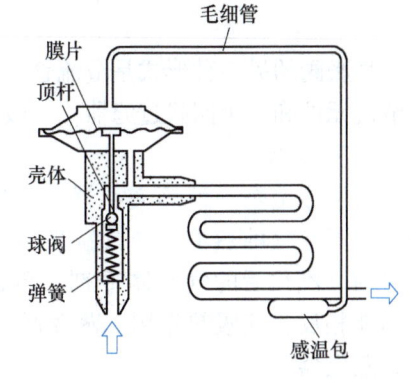

图 21-17　内平衡式热力膨胀阀的结构

体膨胀，膨胀阀膜片上方的压力升高，膜片向下移动，顶开球阀，流入蒸发器中的液态制冷剂量增加；当蒸发器出口处温度降低时，感温包中的惰性气体收缩，膨胀阀膜片上方的压力减小，膜片上移，球阀开度减小，减少了喷入蒸发器的制冷剂量。膨胀阀开启的程度随蒸发器的出口温度而变化，并影响感温包内压力的大小，从而达到自动控制的目的。当压缩机停止工作时，膨胀阀膜片上方的压力与蒸发器入口的压力相等，球阀在弹簧作用下处于关闭状态，阻止制冷剂倒流进入压缩机。

外平衡式热力膨胀阀与内平衡式热力膨胀阀原理基本相同，其区别在于内平衡式热力膨胀阀膜片下感受到的是蒸发器入口压力；而外平衡式热力膨胀阀膜片下感受到的是蒸发器出口压力（图21-18）。

（2）H型膨胀阀　H型膨胀阀的结构如图21-19所示，它有4个接口与制冷系统连接，其中2个接口与普通热力膨胀阀相同，一个连接储液干燥器，一个连接蒸发器进口，另外2个接口，一个连接蒸发器出口，一个连接压缩机进口。感温包直接处在蒸发器出口的制冷剂气流中。其工作原理也与热力式膨胀阀类似，该膨胀阀虽然取消了热力膨胀阀中的感温包、毛细管和外平衡接管，但是实际上并没有取消感温包的作用，而是把感温包缩到阀体内的回气管上。阀上端直接暴露在蒸发器出口工质中，感应温度不受环境温度的影响，也不需要通过毛细管，因此不会造成时间滞后，提高了调节灵敏度，结构紧凑，抗振可靠。

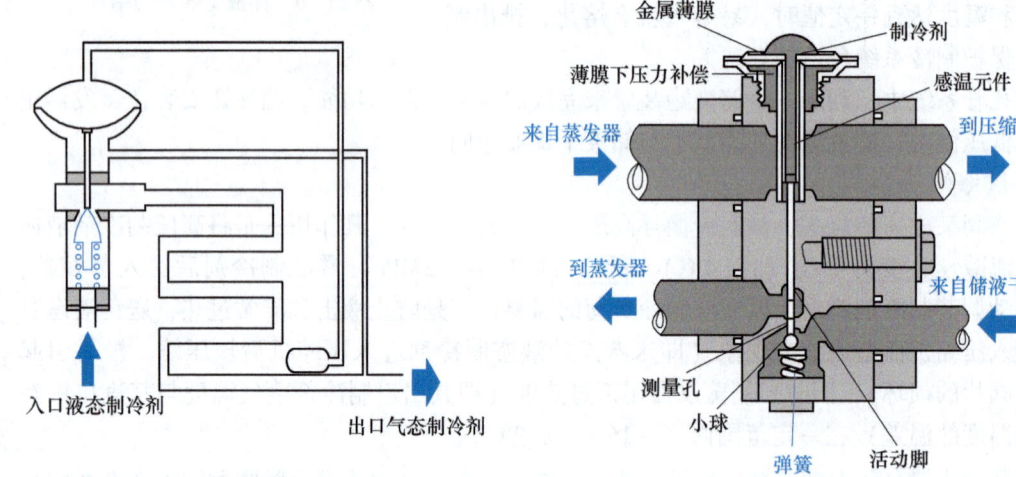

图21-18　外平衡式热力膨胀阀　　　　图21-19　H型膨胀阀的结构

膨胀阀的另一种形式是节流管，用在孔管系统上，它没有感温包、平衡管，而有一个小孔节流元件和一个网状过滤器，一般用在隔热性能好且车内负荷变化不大的乘用车上。

5. 蒸发器

蒸发器也是一种热交换器，其作用是将膨胀阀节流降压的制冷剂在蒸发器中汽化，吸收周围空气的热量而降低温度，鼓风机再将冷空气送入车内，从而达到降低车内温度的目的。汽化后的气态制冷剂，再进入压缩机进行循环。蒸发器的结构与冷凝器相似，但功能相反，起吸热作用。蒸发器的结构有管带式、管片式和层叠式，图21-20所示为管片式蒸发器。

蒸发器表面温度较低，容易结霜或片间形成"水桥"，产生腐蚀，生成白色粉状物，增加空气流通阻力，减少通风量，影响蒸发器的热交换能力，降低制冷能力，故平常应注意维护。

21.2.3 空调控制系统

为使汽车空调制冷系统正常安全地工作，维持所需的温度，制冷系统设置了控制元件和保护装置，主要有电磁离合器、空调控制面板开关、温度控制开关、发动机转速自动调节装置及安全保护装置等。

1. 控制系统主要部件的结构与工作原理

（1）电磁离合器 空调压缩机是由发动机通过电磁离合器来驱动的。电磁离合器可以按照要求使压缩机吸合或脱离发动机，其受温度控制开关、压力开关及空调（A/C）开关等控制，安装在压缩机前端。电磁离合器的结构如图21-21所示。

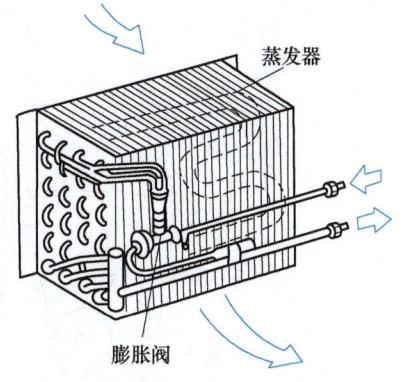

图 21-20 管片式蒸发器

压力板用半圆键与压缩机轴相连，是电磁离合器的从动件。当电磁离合器通电时，铁心产生引力，将引铁吸贴在带轮端面，并随之旋转，离合器结合使压缩机开始工作；当电磁离合器断电时，铁心磁力消失，引铁在弹簧片的作用下脱开带轮，压缩机停止工作。

（2）空调控制面板开关 空调控制面板开关安装在驾驶室前壁，由驾驶人进行操纵。一般有鼓风机开关、空调方式选择开关和温度选择开关等（具体位置和操作详见《汽车构造与原理实训》教材及其光盘的项目21.1）。

（3）温度控制开关 温度控制开关也称为恒温器，用来感受蒸发器表面温度、车内温度和大气温度。一般情况下，根据蒸发器表面温度来控制压缩机离合器电磁线圈中电流的通断，使压缩机产生开与停的动作，起到调节车内温度及防止蒸发器结霜的作用。常用的温度控制开关有机械波纹管式和热敏电阻式。

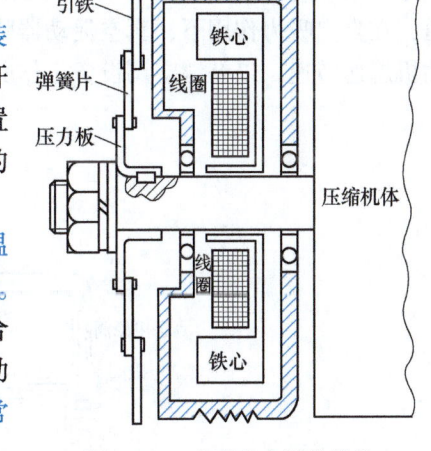

图 21-21 电磁离合器的结构

1）机械波纹管式。机械波纹管式温度控制开关的结构如图21-22所示。在感温管内充有制冷剂饱和液体，一端与温度控制开关的波纹伸缩管相连，另一端贴附在蒸发器表面。当蒸发器温度较高时，感温管内制冷剂蒸发膨胀，使波纹伸缩管伸长，推动传动杠杆放大机构使触点闭合，电磁离合器通电接合，压缩机工作；当蒸发器温度降到调定值（如1~4℃）时，波纹伸缩管收缩，通过杠杆机构使触点断开，电磁离合器断电，压缩机停止工作。如此反复，使温度控制在一定范围。旋动温度调节凸轮可改变弹簧的预紧力，这样就可改变蒸发器的温度控制范围。

2）热敏电阻式。热敏电阻式温度控制开关由热敏温度传感器、温度调节电阻和放大电路组成。热敏电阻安装在蒸发器出口侧，将蒸发器温度转变为电信号，经集成电路放大，同选定的蒸发器温度相比较而控制电磁离合器，使压缩机工作或停止。蒸发器温度的选定由温度调节电阻控制，通过安装在仪表板上的温度调节旋钮由驾驶人调整设定。

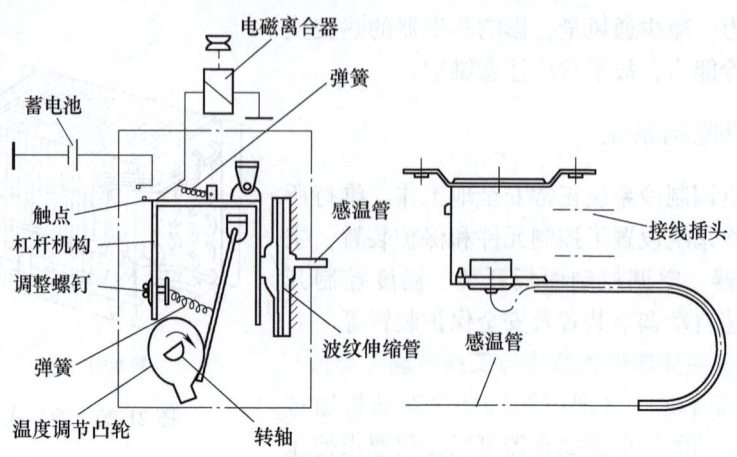

图 21-22 机械波纹管式温度控制开关的结构

(4) 发动机转速自动调节装置 当发动机在怠速工况带动空调压缩机时，为了保持发动机稳定运转，有的发动机设有怠速自动提升装置。

怠速自动提升装置如图 21-23 所示。当空调（A/C）开关接通时，也接通了真空电磁阀电路，电磁力克服弹簧力将真空电磁阀阀门吸下，打开了真空促动器与进气歧管的真空通道，在真空吸力作用下，真空促动器膜片上移，通过拉杆使节气门开度增大，从而提高了发动机怠速转速，以补偿空调设备工作所消耗的功率。

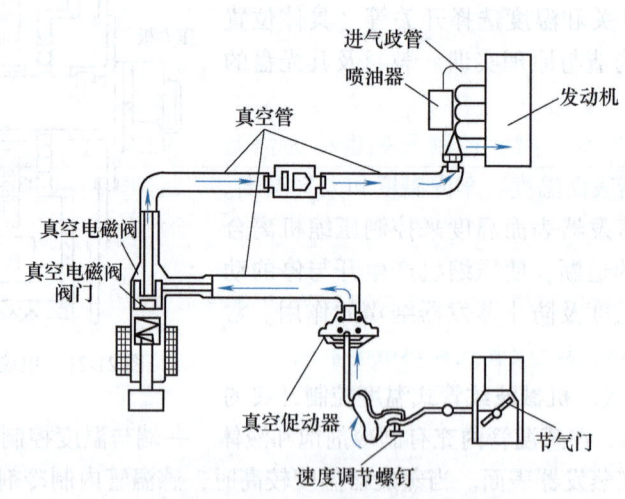

图 21-23 怠速自动提升装置

对于采用电控发动机的车型，电子控制单元根据车速、空调系统各信号，通过执行元件（如继电器等）来控制发动机转速及其他空调部件的工作。

(5) 安全保护装置 在汽车空调系统中，通常设有各种安全保护装置，当制冷系统工作出现异常或发生故障时，根据具体情况，自动采取相应的保护措施。常用的安全保护装置有以下几种。

1) **高压开关。** 高压开关用来防止制冷系统在异常高压下工作，通常安装在冷凝器进

第21章 汽车空调系统

口或储液干燥器上,其电路与压缩机离合器串联。高压开关有触点常闭型和触点常开型两种。

触点常闭型高压开关如图21-24所示,用于自动切断电磁离合器电路。当高压管路内压力超过一定值时,开关触点断开,切断电磁离合器电路,以免压缩机过载或系统管路损坏;当高压管路内压力恢复到正常值后,在弹簧的作用下,触点闭合,接通电磁离合器电路。

触点常开型高压开关一般用来控制冷却风扇高速档电路,当压力超过一定值时,触点闭合,风扇高速运转,以加强冷凝器的冷却能力。

2) 低压开关。低压开关也称为制冷剂泄漏检测开关,当制冷剂泄漏或其他原因使制冷剂不足时,低压开关就自动断电使电磁离合器停止工作,以免烧坏压缩机。低压开关通常安装在储液干燥器上或蒸发器进口(高压侧)管内或压缩机后盖上。结构与高压开关类似,为触点常开型。低压切断压力一般在80~110kPa范围内,而触点闭合恢复压力为230~290kPa。

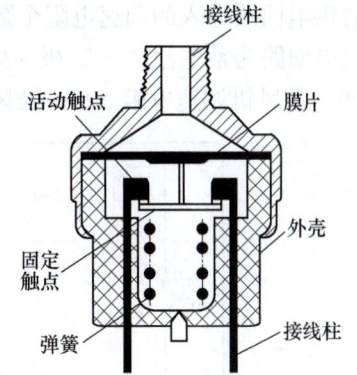

图21-24 触点常闭型高压开关

3) 环境温度开关。环境温度开关安装在灰尘滤清器附近,是一种车外温度传感器。当外界温度低于某一规定值时,环境温度开关断开其触点,切断电磁离合器电流,因此,压缩机不能起动,使制冷系统不工作。从而避免了由于车外气温过低起动压缩机导致润滑不足和机件过冷使压缩机密封圈、垫圈或簧片阀损坏。当外界温度达到预置温度(一般为0~10℃)后,环境温度开关触点闭合,电磁离合器电路接通并且压缩机可以起动。

4) 发动机冷却液过热开关。它一般安装在发动机散热器或冷却液管路上。其功用是在发动机冷却液温度过高时,使电磁离合器分离,停止压缩机运转;在发动机冷却液温度降到某一值时,开关又自动接通,压缩机重新运转。

5) 减压安全阀。它安装在压缩机缸体上,如果高压端的压力升到3.43~4.14MPa,减压安全阀就开启,以降低压力,通常它和高压开关起双层保护作用,一旦减压安全阀开启就必须更换。

2. 空调系统典型控制电路

汽车空调系统控制电路将空调各部件连接起来,完成各种操作和调控功能。各种车型空调系统的调控功能和控制电路虽不尽相同,但有些共同特点。空调系统典型控制电路主要由电源电路、电磁离合器控制电路、鼓风机控制电路、冷凝器冷却风扇控制电路和怠速控制器电路等组成。下面以上海桑塔纳LX、GX型汽车为例说明,其手动空调系统电路如图21-25所示。

电源电路由蓄电池A、点火开关D、减荷继电器J59、熔断器S1、S14、S23和空调主继电器J32组成。当点火开关D断开(OFF档)或在起动档(STA档)时,减荷继电器J59不通电,触点断开而使空调系统的供电电路"X"无电,空调无法起动运行。减荷继电器J59的作用是当点火开关在起动档(STA档)时,中断空调系统等附属装置工作,以保证发动机起动时有足够的起动电流,起动结束后将自动接通空调系统电源。

当点火开关D接通(ON档)时,减荷继电器J59通电,触点闭合,"X"号电路通电,这时主继电器 J32 中的 Ⅱ 号继电器经熔断器 S14 通电，使触点闭合，接通鼓风机电动机 V2 的供电回路，鼓风机便可在鼓风机开关 E9 的控制下运转，进行强制通风换气或送出暖气，它不受空调（A/C）开关 E30 的限制。鼓风机开关 E9 在不同的档位时，鼓风机电动机 V2 的供电回路串入的调速电阻个数也不同，从而可得到不同的送风速度。鼓风机电动机 V2 的供电回路为蓄电池"＋"极→熔断器 S23→主继电器 J32 中的 Ⅱ 号继电器触点→鼓风机开关 E9→鼓风机调速电阻 N23→鼓风机电动机 V2→搭铁→蓄电池"－"极。

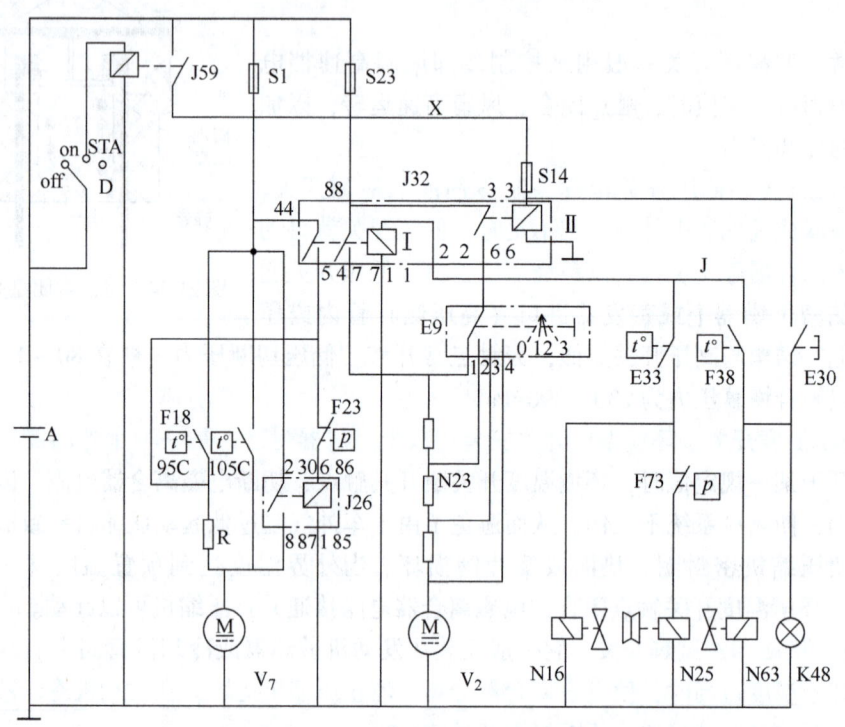

图 21-25　上海桑塔纳 LX、GX 型汽车手动空调系统电路

需要获得冷气时必须接通空调（A/C）开关 E30，电流从蓄电池"＋"极→减荷继电器 J59 的触点→熔断器 S14 到空调（A/C）开关 E30，经 E30 后分为 3 路，第一路经空调（A/C）指示灯 K48 构成回路，指示灯 K48 亮，表示空调（A/C）开关接通；第二路经新鲜空气翻板电磁阀 N63 构成回路，该阀动作以接通新鲜空气翻板和真空促动器的真空通路，使鼓风机强制通过蒸发器总成的空气通道进风，获得冷气；第三路经环境温度开关 F38 后又分为两路，一路到蒸发器温度控制开关 E33，由 E33 控制电磁离合器 N25 和电磁真空转换阀 N16 供电，只有当蒸发器温度高于调定温度时，蒸发器温度控制开关 E33 触点才接通，电磁离合器电路接通吸合，压缩机才能运转制冷。同时，电磁真空转换阀 N16 动作，使发动机以较高的转速运转，才有足够的动力驱动压缩机工作。若蒸发器温度低于调定温度，温度控制开关 E33 触点断开，压缩机将停止运转，同时电磁真空转换阀 N16 断电，怠速提升装置不起作用。低压开关 F73 串联在蒸发器温度控制开关 E33 和电磁离合器 N25 之间的电路上，当制冷系统严重缺乏制冷剂而使系统高压侧压力低于 0.2MPa 时，低压开关 F73 触点断开，压缩机将无法运转。

经过环境温度开关 F38 后的另一路电流则进入主继电器 J32 中的 I 号继电器后形成回路，使其两对触点吸合，其中一对触点用于控制冷凝器冷却风扇继电器 J26，另一对触点则用于控制鼓风机电动机 V2。高压开关 F23 串联在继电器 J26 和主继电器 J32 中 I 号继电器的前一对触点之间，当制冷系统高压侧压力低于 1.5MPa 时，高压开关 F23 触点断开，电阻 R 串联在冷凝器的冷却风扇电动机 V7 的供电回路中，冷却风扇电动机 V7 低速运转。当制冷系统高压侧压力高于 1.5MPa 时，高压开关 F23 触点接通，使得继电器 J26 通电触点吸合，电阻 R 被短接，这时冷却风扇电动机 V7 高速运转，以加强冷凝器和发动机的冷却强度。主继电器 J32 中 I 号继电器还控制鼓风机的一对触点，当空调（A/C）开关接通时闭合，此时若鼓风机开关 E9 没有接通鼓风机电路，鼓风机电动机 V2 也将由该对触点获得电流而低速旋转，以防止接通空调（A/C）开关后忘记接通鼓风机开关，而造成因没有空气流过蒸发器而使蒸发器表面温度过低而结冰或冻坏蒸发器。正常情况下，在接通空调（A/C）开关之前，应首先接通鼓风机开关。

21.2.4 暖风与通风系统

1. 暖风系统

暖风系统主要用于取暖，是汽车空调的重要功能之一，其作用是将车外新鲜空气引入到热交换器，吸收其中某种热源的热量，从而提高空气的温度，并将热空气送入车内，达到保暖和车窗玻璃除霜的目的。

（1）分类　按热源不同，暖风系统可分为独立式、余热式和综合式。独立式利用独立的热源加热，一般用于客车。余热式利用发动机工作时冷却液或发动机排气余热对空气进行加热。乘用车的车内空间小，取暖需要的热量也少，所以一般是利用发动机工作时冷却液的热量加热空气采暖，故称为水暖式暖风系统，柴油机汽车多利用发动机排气余热对空气进行加热，故称为气暖式暖风系统。综合式既装有余热式暖风系统，又装有独立式暖风系统，用于大型客车。

（2）组成及工作原理　以余热水暖式暖风系统为例，暖风系统主要由加热器、鼓风机、热水阀及通风道等组成（图 21-26）。

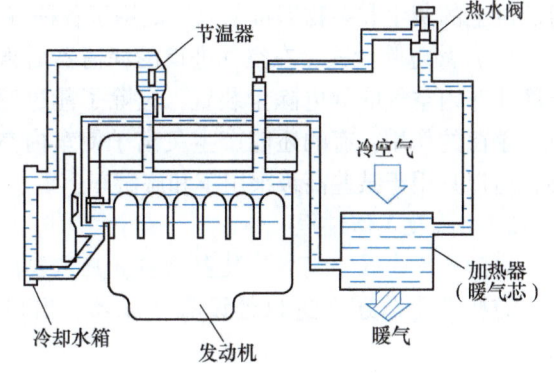

图 21-26　水暖式暖风系统

当发动机冷却液温度达到 80℃时，节温器主阀门开启，使冷却液进行大循环，需要采暖时，打开装在节温器和加热器芯之间的热水阀，此时从发动机水套出来的热水流进节温器主阀门后才分流一部分热冷却液从进水管流经加热器（另一部分流到散热器散热），用以加热周围的空气，再由鼓风机将加热后的空气通过管道送入车内。变冷后的冷却液由发动机水泵抽回发动机的水套，如此循环进行供暖，进入加热器的热水量由热水阀进行控制。

当发动机冷却液温度低于 80℃时，由于节温器主阀门关闭，冷却液在发动机冷却系统内进行小循环，也就不能供暖。

2. 通风系统

通风系统的作用是向车内提供温度适宜的干净空气。汽车空调通风一般分为自然通风和强制通风。自然通风是利用汽车行驶时车内外的空气压力差，通过进、出风口进行自然换气；强制通风是利用鼓风机对车内空气进行置换。乘用车上通常利用空调装置的外循环装置，根据需要开闭进风口，进风口处设一风门，通过控制风门开度和位置对进风模式和进风量进行控制，空气在鼓风机的作用下，经由进风口被吸入，流经加热器时被加热，并由出风口导出，进入车厢内实现取暖或为风窗玻璃除霜。图 21-27 为乘用车采用的通风系统示意图。

21.2.5 空气净化系统

为了保持车内空气的清洁新鲜，提高车内环境的舒适度，除通过通风换气外，还采用空气净化系统，以清除进入空气中的灰尘、花粉和异味等。

1. 分类

汽车空调空气净化系统通常有空气过滤式和静电除尘式两种。

（1）空气过滤式 在空调系统的进风和回风口处设置空气滤清装置。它仅能滤除空气中的灰尘和杂物，结构简单，工作可靠，只需定期清理过滤网上的灰尘和杂物即可，故广泛用于各种汽车空调系统中。

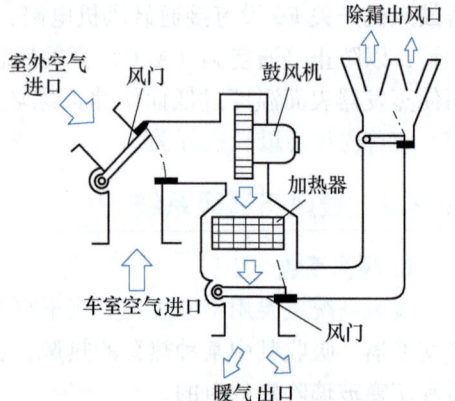

图 21-27 乘用车采用的通风系统示意图

（2）静电除尘式 在空气进口的滤清器后再设置一套静电除尘装置或单独安装一套用于净化车内空气的静电除尘装置，它除了能过滤和吸附烟尘等微小颗粒杂质外，还具有除臭、杀菌的作用，有的还能产生负离子使车内空气更为新鲜洁净，由于其结构复杂、成本高，所以只用于某些高级乘用车和旅游车上。

2. 组成及工作过程

以静电除尘式空气净化装置为例，其主要由电离部、集尘部、活性炭吸附器三部分组成，有些净化器还在进口处设有粗滤器，出口处设有负离子发生器，其结构如图 21-28 所示。

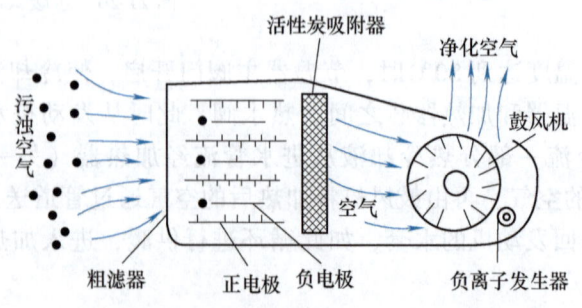

图 21-28 静电除尘式空气净化装置结构

第 21 章 汽车空调系统

静电除尘式空气净化装置工作时首先由粗滤器除去空气中较粗的尘粒，然后由静电除尘器吸附细微尘埃，电离部和集尘部可做成一体，也可分开，是静电除尘式空气净化系统的主要组成部分，总称为电过滤器。电过滤器和负离子发生器由高压发生器供给高压电。在电离部的电极之间施加 5kV 的高电压，使粉尘电离并带上负电。带负电的粉尘在电场力的作用下向由正极板构成的集尘部移动。在集尘部，由于正极板外加的高压正电，将带负电的粉尘吸附。除去粉尘的空气再用活性炭吸附，除去臭味及有害气体，再由负离子发生器供给负离子，最后由鼓风机将净化的空气送入车内。集尘部上粉尘达到一定量时，可对其进行清洗、除尘或更换。

想一想 还有哪些净化空气的办法？

21.3 自动空调系统结构与原理

自动空调系统是在传统的手动空调系统基础上加装了一系列检测车内、外空气温度变化以及太阳辐射的传感器，改良了执行器的结构和控制，加装了空调电子控制单元（ECU）。空调 ECU 能根据各传感器所检测的各参数经内部电路处理后，对执行器的动作进行控制，同时还具备自我检测诊断功能，以便对电控元件及电路故障进行检测。

21.3.1 自动空调系统的组成及作用

自动空调系统主要由传感器、空调 ECU 和执行器三部分组成，如图 21-29 所示。

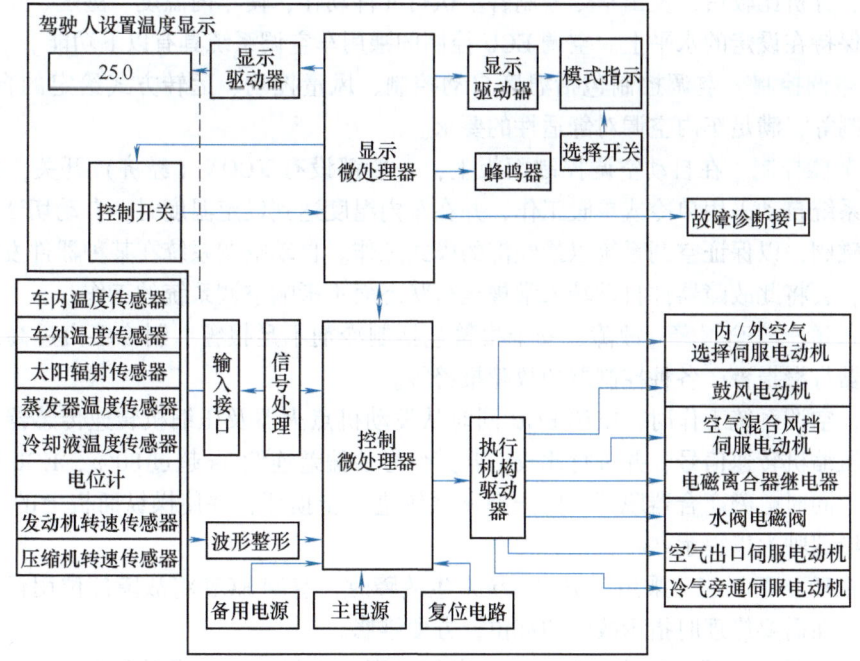

图 21-29 自动空调系统的组成

1. 传感器

(1) **各种温度传感器**　温度传感器主要有车内温度传感器、车外温度传感器、蒸发器温度传感器、冷却液温度传感器等，一般分别安装在仪表板的下端、前保险杠右下端、蒸发器表面、冷却液通路上，它们是利用热敏电阻的阻值随温度变化而变化的原理，把温度变化的信号向空调 ECU 输送。

(2) **太阳辐射传感器**　太阳辐射传感器也称为阳光强度传感器或光照传感器，它是一个光电二极管，一般安装在前风窗玻璃下面，利用光电效应，将阳光辐射程度转变为电信号，并输送给空调 ECU。

(3) **压缩机转速传感器**　压缩机转速传感器是一种磁电式传感器，安装在压缩机内，检测压缩机的转速，压缩机每转一圈，传感器产生 4 个脉冲信号输送给空调 ECU。

2. 执行器

(1) **鼓风机**　鼓风机的转速可以通过空调控制面板上的"高速"、"中速"、"低速"按键设定。当按下"AUTO"键时，空调 ECU 根据送风温度自动调节鼓风机转速，若冷却液温度传感器检测到冷却液温度低于 40℃，则空调 ECU 控制鼓风机停止工作。

(2) **电磁离合器**　空调 ECU 根据各种参数控制电磁离合器的通断，进而控制压缩机的开与停。

(3) **其他动力元件**　动力元件主要包括气流方式控制伺服电动机、空气混合控制伺服电动机、进气控制伺服电动机等，用以实现不同的送风方式、改变冷暖空气的混合比例，调节送风温度及不同的进风方式等。

3. 空调 ECU

空调 ECU 一般与操作面板成一体，对输入的各种传感器信号和功能选择键的输入指令进行计算、分析比较后，发出指令控制各个执行元件动作，使车内温度、湿度、空气流动状况等始终保持在设定的水平上。空调 ECU 控制的乘用车空调系统具有以下功能。

(1) **空调控制**　空调控制包括温度自动控制、风量控制、运转方式给定的自动控制、换气量控制等，满足车内空调对舒适性的要求。

(2) **节能控制**　在自动空调控制面板上，一般都设有 ECON（经济）开关，按下此开关，空调系统自动采用单冷或单暖工作，并在车内温度达到设定温度时，自动切断压缩机或加热器电磁阀，以保证空调系统以最经济的模式工作。自动空调系统在某种器件发生故障报警的同时，会将此故障器件自动转入常规运行状态而不影响空调系统的工作。

(3) **故障、安全报警**　故障、安全报警包括制冷剂不足报警、制冷压力过高或过低报警、离合器打滑报警、各种控制器的故障报警等。

另外，空调系统工作时，空调 ECU 同时从发动机点火器及压缩机转速传感器采集发动机转速与压缩机转速信号，并进行比较，若其信号的偏差连续 3s 超过 80%，ECU 则判定压缩机锁死，同时电磁离合器脱开，防止空调系统进一步损坏，并使操纵面板上的 A/C 指示灯闪烁，给驾驶人以提示。

(4) **故障诊断功能**　乘用车空调系统发生故障时，空调 ECU 将故障部位用代码的形式存储起来，在需要修理时指示故障的部位，方便维修。

(5) **显示功能**　显示功能包括显示给定的温度、控制温度、控制方式、运行方式的状态以及运转时间等。

第 21 章　汽车空调系统

21.3.2　自动空调系统的工作原理

1. 温度控制

空调 ECU 根据车内、外温度传感器测到的温度，不断地调节车内的空气温度和送风量，保证车内温度不变。另外，ECU 还根据太阳辐射传感器、冷却液温度传感器对送入车内的空气温度进行修正。

2. 送风量控制

空调 ECU 根据车内温度与设定温度之间的偏差，通过对鼓风机的控制来实现对送风量控制。

3. 通风控制

车外新鲜空气和车内循环空气的自动切换是由空调 ECU 控制的。当车外温度很高时，为迅速降低车内温度，可暂时不引入车外新鲜空气，只对车内空气进行制冷。当车内温度下降到一定值后，自动切换装置，通过对进风门的控制，按一定比例引入新鲜空气。

4. 除霜控制

在冬季或夏季雨天，必须除去车窗上的结霜和凝露。只要按动空调控制面板上的除霜开关，驾驶人前方和仪表板两侧的除霜送风口即自动吹出热风，给前风窗玻璃和两侧面玻璃除霜，以保证驾驶人视线清晰。

5. 风门控制

根据乘客吹风的要求，风向可通过风门控制自动切换，使上方和侧面吹出冷风，而下方则吹普通风，以满足乘客头凉脚暖的舒适性要求。

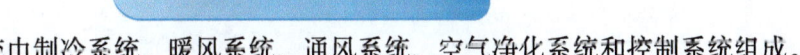

本章小结

1. 汽车空调系统由制冷系统、暖风系统、通风系统、空气净化系统和控制系统组成。

2. 空调制冷系统利用蒸气压缩循环原理工作，主要由压缩机、冷凝器、储液干燥器、膨胀阀、蒸发器等组成。制冷系统工作由电磁离合器、温度控制开关、发动机转速自动调节装置、保护装置等进行控制和保护。

3. 汽车空调压缩机按照排量不同分为定排量压缩机和变排量压缩机两种。定排量压缩机的排气量一定，不能根据需要变化，只是随发动机转速的升高而增大；变排量压缩机排量能根据需要自动调节变化。

4. 定排量空调压缩机按照结构形式的不同，可分为往复式和旋转式。常见的往复式压缩机有曲轴连杆式和轴向活塞式（斜盘式和摆盘式），常见的旋转式压缩机有旋转叶片式和涡旋式。变排量压缩机可分为机械控制式和电子控制式。

5. 乘用车上通常采用水暖式供暖装置。

6. 通风和空气净化装置使车内空气保持流通和洁净。

7. 乘用车手动空调系统电路一般由电源电路、电磁离合器控制电路、鼓风机控制电路和冷凝器冷却风扇控制电路等组成。

8. 自动空调系统主要由传感器、空调 ECU 和执行器三部分组成。

思考题

1. 名词解释：独立式驱动空调、非独立式驱动空调、冷暖一体式空调、手动空调、自动空调、定排量压缩机、变排量压缩机。
2. 汽车空调由哪些系统组成？各有什么作用？
3. 制冷系统中，蒸发器、压缩机、冷凝器、膨胀阀、储液干燥器的作用是什么？说明制冷循环的工作原理。
4. 手动空调系统由哪几部分组成？它们的作用是什么？
5. 自动空调系统由哪几部分组成？它们的作用是什么？

第 22 章 汽车防盗系统

内容架构

```
第22章 汽车防盗系统
├── 22.1 汽车机械防盗系统
├── 22.2 汽车电子防盗系统
└── 22.3 汽车防盗系统的发展动态
```

教学目标要求、重点与难点

序号	教学目标要求	教学重点	教学难点
1	掌握汽车防盗系统的基本原理与组成	✓	
2	掌握汽车防盗系统的类型与各自的特点	✓	
3	理解芯片式防盗系统的组成与工作原理		✓
4	了解当前汽车防盗技术的发展动态		✓
5	能够识别汽车主要防盗装置和主要零部件	✓	

汽车防盗系统是一种安装在汽车上用来防止汽车被盗或延长窃贼偷车时间的汽车电气设备。汽车防盗系统主要分为机械防盗系统和电子防盗系统。其中电子防盗系统是电子防盗器与汽车电路配接在一起，从而达到防止车辆被盗等各种功能的系统。

随着科技与时代的发展，汽车防盗系统经历了机械式、电子式、芯片式和网络式4个发展阶段，目前，汽车防盗系统正向着高智能程度的芯片式和网络式发展。

22.1 汽车机械防盗系统

机械式防盗锁的结构和原理较简单，只是将转向盘、变速杆和控制踏板等汽车的重要部位靠机械的方法锁住，以达到防盗的目的。其优点是价格便宜，安装简便；缺点是防盗不彻底，每次拆装麻烦，不使用时还要找地方放置。

机械式防盗锁常见的有转向盘锁、变速器变速杆锁、制动器锁、车轮锁以及车门锁等。（结构认识参见《汽车构造与原理实训》教材及其光盘的项目22.1）。

1. 转向盘锁

图22-1所示为一种转向盘锁，两个锁栓分别固定在转向盘的径向两相对端，锁杆的另一头插在车内任意地方固定，转向盘锁住后可防止窃贼转动转向盘。

2. 变速杆锁

图22-2所示为一种变速杆锁，将转向盘和变速器变杆杆锁在一起，以防止窃贼转动转向盘和换档，从而限制汽车正常运行。

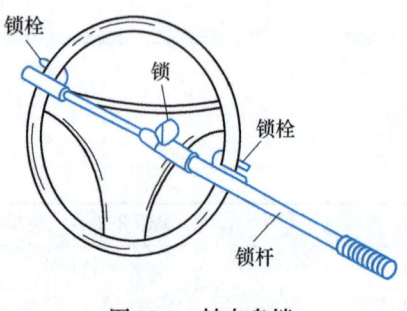

图22-1 转向盘锁

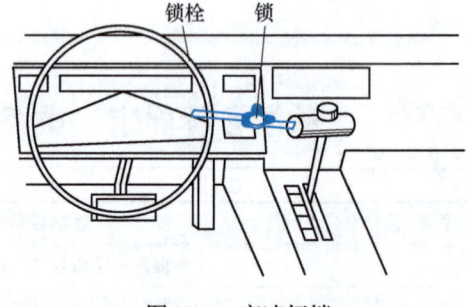

图22-2 变速杆锁

3. 制动器锁

图22-3所示为一种制动器锁，可以在车主离开汽车后以机械或液压的方式，将制动器踏板固定在制动位置上，使汽车处于制动状态。

4. 车轮锁

图22-4所示为一种车轮锁，这种固定住轮胎的方式既防盗又可防止车辆被拖走。由于其太笨重且锁车麻烦，故车轮锁较少被使用。现在常见于公共场所车辆管理部门用于扣押违规停车。

5. 车门锁

车门锁按其结构不同可分为舌式、棘轮式和凸轮式等几种，具体结构和工作原理请参见本丛书的中册第15章的相关内容。

第 22 章 汽车防盗系统

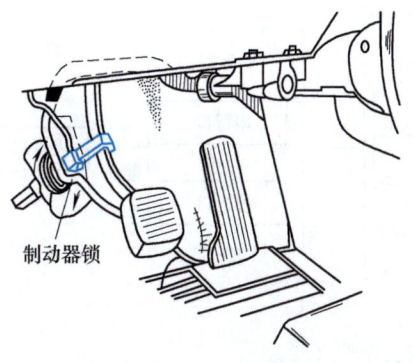

图 22-3　制动器锁

图 22-4　车轮锁

22.2　汽车电子防盗系统

22.2.1　汽车电子防盗系统概述

1. 汽车电子防盗系统的基本组成

汽车电子防盗系统主要包括四个部分：发动机电子控制单元（Engine Electronic Control Unit，Engine ECU）、防盗电子控制单元（Immobilizer Electronic Control Unit，IMMO ECU）、发送器（Transponder）和诊断器（Tester）。

2. 汽车电子防盗系统的基本工作原理

1）利用射频技术，实现非接触式或遥控式的钥匙鉴别。
2）利用数字加密技术，实现 Engine ECU 和 IMMO ECU 之间的加密通信。
3）Engine ECU 识别来自 IMMO ECU 的信息，进而控制发动机点火和喷油。

3. 汽车电子防盗系统主要结构形式

汽车电子防盗系统按其结构性能分主要有电子式、芯片式和网络式 3 种。

根据 IMMO ECU 的集成程度，防盗系统有 2 种结构形式。

1）防盗电子控制单元作为一个独立的器件，其防盗系统基本组成及原理如图 22-5 所示。

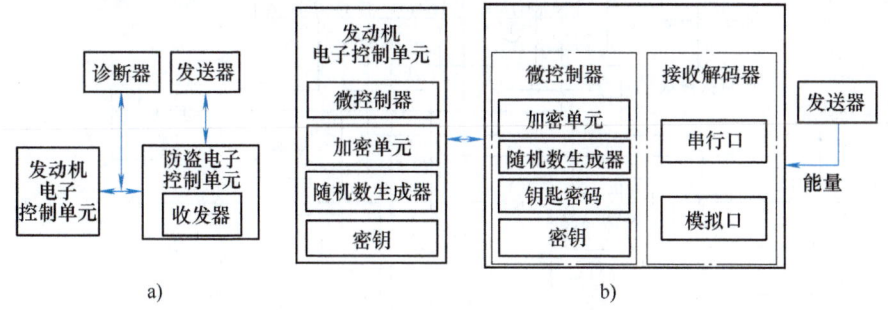

图 22-5　防盗系统基本组成及原理（一）
a）系统基本组成　b）系统原理

2）将防盗电子控制单元中的单片机控制功能集成到车内某一器件单片机内，仅将信号收发器独立出来，其防盗系统基本组成及原理如图 22-6 所示。

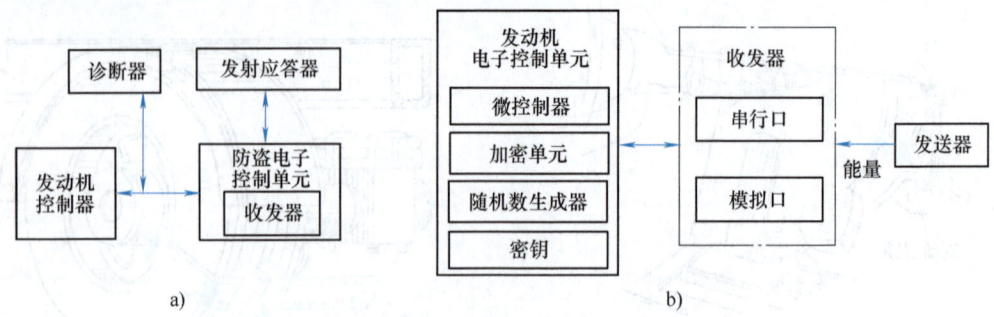

图 22-6 防盗系统基本组成及原理（二）
a）系统基本组成　b）系统原理

22.2.2 电子式防盗系统的结构原理

现代汽车电子式防盗系统普遍采用电控式中央门锁，它可以在车内、外集中控制所有车门。电控式中央门锁在车门钥匙上配置无线电发射装置，在车内配置无线电接收装置，构成无线电遥控中央门锁。有的电控式中央门锁还具有服务、报警、防盗等多种功能。

1. 电控式中央门锁的基本结构

电控式中央门锁主要由电子控制单元（ECU）、门控开关以及门锁开关等传感器、报警装置及起动中断继电器等执行元件组成。

2. 电控式中央门锁的工作原理

如图 22-7 所示，电子控制单元的 A 端子和 N 端子为电子控制单元提供工作电压；G 端子和 M 端子分别连接到门锁电动机开关 S_1 的"锁定"和"开锁"接线柱，控制门锁的状态和解除报警状态；F 端子连接到报警继电器 K_3，以控制音响和灯光报警信号；E 端子连接到起动中断继电器 K_2，以控制点火信号。门锁开关 S_3 连接到电子控制单元的 H 端子，用于解

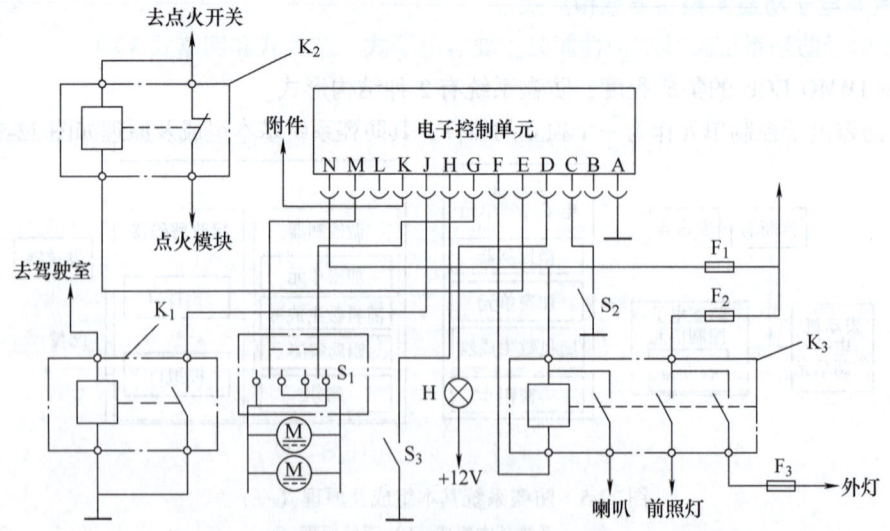

图 22-7 电子控制防盗报警系统
K_1—触发继电器　K_2—起动中断继电器　K_3—报警继电器　$F_1 \sim F_3$—熔断器　H—指示灯
S_1—门锁电动机开关　S_2—行李箱开关（当锁筒拉出时闭合）　S_3—门锁开关

第 22 章　汽车防盗系统

除防盗报警状态；行李箱开关 S_2 连接到电子控制单元的 C 端子，当锁筒拉出时接通，C 端子和 H 端子为电子控制单元提供报警信号；K 端子连接到收音机等附件，以解除报警信号。防盗报警指示灯 H 连接在电源和电子控制单元 D 端子间，反映防盗系统的工作状态。触发继电器由门控开关控制，当左右门控开关接通（门打开）时，触发继电器线圈通电吸合，使电子控制单元的 J 端子搭铁，控制亮灯，报警系统工作。

当系统进入防盗准备状态后，如有人擅自打开车门（使门控开关接通）或由行李箱拉出锁筒（使行李箱开关接通），防盗报警电路就会工作，触发继电器 K_1 和报警继电器 K_3 工作，使喇叭发出声响，前照灯、尾灯、顶灯、侧灯等发光，同时接通起动中断继电器 K_2 电路，切断点火电路，使发动机不能起动。

> **找一找**　找一辆安装有电子式防盗系统的汽车，分析其结构原理。

22.2.3　芯片式防盗系统的工作原理

目前，在汽车防盗系统领域占重要地位的当属芯片式防盗系统。它通过锁住起动机、电路和油路，达到防盗的目的，若没有芯片钥匙便无法起动车辆。数字化的密码重码率极低，而且要用密码钥匙接触车上的密码锁才能开锁，杜绝了被扫描的可能。其特点突出且使用方便，大多数乘用车均采用它作为原配防盗器。目前进口的很多高档车及国产大众、广州本田等车型已装用芯片式防盗系统。芯片式防盗系统已发展到第 4 代，除了有比电子式防盗系统更有效的防盗作用外，它还具有特殊诊断功能，即已获授权者在读取钥匙保密信息时，能够得到该防盗系统的历史信息。系统中经授权的备用钥匙数目、时间印记以及其他背景信息成为收发器安全特性的组成部分。

第 4 代芯片式防盗系统除了比以往的电子式防盗系统更有效地起到防盗作用外，还具有其他先进之处，如它独特的射频识别技术（RFID）可以保证系统在任何情况下都能正确识别驾驶人，在驾驶人接近或远离车辆时可自动识别其身份以自动打开或关闭车锁；无论在车内还是车外，探测器件都能够轻松探测到电子钥匙的位置。国内不少厂商通过引进国外先进技术开发出我国的芯片式防盗系统，如爱丽舍应答式防盗系统是在 BOSCH MP5.2 电喷系统的基础上增加了一套新系统，它可以用来锁定和解锁发动机电子控制单元，从而来实现车辆的防盗功能，当插入一把带有应答器的正确钥匙并打到"M"位时，系统自动完成对码、解锁发动机电子控制单元，否则发动机电子控制单元处于闭锁状态，发动机点火和喷油的控制被切断，汽车无法起动。

22.2.4　网络式防盗系统的工作原理

网络式防盗系统通过网络实现车门的开关和车辆的起动、截停、定位及根据车主的要求提供远程车况报告等功能。目前主要使用的网络有全球定位系统（GPS）。GPS 主要靠锁定点火或起动发动机达到防盗的目的。采用 GPS 技术的汽车反劫防盗系统由安装在指挥中心的中央控制系统、安装在车辆上的移动 GPS 终端及 GSM 通信网络组成，接收全球定位卫星发出的定位信息，计算移动目标的经纬度、速度和方向，并利用 GSM 网络的短信息平台作为通信媒介实现定位信息的传输，具有传统 GPS 通信方案无法比拟的优势。网络式防盗系

75

统突破了距离的限制，覆盖范围广，可用于被盗汽车的追踪侦查，可全天候应用，破案速度快，监测定位精度高。

一旦汽车被盗或出现异常，指挥中心可立即通过 GPS 接收终端设备信号，确定汽车实时地理位置和多方面信息，配合各方面力量及网络优势追回汽车，同时能熄灭发动机，使汽车不能行驶。

GPS 防盗技术可以说是一场技术革命，它一改传统防盗器的被动、孤立无助的被动式服务，能为车主提供全方位的主动式服务，是目前其他类型汽车防盗系统所不能比拟的。伴随着汽车工业的不断进步，GPS 在汽车防盗上的应用将越来越普遍。网络式防盗系统的防盗效果是十分明显的，但由于网络式防盗系统存在信号盲区、报警迟缓的缺点，它也无法完全有效保障车辆安全。

22.2.5 汽车防盗系统实例

奔驰 W220 装备了无钥匙进入系统（Keyless Go 系统），其将防盗系统同控制器局域网（Controller Area Network，CAN）密切结合起来（CAN 总线内容详见第 24 章车载网络系统），从而保证防盗功能的万无一失。

1. Keyless Go 系统的组成（结构认识参见《汽车构造与原理实训》教材及其光盘的项目 22.1）

Keyless Go 系统由遥控防盗卡、各车门天线、车顶控制面板 ECU、Keyless GO ECU、电子点火系统（EIS）ECU、综合开关控制 ECU、气动系统设备（PSE）ECU、开关和执行器组成。Keyless Go 系统组成如图 22-8 所示

遥控防盗卡送出信号至车门天线及车顶控制面板 ECU，由 Keyless Go ECU 接收，并同时通过 CAN 送出信号传输到电子点火系统（EIS），再由 EIS ECU 经 CAN 总线送出信号至 PSE ECU 及综合开关控制 ECU 控制天窗、电动窗及转向灯。

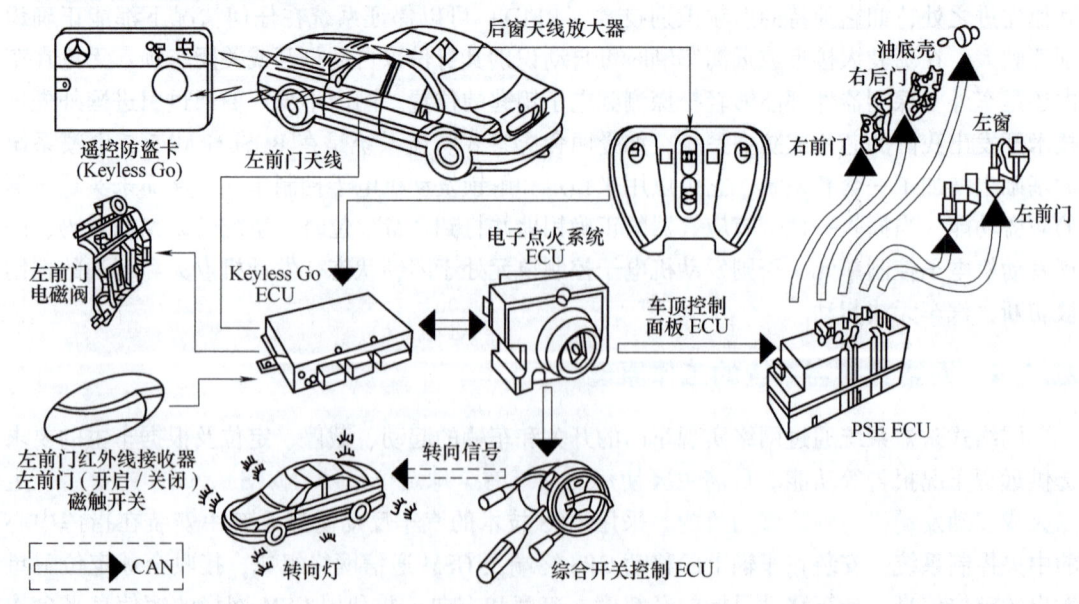

图 22-8 Keyless Go 系统组成

第22章 汽车防盗系统

2. 系统工作原理

防盗控制系统的 CAN 总线系统如图 22-9 所示，图中的相关注释见表 22-1。

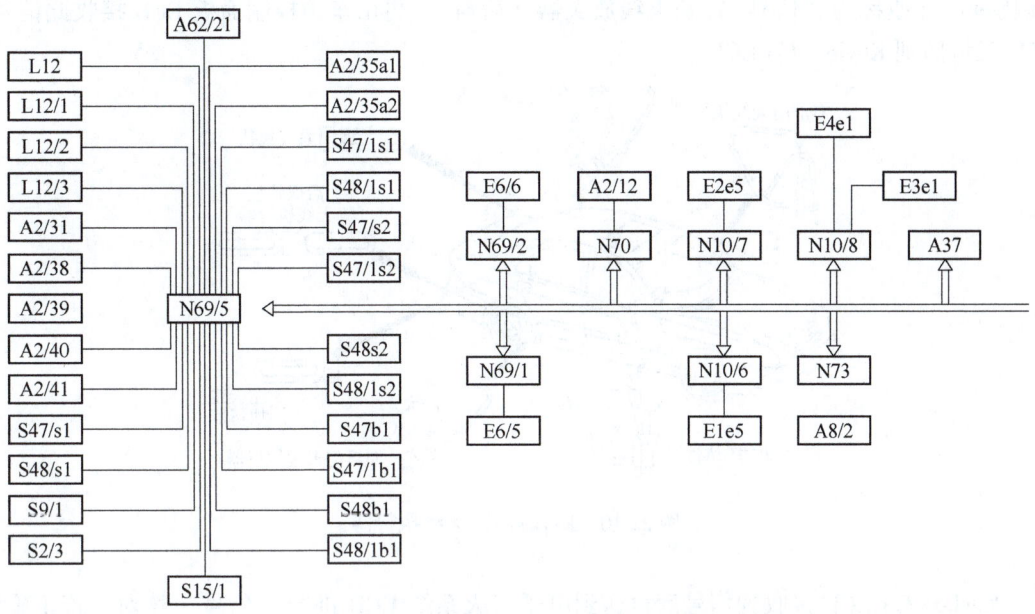

图 22-9　防盗控制系统的 CAN 总线系统

表 22-1　防盗控制系统的 CAN 总线系统图中的相关注释

代　号	名　　称	代　号	名　　称
A2/12	天线放大器(后窗)	L12	左前门电磁阀
A2/31	天线(后保险杠)	L12/1	左后门电磁阀
A2/35a1	天线(左)	L12/2	右前门电磁阀
A2/35a2	天线(右)	L12/3	右后门电磁阀
A2/38	防盗遥控器天线(左前门)	N10/6	左前 SAM ECU
A2/39	防盗遥控器天线(左后门)	N10/7	右前 SAM ECU
A2/40	防盗遥控器天线(右前门)	N10/8	后 SAM ECU
A2/41	防盗遥控器天线(右后门)	N69/1	左前门 ECU
A8/2	遥控器	N69/2	右前门 ECU
A37	PSE ECU	N69/5	Keyless Go ECU
E1e5	左转向信号灯(前)	N70	车顶控制面板 ECU
E2e5	右转向信号灯(前)	N73	电子点火系统 ECU
E3e1	左转向灯信号灯(后)	S2/3	起动/停止开关
E4e1	右转向灯信号灯(后)	S9/1	制动开关
E6/5	转向信号灯(左后视镜)	S15/1	行李箱释放开关
E6/6	转向信号灯(右后视镜)	S47b1	左前门接收器
S47/s1	左前门拉动开关	S48s1	右前门拉动开关
S47/s2	左前门推动开关	S48s2	右前门推动开关
S47/1b1	左后门拉动开关	S48/1b1	右后门接收器
S47/1s1	左后门拉动开关	S48/1s1	右后门接收器
S47/1s2	左后门推动开关	S48/1s2	右后门推动开关
S48b1	右前门接收器	A62/21	行李箱开启键

Keyless Go 系统在各车门及后保险杠上均安装了天线。此天线动作信号由 Keyless GO ECU 传送到天线执行器上（图 22-10），使天线产生电磁波效应，从而使防盗监控卡传送"识别码"（或称为"信号"）到天线放大器（后窗），再由车顶控制面板 ECU 接收此信号，之后又传回到 Keyless Go ECU。

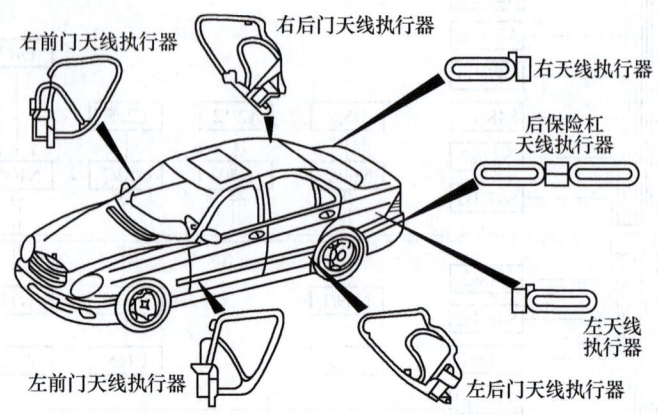

图 22-10　Keyless Go 天线执行器

　　Keyless Go ECU 接收到信号后再送到电子点火系统 ECU 进行"信号"核对，若正确则经 CAN 总线送到 PSE ECU 及综合开关控制 ECU（组合开关、控制室外灯闪烁）。

　　车门开启功能：当 Keyless Go ECU 接收 CAN 信号或左前门接收器、左前门（开启、关闭）碰触开关的信号时，Keyless Go ECU 发出信号至左前门天线，再由天线发出信号至遥控防盗卡。如果此时按下遥控防盗卡开启车门键，则遥控防盗卡传送"开启"信号到车顶控制面板 ECU，车顶控制面板 ECU 又将信号经 CAN 总线传送到 Keyless Go ECU，Keyless Go ECU 接收到信号后又经 CAN 总线传送回到 EIS EUC 进行信号核对。若信号无误则 EIS ECU 由 CAN 传送"信号"到综合开关控制 ECU 及 PSE ECU。PSE ECU 控制车门执行器动作把车门打开。综合开关控制 ECU 控制室外灯闪烁。Keyless Go ECU 则控制左前门电磁阀动作。

　　锁住车门功能：Keyless Go ECU 接收行李箱释放开关信号和左前门触动开关信号后，防盗遥控卡即发送信号到车顶控制面板 ECU，再由它将信号送到 Keyless Go ECU 并交由 EIS ECU 进行"信号核对"，信息确认无误后，经由 CAN 总线将"锁住信号"送至 PSE ECU 及综合开关控制 ECU 控制各车门和行李箱执行器锁住，以及让室外灯闪烁（即经由 Keyless Go ECU 去控制各车门天线动作，天线即送信号到防盗遥控卡，此时防盗遥控卡发出"锁住信号"到车顶控制面板 ECU，再由 CAN 总线传送回 Keyless Go ECU）。

22.3　汽车防盗系统的发展动态

　　微电子技术和计算机软件技术的进步，推动了汽车制造厂商对汽车防盗技术的研究和升级。如今的汽车防盗系统已经趋向多功能化、网络化、可视化、便捷化发展。

1. 国外防盗系统的研究现状

　　（1）美国 CODE ALARM 汽车防盗技术　现在，所有防盗器最重要的部分是遥控器，遥控器相当于汽车的钥匙，一旦被复制，防盗功能便荡然无存。美国的 CODE ALARM 采用一个超级密码保障及防解码的功能，使防盗器的密码获得最佳保障，即使使用最高速的解码器，也需要较长时间才能将密码解破。此外 CODE ALARM 解码器有多项额外功能，例如自动进入戒备状态、125dB 的全天候式警告信号、智能振荡感应自动关闭保护区域及微波监察器等。

(2) 变密码防盗技术　德国梅赛德斯·奔驰公司生产的部分车型装配有"电子开门钥匙"红外线遥控器，通过发射肉眼看不见的多次变换密码的光信号给接收这种信号的特种传感器来执行防盗功能。它通过微型计算机与发动机的电子控制单元（ECU）相连，车门锁闭时能切断全部功能。这种防盗装置之所以能绝对防盗，在于密码能随时变换，只有使用与之相应的遥控器才能使用和识别密码。

(3) 电子追踪防盗技术　电子追踪防盗技术是示踪标识和追踪雷达系统的结合，能在 14m 之内对行驶的汽车进行监视和识别。每个示踪标识都有一个硅集成电路和发射装置。示踪标识可根据车主的要求发出密码电波，出厂时装在车内；追踪雷达系统则装在道路口的交通标志灯上，接收和识别每一辆行驶过的车辆的密码电波，警察可据此扣留被盗车辆。

(4) 其他防盗系统技术　瑞典 Volvo 汽车公司为 S80 型汽车开发出一套新型防盗系统，其中既有机械方式防盗，也有电子方式防盗，还有防砸功能。它的车门钥匙锁芯可以无阻力旋转，当盗贼用螺钉旋具或其他坚硬物体撬锁时，该锁芯可随撬动的物体旋转而无法撬开。车主打开电子静止状态控制系统离开汽车时，如有人想移动该车，车辆就会拒绝进入行驶状态。它的前、后风窗玻璃和车窗玻璃均采用特种玻璃，即使用铁锤或铁棒击打，玻璃也不会出现缝隙，人手无法伸进车内将车门打开。

奔驰 CLK 双门跑车采用了智能钥匙（或称电子钥匙）。该车并无点火锁，将一把电子钥匙的楔形舌片插入点火开关时，此电子钥匙就发出一个红外密码数据信号，起动电子控制单元内的微型计算机接收此信号，并将其与存储器内的密码相对比。如果两密码相同，微型计算机就打开转向盘锁。此外，发动机电子控制单元还要求此点火开关能在 0.5s 内解决一个复杂的适配问题。只有经过计算，两个装置得到相同的答案，发动机才能起动。每起动一次，密码就会发生变化。

指纹控制的点火系统（图 22-11）的防盗方法是将驾驶人的指纹存储在汽车内，以便驾驶人点火时将指纹与已存储的参考指纹相比较。指纹或声音识别技术有实用的局限性。当他人借车时，必须经过车主授权方可驾驶。

图 22-11　指纹控制的点火系统

2. 国内防盗系统的研究现状

我国对汽车防盗技术的研究起步较晚，但对新技术的跟进十分迅速，特别是对 GPS、GPRS、GSM、短信、RFID 以及跳码等新技术在汽车防盗上的应用进行了卓有成效的研究。

同时，我国也针对汽车防盗系统制定了国家标准，为行业的发展设定了基准。最早的标准是国际电工委员会（IEC）和国际标准化组织（ISO）于 1995 年 12 月制定的《报警系统　第 10 部分：道路车辆用报警系统　第 1 节：客车》，后来 GB 20816—2006 中表述汽车防盗系统如下：车辆防盗报警系统（Vehicle Security Alarm System，VSAS）是安装在车辆上的一种系统，在设置警戒状态下指示出侵入或盗用车辆的行为，并且组织未经许可使用车辆。

针对汽车防盗系统，国内部分企业也研制出适用于本土的产品。

(1) 无线遥控汽车防盗系统　无线遥控汽车防盗系统采用国际先进的电子密码技术，具有 2000 万个不重复的编码程序，通过遥控实现防盗、防劫功能，同时还具有遥控熄火及 BP 机报警等功能。

(2) CAS（Control Alarm Station）系统　CAS 系统由报警发射、网络接收、监控中心三部分组成。监控中心对入网的车辆实行不间断的监测服务，当发生盗窃时，CAS 系统能在 15s 内将移动目标的报警信息传给监控中心，中心在电子地图上能准确地显示出案件发生的地点、时间、移动方向并将有关车辆的牌照、颜色等信息传到 "110" 指挥中心。

(3) 全方位遥控防盗技术　全方位遥控防盗技术适用于各种车型，具有全车体、全方位防盗、自动防盗报警和锁定功能。除车主之外，任何人想开动汽车，或通过撬、拆、击打汽车盗窃轮胎或车上货物时，汽车都会发出不小于 120dB 的强力报警声。

3. 汽车防盗系统的发展趋势

未来汽车防盗系统将向多功能化、网络化、可视化和便捷化发展。

(1) 多功能化　多功能化就是在同一辆车上使用两种或两种以上的防盗技术，从而增加窃贼的盗窃难度并延长其作案时间。如超音波传讯转向盘锁即为机电组合的防盗器，其转向盘锁利用钢材制造，不易锯断，感应器采用超音波感应与振动感应，在感应到异常状态的第一时间就会呼叫车主，距离可达 2.5～3km，车型不限。

(2) 网络化　网络化能远程跟踪、遥控并在窃贼得手后找回被盗汽车，因此汽车防盗网络化是大势所趋。一方面，在 GPS、GSM、短信、电子地图这些技术的基础上今后还可能和可视化设备融合，实现对窃贼的拍照取证；另一方面，通过和公安机关的机动车防盗警务网络进行联网，实现自动向警方报警的功能。

(3) 可视化　可视化即利用安装在车内隐蔽地方的微型相机或者秘密录像机，在防盗系统工作时，主动录下闯入汽车的盗贼的照片并通过 GPS 直接传送至控制中心，使控制中心随时掌握车辆所在的位置及盗贼的动向，以便抓获。

(4) 便捷化　便捷化可实现车门的自动加解锁和车窗玻璃的升降，如 PKE 技术，也称为"被动式免钥匙进入"技术，车主将"智能钥匙"放到口袋或皮包中随身携带后，可以实现车主离开汽车超过 1.8m 时系统将自动锁好车门并伴有声光提示。如果下车时没有关好车门，系统会有声光报警提醒车主回去关好车门。如果驾驶人忘记关车窗，系统会自动升窗。当需要开车时，不用做任何操作直接可以开启车门。

找一找　检索资料，查看现代汽车最先进的防盗系统的结构原理是什么？

本章小结

1. 汽车防盗系统是一种安装在汽车上用来防止汽车被盗、延长窃贼偷车时间的汽车电气设备。

2. 汽车防盗系统主要分为机械防盗系统和电子防盗系统两大类。汽车防盗系统经历了机械式、电子式、芯片式和网络式 4 个发展阶段。四者呈现互相交错发展的趋势。

第 22 章　汽车防盗系统

3. 汽车电子防盗系统由发动机电子控制单元、防盗电子控制单元、发送器和诊断器四部分组成。

4. 未来汽车防盗系统将向多功能化、网络化、可视化和便捷化发展。

思考题

1. 名词解释：汽车防盗系统、电控式中央门锁、芯片式防盗、网络式防盗。
2. 汽车防盗系统有哪几种类型？各有哪些特点？
3. 汽车电子防盗系统主要由哪些系统组成？工作原理如何？
4. 电控中央门锁的基本结构和工作原理如何？
5. 简述国内外汽车防盗系统的发展动态。

第 23 章

汽车影音与导航系统

内容架构

```
第23章 汽车影音与导航系统
├── 23.1 汽车影音系统概述
├── 23.2 汽车影音系统基本组成与原理
├── 23.3 汽车导航系统概述
└── 23.4 汽车导航系统基本组成与原理
```

教学目标要求、重点与难点

序号	教学目标要求	教学重点	教学难点
1	掌握汽车影音系统的基本组成和工作原理	✓	
2	理解车载音响的主要组成和基本工作原理	✓	✓
3	理解车载音响的防盗原理	✓	✓
4	掌握汽车导航系统的基本组成和工作原理	✓	
5	能够识别汽车影音系统和导航系统的主要零部件	✓	

第 23 章　汽车影音与导航系统

23.1　汽车影音系统概述

汽车影音系统是汽车收、放音，图像接收，播放等设备的总称，它为驾乘人员提供无线电广播节目（例如娱乐节目、交通信息、天气情况等），电视节目，播放磁带、CD、VCD、DVD、MP3、MP4 等声像媒体，有助于减轻驾驶途中的疲劳，并使驾乘人员感受艺术的享受。

早在 1923 年，美国首先出现了装配电子管无线电收音机的汽车。20 世纪 70 年代初，可播放卡式录音带的车用收放两用机出现在乘用车上。今天，汽车音响已经由最初的收听广播、聆听音乐等基本功能，演变成集视听娱乐、通信导航、辅助驾驶、流动办公室等多种功能于一身的综合性多媒体车载电子影音系统，并成为衡量现代乘用车舒适性和档次的标准之一。新一代车载影音系统以现代存储设备（如 USB/SD）为载体，借助高科技解码和显示技术，省去了 CD/DVD 机心部分内容，可下载播放多种格式的影音文件（如 MP3、MP4、WMA 等）。

目前比较知名的汽车音响厂商有飞利浦（PHILIPS）、阿尔派（ALPINE）、歌乐（CLARION）、松下（PANASONIC）、先锋（PIONEER）、富士（FUJI）、蓝宝和飞歌等。

23.2　汽车影音系统基本组成与原理

汽车影音系统主要由声像主机（信号源）、功率放大器、扬声器、显示器及安全解码装置等部分构成，图 23-1 所示为上海通用别克 MY2005WL 系列车辆影音系统的分布图，图 23-2 所示为其影音系统电路图（结构认识参见《汽车构造与原理实训》教材及其光盘的项目 23.1）。

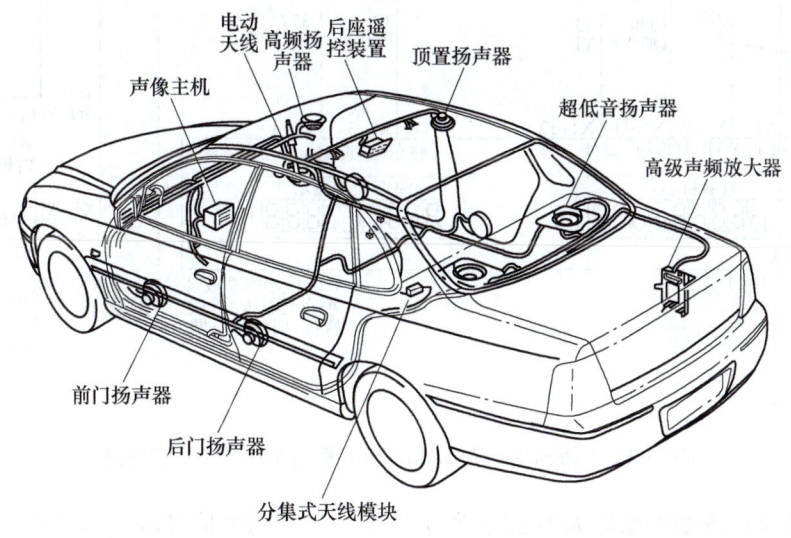

图 23-1　上海通用别克 MY2005WL 系列车辆影音系统的分布

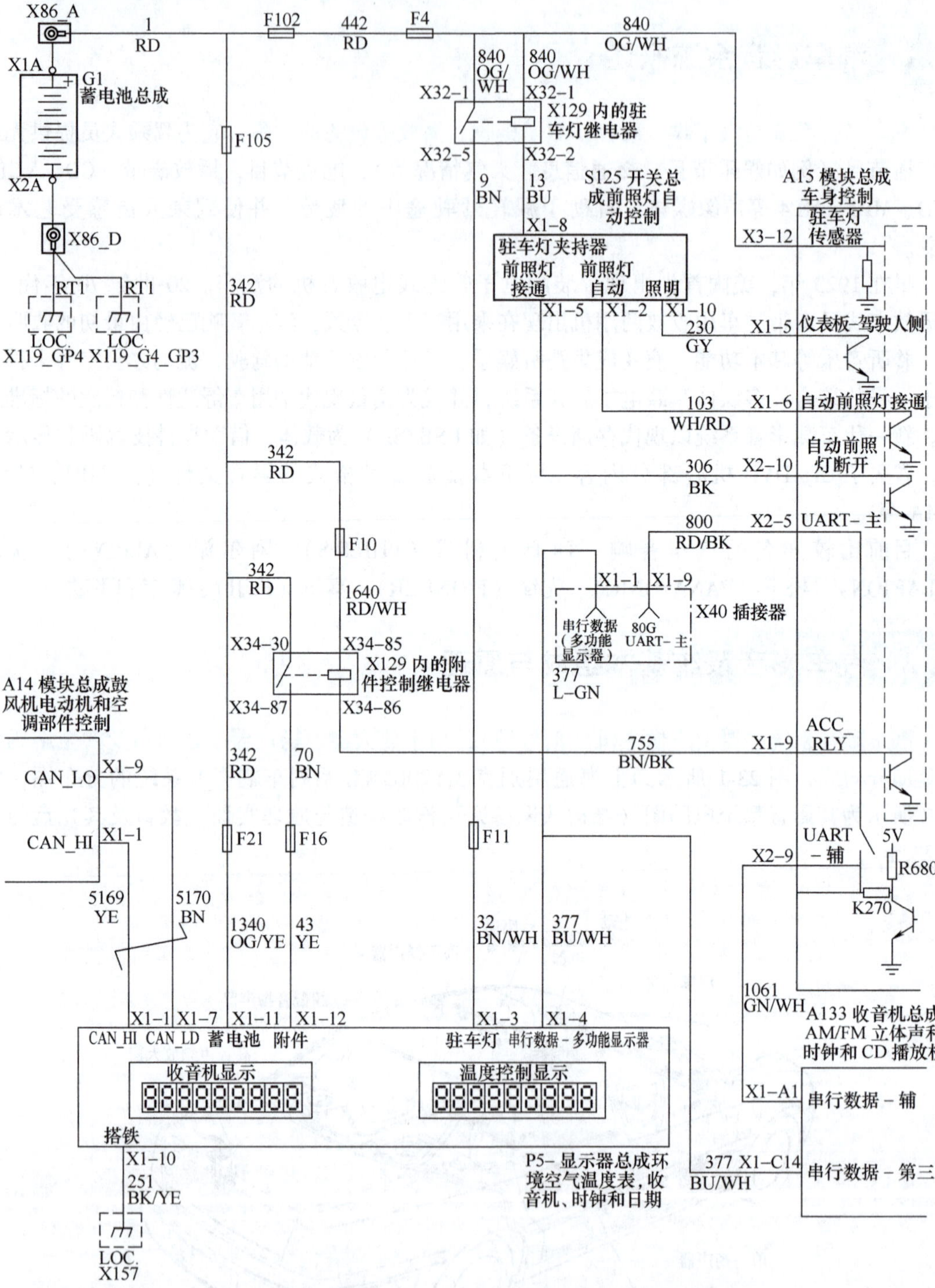

图 23-2 上海通用别克 MY2005WL 系列车辆影音系统电路

车载影音系统的基本原理如图 23-3 所示,主机从不同的信号源(收音机、磁带机、数字电视、CD、MD、MP3、VCD 机和 DVD 机等)获取声音和影像信号,经过功率放大器进行选择处理与功率放大,推动扬声器和显示器工作,满足人们的视听要求。

第 23 章 汽车影音与导航系统

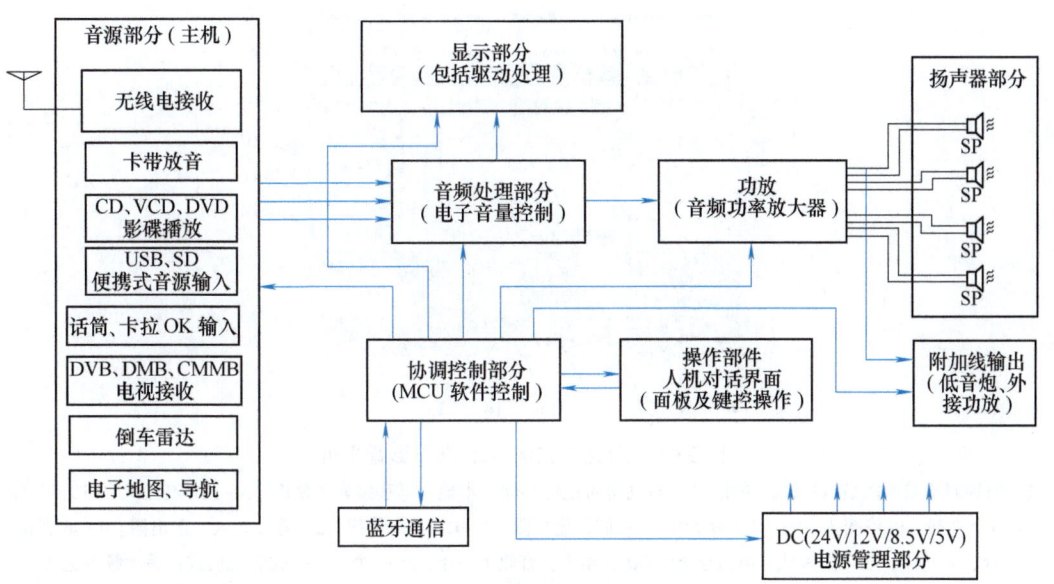

图 23-3 车载影音系统的基本原理

23.2.1 汽车声像主机

汽车声像主机是车载影音系统的核心，主要功能是播放音源。

按照德国标准化学会（DIN）规定，车载影音系统的主机安置在驾驶室的中控台上，有 1DIN 和 2DIN 两种。1DIN 指一个标准空间（宽高固定，而深度不限，如长 183mm，高 50mm，深 153mm），主机内至少装有收音机、磁带播放机或单碟 CD 机以及功率放大器 3 大部件，高级的则还带有多碟 CD 机的控制电路；2DIN 指的是 1DIN 的 2 倍空间，可以同时容纳收音机、磁带播放机、单碟或多碟 CD 机以及功率放大器 4 大部件。

车载影音系统的主机根据不同汽车和客户的需要，集成了车载收音机（FM/AM）、磁带摇放机、蓝牙、CMMB 数字电视、CD、MD、MP3、MP4、VCD 机和 DVD 机等多种播放设备和控制装置（图 23-4），最近几年又扩展为 USB、HD、Memory Stick、iPod 等多种数码介质。

1. 车载收音机

收音机是最常见的车载音响（图 23-5），用于收听无线电广播。它是取材标准的音源配备之一，一般均配装有调幅（中波）收音（AM）和调频广播（FM），可预设 6 个 AM 和 12 个 FM 电台，有的还装配有短波（SW）收音。

车载收音机主要由天线、接收装置、声场修正、可听频率增幅及扬声器等组成。

汽车音响天线主要有以下 3 种形式：

1）**车窗外装拉杆式天线。** 这种天线在车头外或前窗左侧，常带有 3 节拉杆，全部拉出时长 1.2~1.4m，也有些货车和大型客车采用单节天线，长度 0.8~1m。

2）**车头或车尾内装天线。** 这种天线可分为手动和自动两种，手动天线多装在左前翼子板内，使用时用手拉出，有 3 节，拉出总长度 1~1.1m。自动天线可装在左前翼子板或车后尾部，音响开机时，给天线提供电源，天线底部的小电动机运转，天线自动伸出（常有 3~5 节），关机后，天线缩回。

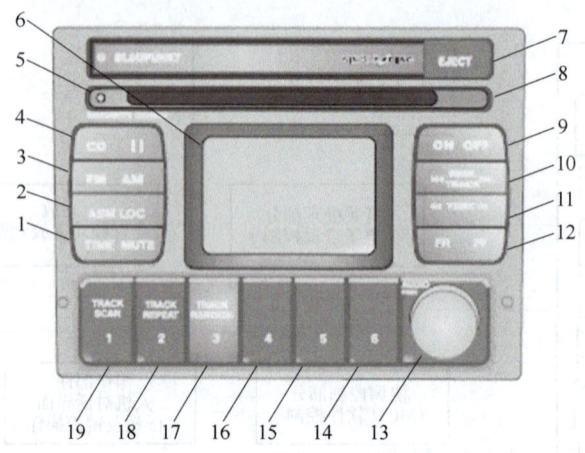

图 23-4 别克 MY2005WL 汽车影音主机

1—时钟调整或时间显示打开、关闭　2—自动电台记忆存储：本地、远程搜索灵敏度　3—FM1/FM2/AM 选择按钮　4—CD 选择、暂停按钮　5—安全指示灯　6—信息显示器　7—CD 弹出按钮　8—碟片装入、取出槽　9—收音机开、关　10—收音机模式：电台搜索；CD 机模式：音轨上一下、下一个　11—收音机模式：手动频率选择　12—CD 机模式：音轨提示、回顾　13—音量控制；推：低音、高音、衰减、平衡　14—收音机模式：记忆预设电台 6　15—收音机模式：记忆预设电台 5　16—收音机模式：记忆预设电台 4　17—CD 机模式：音轨随机播放；收音机模式：记忆预设电台 3　18—CD 机模式：音轨重复播放；收音机模式：记忆预设电台 2　19—CD 机模式：音轨扫描；收音机模式：记忆预设电台 1

3) 玻璃夹层天线。这种天线制作在后风窗玻璃夹层中，对汽车外观没有影响，且天线永不磨损，所以被国产、进口高档乘用车所采用。与拉杆式天线相比，其电性能在 AM 时稍差，灵敏度要低 5～10dB，所以一般要加一级无线信号放大器，放大器多安装在汽车 C 柱护板内，与之配套的汽车音响常标有"窗式天线专用"字样。

车载收音机接收装置通常由高频放大器、本机振荡器、混频器、中频放大器、检波器等组成（图 23-6）。

图 23-5 车载收音机

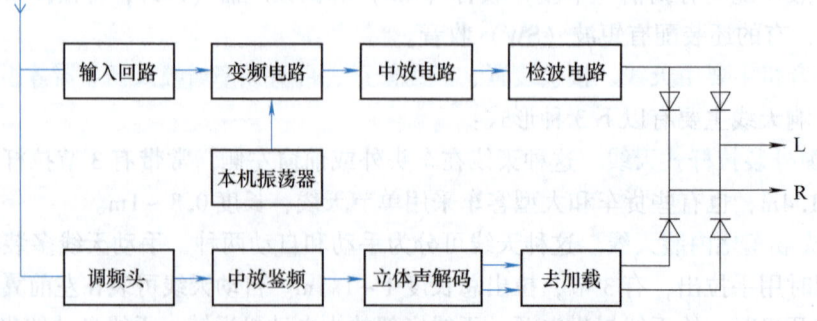

图 23-6 车载收音机接收装置的工作原理图

衡量车载收音机和其他音响的主要性能指标有如下3项：

1) 整机频率特性。频率特性又称为频率响应特性或有效频率范围。它是指汽车音响能够重放音频信号的频率范围及在此范围内允许的振幅偏离量。汽车音响的频率范围越宽，振幅偏离越小，则频率特性就越好。高保真汽车音响的频率响应已达20Hz~20kHz。

2) 信噪比。信噪比是指放大器输出的声音信号（S）功率（或电压）与噪声（N）功率（或电压）之比，信噪比越大，汽车音响性能越好。目前高档汽车音响信噪比可达：CD>90dB，磁带放音>50dB，FM>60dB，AM>45dB。

3) 灵敏度。灵敏度指调谐器接收微弱信号的能力。它表示在规定的音频输出信噪比下，产生标准功率输出所需要的最小输入信号强度。其值越小，灵敏度越高，调谐器性能越好。汽车音响的灵敏度可达：FM<1.5μV（在$S/N=30$dB时）；AM<15μV（在$S/N=20$dB时）。

2. 磁带播放机

磁带播放机用于播放录音带，早期的卡式磁带播放机只能做单向运动，可以快进、不能倒带，现已淘汰。

盒式磁带播放机在20世纪60年代由荷兰飞利浦公司发明，通常也安设在主机上，档次有高有低。低档产品功能简单，是全机械控制，多数只作为低档经济车型的厂家标配。高档的车载盒式磁带播放机通常采用电控系统，具有自动翻面循环播放、正反双向快速选曲等功能，有些还带有杜比降噪系统以改善音质，以及采用高硬度磁头来延长寿命。

3. CD、VCD、MP3、MP4播放机

中高级车在出厂时大都配有单碟CD机，通常也安在主机上，并采用吸入式装碟。对于1DIN的主机来说，设有单碟CD机以后，便没有必要装磁带播放机了。不过有些消费者还是希望装备齐全，所以也就有厂家生产了一些2DIN主机，同时装备有收音机、磁带播放机及单碟CD机。

由于一张CD的最长播放时间仅有74~80min，所以在长途行车时就难免频频换碟。多碟自动换片CD机很好地解决了这个问题，可以预先装好6~12张CD（视其机体型而定），放完一张之后机器会自动换下一张，这样就可以保证不会在短时间内听到重复的歌曲。

由于AV潮流的兴起，现在的新型单碟CD机往往都增加了VCD播放功能，配上液晶显示器（图23-7）之后，便可以在车里看电影了。

另外，MP3、MP4播放功能也已经成为新型CD机的标配。利用MP3、MP4压缩率高的特点，可以在一张CD上记录上百首歌曲，避免了频繁换碟，也不会因为要携带大量CD碟而占用过多的车内储物空间。

23.2.2 功率放大器

车载音频功率放大器（即汽车功放，简称功放）是汽车音响系统的重要组成部分，其作用是将音频输入的信号进行选择与处理，进行功率放大，推动扬声器工作，发出悦耳的声音，满足人们的听觉享受。

功率放大器包括前级放大器和后级放大器。中档立体声汽车音响有左右两个声道，输出功率2×10W左右；高档数字式汽车音响有4个声道，采用高保真、大功率集成电路功放，具有平坦的频率特性和良好的信噪比、动态性，为得到较大输出功率，常采用BTL输出方式，输出功率有4×30W左右。汽车音响一般都有输出短路保护和过热保护电路，当温度达160℃时保护电路起作用，输出端短路，功率放大器关闭，无输出。

23.2.3 扬声器

扬声器俗称喇叭，不同信号源的音频信号经功率放大后，最后由扬声器还原为声音，它是直接影响音质好坏的关键部件。

汽车扬声器通常分前、后声场扬声器及重、低音扬声器，一般功率在 10~30W，大功率扬声器为 30~100W。如上海大众桑塔纳 2000 汽车，四声道输出功率 4×10W，车前方的扬声器为 4 寸，后方扬声器为 6.5 寸（直径）。

23.2.4 显示器

显示器主要指车载液晶显示器（图 23-7），其组成包括解码器、后座用 DVD 视频数码输出、各种导线、电容、电源分配器、接线端子等。

一些高档汽车音响具有遥控及 12C 总线控制功能，使汽车音响的音量调节、高低音调节、音量平衡调节等实现了数字化。在这类高档汽车音响中，多具有激光唱机输入（CD IN）接线端子和 CD 控制功能（微型数字盒式录音机 DCC、数字磁带录音机，DAT 信号也从 CD IN 端口进入），有音量渐弱控制器接口，遥控电源端等。某些进口和国产高级汽车音响还具有机械电子式防盗功能。

图 23-7 车载液晶显示器

目前带硬盘的汽车音响也已经运用于汽车，如索尼 MEX-1HD 型带硬盘 CD 音响，内置 10G 硬盘，内置"存储棒"插槽。其功能相当齐全，包括 CD 播放、数码调谐收音、内置多声道功放电路、电子均衡控制，可以兼容播放 MP3 音乐、兼容 CD-R 和 CD-RW 刻录播放、高速转录 CD 音乐节目、转录"存储棒"节目等，附带的卡片式无线电遥控器可方便地进行播放和多种工作模式的控制操作。

23.2.5 汽车后座娱乐系统

高档汽车还设置有后座娱乐系统（RSE），别克 MY2005WL 汽车后座娱乐系统如图 23-8 所示。

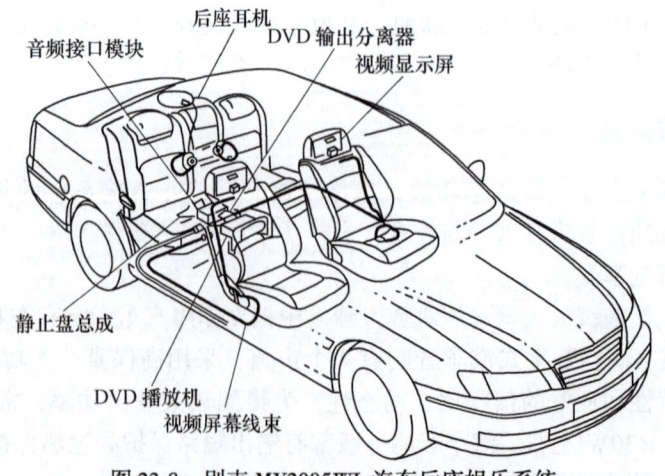

图 23-8 别克 MY2005WL 汽车后座娱乐系统

第 23 章　汽车影音与导航系统

该后座娱乐系统包括一个 DVD 播放机、两个视频显示屏、一个音频接口模块、一个 DVD 输出分离器装置和一个存储在后座椅中心扶手存储舱的手持式遥控器。

DVD 播放机内置于后排座椅下的一个静止盘总成中，如图 23-9 所示。

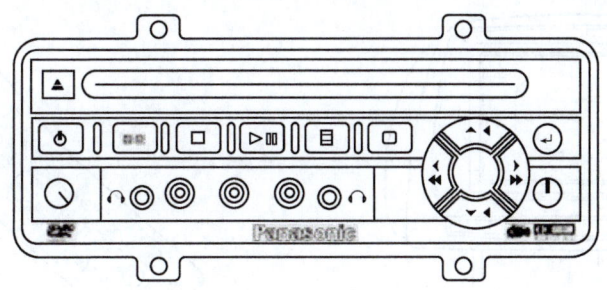

图 23-9　DVD 播放机

安装在 DVD 播放机面板内的 RCA 插孔允许从辅助设备（如可携式摄像机或视频游戏机）至使用标准 RCA 电缆的视频屏幕的音频和视频输入连接。黄色插孔是视频输入，而红色和白色插孔是相应的右和左立体声输入。

音频接口模块（图 23-10）位于装有 DVD 播放机和视频分离器的后排座椅中心下方的安装托架内，它是 DVD 播放机、音响系统和车身控制模块之间的接口。音频接口模块验证来自 UART 数据总线上的收音机信息，然后通过 II 级通信总线与 DVD 通信，最后启动 DVD。如果没有有效的安全信息，音频接口模块会进入锁定模式且不允许启动 DVD。

音频接口模块同时控制家长锁定功能。该功能通过按压位于音响主体上的耳机按钮 2s 以上来激活。家长锁定模式下，DVD 播放机的所有功能除装入、弹出功能外都被禁用。激活家长锁定功能也将锁定后座遥控。按压耳机按钮 2s 以上可恢复 DVD 播放机的正常操作和后座遥控。

DVD 输出分离器（图 23-11）位于装有 DVD 播放机和音频接口模块的后座椅中心下方的安装托架内。它将分割输出信号以便将信号分配到两个娱乐视频显示屏上。

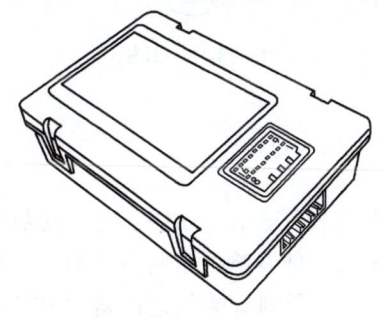
图 23-10　音频接口模块

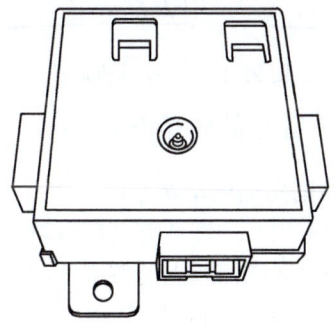
图 23-11　DVD 输出分离器

视频显示屏安装在前排座椅头枕后部内（图 23-12），包括位于屏幕正下方的红外线接收器（用于接收手持式遥控器发送的信号）。为正确操作手持式遥控器，视频显示屏的视觉电路必须保持无障碍。

视频显示屏使用时应特别注意切勿直接触摸视频显示屏，否则可能会损坏屏幕。

手持式遥控器（图23-13）由两个AA电池（5号电池）供电，控制DVD播放机的所有功能。使用手持式遥控器时，将其对准视频显示屏底部的红外线窗口并根据需要按下相应的按钮。

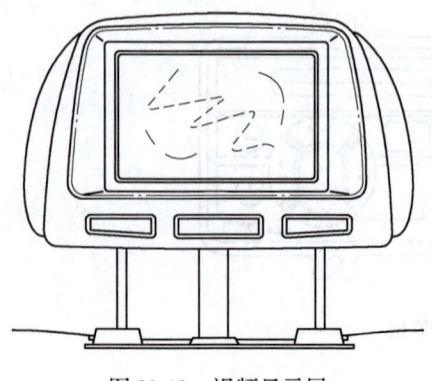

图23-12　视频显示屏

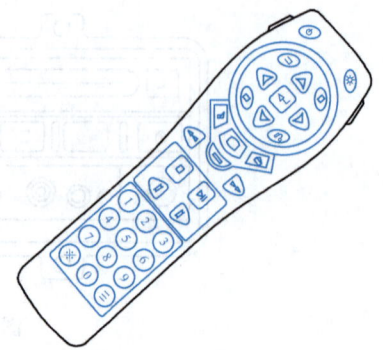

图23-13　手持式遥控器

后座耳机插孔（图23-14）位于后车窗装饰板总成中心的铰链盖下方，固定在儿童保护装置固定点的两侧。插口尺寸是标准的6.5mm，适用于大多数耳机。

新车有配套耳机（图23-15），将一个或两个耳机插入音频输出插孔会使后扬声器音频输出静音并将音频信号切换到耳机。

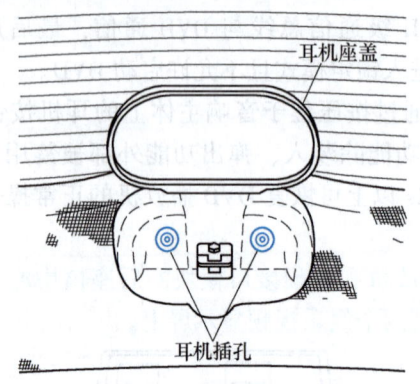

图23-14　后座耳机插孔

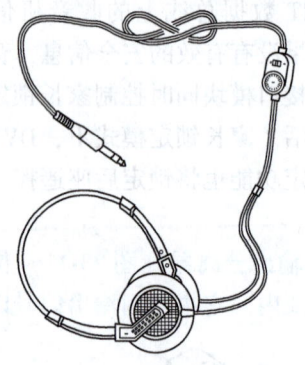

图23-15　耳机

23.2.6　音响的防盗与解码

1. 音响防盗的基本原理

现代乘用车大都装有高档音响，为了防止被盗，大部分都安装有防盗装置。其基本原理是车主通过音响面板上的按键给汽车音响输入设定的密码，使音响处于防盗状态。一旦音响系统被盗，即会自行锁死，除非由车主输入正确的密码，否则音响仅能闪烁"CODE"或"SEC"等字样，而不能使用，这样就起到了防盗的作用。在汽车更换蓄电池、音响熔丝断路、拔开音响插头等音响电源中断时，音响防盗系统也会自动锁死音响进行保护。

2. 音响防盗的识别

当在说明书、主机、电路原理图、音响面板或后车门三角窗等处发现如下字样：ANTI-THEFT、CODE、SECURITY、ANTITHEFT-SYSTEM 等，则说明该车音响具有防盗功能。

第 23 章　汽车影音与导航系统

3. 音响锁死的解码方法

当音响锁死以后，要想再使用音响就必须按正确的步骤输入正确的密码，如果多次输入错误密码，将会导致音响被永久锁死。

音响解码一般有已知密码解码、通用码解码和无密码解码 3 种方法。

23.3　汽车导航系统概述

车载导航系统主要由主机、显示屏、操作键盘（或遥控器）和天线组成，它具有准确的地图、地理信息，清晰的行进路线，实现了野外踏勘、出游旅行的数字化智能导航。车载导航系统有全球全天候适时性应用、无盲区的特点，包含多种数据信息和位置坐标的免费卫星资源，能规划或显示航行路程、航行时间、方位、偏航方位角、偏航距离、预设报警。

车载导航技术是现代科学的结晶，它综合了航空航天技术、无线电通信技术和计算机技术。将前面三大技术细分，可以分为导航卫星及目标定位技术、城市智能化交通管理技术、陀螺仪传感器等传感技术、GIS（地理信息系统）数字电子地图技术和 GSM（全球移动通信系统）动态导航通信技术等高新技术。车载导航技术也可分为军用部分和民用部分，两者最突出的一点区别是定位的精度。自 1987 年全球第一台车载导航装置出现在丰田皇冠汽车上后，随着世界汽车的需求不断增大，车载导航在汽车上应用的技术日渐成熟，现在已经成为汽车里不可或缺的一部分。

目前世界共有 4 个主要的卫星导航系统，分别是美国的全球定位系统（GPS），欧盟的伽利略定位系统，俄罗斯的"格洛纳斯"全球卫星导航系统和中国的北斗卫星导航系统。四大定位系统都具备军民两用能力。而我国在汽车导航系统里使用最广的是美国的 GPS，GPS 也是最早使用的卫星定位系统。

为了满足我国卫星定位导航在航天领域和军事领域上的迫切需求，在 1983 年，航天专家陈芳允院士提出利用两颗地球静止轨道通信卫星实现区域快速导航定位的设想。2000 年 10 月和 12 月，在西昌卫星发射中心成功发射了两颗北斗导航试验卫星，这代表着我国北斗卫星导航试验系统的正式建成，也标志着我国成为世界上继美俄之后第三个拥有自主卫星导航系统的国家。

23.4　汽车导航系统基本组成与原理

GPS 在我国车载导航市场里使用率最高，同时 GPS 是我国最早引进的军用和民用的导航技术。因此，本节将以 GPS 为代表讲述汽车导航系统的基本组成及工作原理。

1. GPS 概述

GPS 能提高卫星定位的精度，满足对连续实时和三维导航的迫切要求。美国国防部于 1973 年制订的计划，批准其海陆空三军联合研制新一代军用卫星导航系统（Navigation Satellite Timing and Ranging/Global Positioning System，Navstar/GPS），其含义是利用导航卫星进行相应的测时和测距，以构成全球定位系统（图 23-16）。

2. 汽车 GPS 组成

GPS 包括空间部分、地面部分和用户设备部分。而汽车 GPS 则是 GPS 中的用户设备部分，其中可以分成：安装在汽车上的 GPS 接收机、显示设备、计算机控制中心。

GPS 接收机：其任务是接收 GPS 卫星发射的信号，以获得必要的导航和定位信息；跟踪这些卫星的运行，对所接收到的 GPS 信号进行变换、放大和处理，以便测量出 GPS 信号从卫星到接收机天线的传播时间，解译出 GPS 卫星所发送的导航电文；实时地计算出汽车的三维位置、三维速度和时间，完成导航和定位工作。

显示设备：显示设备是导航上的人机界面，同时会附带语音提示功能。只要输入目的地的名称，电子导航地图即可迅速检索并显示出适宜的行车路线。在行驶中，电子导航的语音提示系统会告诉驾驶人应该怎样行车。

计算机控制中心：计算机控制中心包括电台、调制解调器、计算机系统和电子地图四部分。控制中心的电台用来接收汽车上电台发出的位置信息，同时也可以反控汽车。调制解调器负责反控命令和 GPS 信息的数-模转换工作。计算机系统在接收到汽车的位置信息后，进行简单的预处理，然后通过通信协议，将该信息送到工作站。工作站则在矢量电子地图上显示汽车的位置，并且提供相应的查询功能。

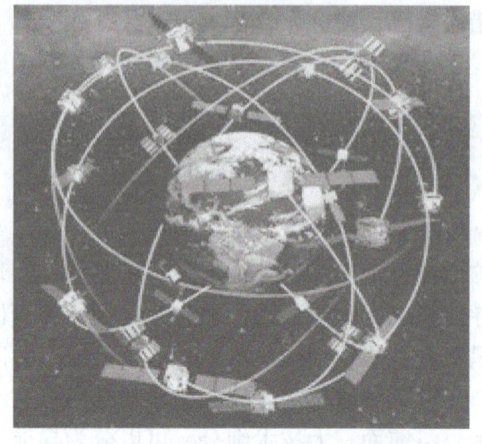

图 23-16　GPS 系统卫星分布示意图

3. GPS 的工作原理

车载导航系统是由 GPS 接收机接收来自环绕地球的至少 3 颗卫星所传递的数据信息，结合预先储存在车载导航仪内的电子地图，通过卫星信号确定的位置坐标与电子地图匹配，在显示面板上显示出汽车的准确位置的，即平常所说的定位功能。

图 23-17 所示是 GPS 汽车位置定位原理。汽车接收到 GPS 卫星发出的精确电波发射时刻和位置信息，获取电波传播时间，根据无线电波传播速度（$3×10^8$ m/s），就可以计算出汽车与单个卫星之间的距离，以三个不同卫星为中心的球面相交点就是汽车所处的位置。

设汽车在地面的三维坐标是（X_0, Y_0, Z_0），三个卫星的空间位置分别是（X_i, Y_i, Z_i），$i=1, 2, 3$，则有公式：

$$R_i = Ct_i$$

式中　R_i——各卫星与汽车的距离（m）；

　　　C——无线电波速度，与光速相等（$3×10^8$ m/s）；

　　　t_i——各个卫星电波传到汽车所用时间（s）。

当出现接收信息时钟误差使三个球面无法相交时，则可以利用第 4 个卫星的信息进行修正。

4. 汽车导航仪种类

为满足广大消费者的使用需求，市面上提供了各式各样的汽车导航仪。汽车导

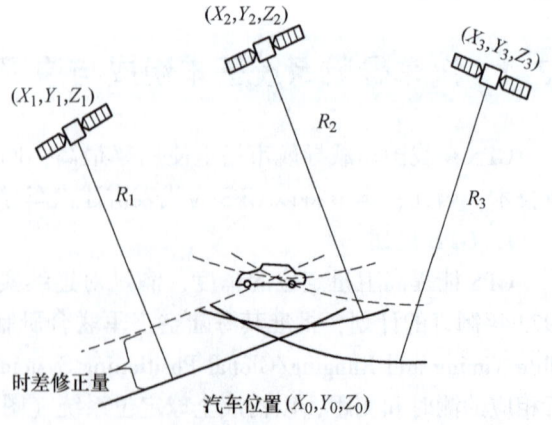

图 23-17　GPS 汽车位置定位原理

第23章 汽车影音与导航系统

航仪的种类主要分为三类。

（1）**便携式导航仪**　车辆本身未配置相应的汽车导航系统时，若消费者需要添加使用汽车导航仪，即可选择便携式导航仪（图23-18）。此种导航仪利用吸盘吸附在风窗玻璃上或者通过相应的支架固定于驾驶台上，其内配有全面的导航地图，无须用户自行安装，可直接开机使用，十分便利。

（2）**车载DVD导航**　车载DVD导航通过修改汽车的电路和外观，将一个带导航功能的DVD嵌入到汽车硬件当中（图23-19），通常配置于车辆驾驶台中央部分，由于一般用户无法自行安装、维修，需到相关的厂商或汽车维修点进行安装、维修。

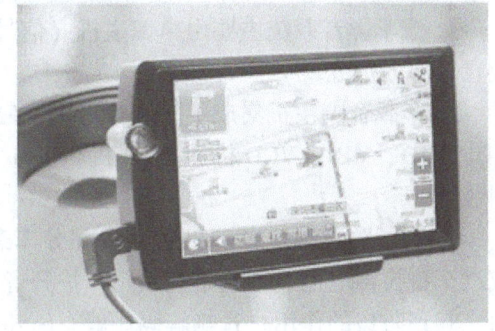

图23-18　凯立德K310型便携式车载导航仪

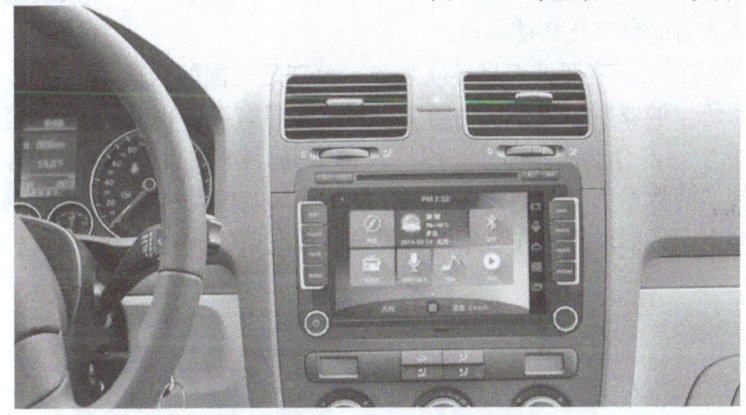

图23-19　大众汽车车载导航仪

（3）**GPS导航手机**　GPS导航手机（图23-20）使用简单、快捷，无须安装硬件。一般的GPS导航手机都具有功能完备的导航系统，开启即用。目前，智能手机迅猛发展，大多数智能手机也已涵盖GPS导航手机功能。安装手机导航APP（如Google和Baidu等），预先下载地图数据库或者实时手机上网导航，就可以实时导航。手机导航时需要花费手机上网流量，同时，导航受手机接收信号影响。

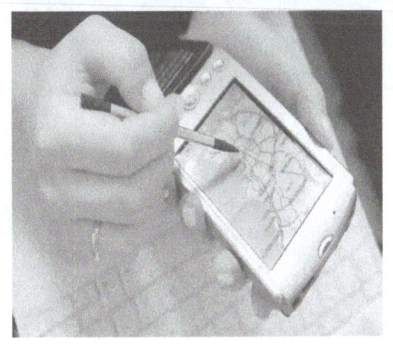  

图23-20　GPS导航手机（左）及现代手机电子导航软件（右）

汽车构造与原理（下册　电气设备　新能源汽车）第4版

本章小结

1. 汽车影音系统主要由声像主机（信号源）、功率放大器、扬声器、显示器及安全解码装置等部分构成。

2. 车载音响主机集成了车载收音机（FM/AM）、磁带机、蓝牙、CMMB 数字电视、CD、MD、MP3、MP4、VCD 机和 DVD 机、USB、HD、Memory Stick、iPod 等多种播放设备和控制装置。

3. 为了防止车载音响被盗，大部分车载音响都安装有防盗装置。一旦音响系统被盗，或汽车更换蓄电池、音响熔丝断路、拔开音响插头等音响电源中断时即会自行锁死而不能使用，起到防盗的作用。音响解码一般有已知密码解码、通用码解码和无密码解码3种方法。

4. 车载导航系统主要由主机、显示屏、操作键盘（或遥控器）和天线组成。它实现了野外踏勘、出游旅行的数字化智能导航。

5. 目前世界共有4个主要的卫星导航系统，分别是美国的全球定位系统（GPS），欧盟的伽利略定位系统，俄罗斯的"格洛纳斯"全球卫星导航系统和中国的北斗卫星导航系统。

6. GPS 包括空间部分、地面部分和用户设备部分。GPS 接收机接收来自环绕地球的至少3颗卫星所传递的数据信息，结合预先储存在车载导航仪内的电子地图，通过卫星信号确定的位置坐标与电子地图匹配，在显示面板上显示出汽车的准确位置。

思考题

1. 名词解释：FM、AM、CD、MP3、MP4、VCD、DVD、USB、HD、Memory Stick、iPod、频率特性、信噪比、灵敏度。
2. 叙述汽车影音系统的基本组成与工作原理。
3. 叙述汽车音响主机的基本组成与工作原理。
4. 世界上有哪几种主要的卫星导航系统？
5. 叙述 GPS 的原理。
6. 汽车导航系统的种类主要有哪几种？

第 24 章 车载网络系统

内容架构

```
第24章 车载网络系统
├── 24.1 车载网络系统概述
├── 24.2 CAN总线技术及其应用
├── 24.3 LIN总线与BSD总线技术
├── 24.4 MOST总线与DDB技术
├── 24.5 Byteflight总线技术
└── 24.6 以太网与FlexRay技术
```

教学目标要求、重点与难点

序号	教学目标要求	教学重点	教学难点
1	了解车载网络技术的作用及分类	✓	
2	掌握 CAN 总线的含义及意义	✓	
3	掌握 CAN 总线系统的基本组成与工作原理	✓	✓
4	掌握 LIN 与 BSD 总线系统的特点与优点	✓	✓
5	理解 DDB 与 MOST 总线技术的特点与应用		✓
6	理解 Byteflight 总线技术的特点与应用		✓
7	理解以太网与 FlexRay 技术的特点与应用	✓	✓
8	能够识别车载网络系统主要零部件及其电路原理	✓	

随着科学技术的迅速发展，车用电器和电子控制设备越来越多，它们用各种电路进行连接，形成了汽车总电路，传统的汽车电路已经开始向车载网络系统发展。

24.1 车载网络系统概述

1. 车载网络技术及系统分类

车载网络技术的研究最早开始于20世纪60年代末，由于技术和成本等问题，车载网络技术发展缓慢。20世纪80年代计算机局域网技术的实用化，为汽车车载网络技术的发展提供了成熟的技术样板。同时集成电路技术中的功率驱动器件的发展也推动了汽车车载网络技术的进步。车载网络技术于20世纪90年代达到了快速发展阶段。

从产业角度来看，车载网络技术的应用研究可分为两个层次：第一个层次是在单个ECU中嵌入车载网络功能，使单个ECU能通过车载网络实现与其他ECU之间的信息交换；第二个层次是确保车载网络在量产汽车中可靠工作。

目前，世界上尚无一个可以兼容各大汽车公司通信协议的车载网络技术标准，绝大多数车载网络都被美国汽车工程师协会（Society of Automotive Engineers，SAE）下属的汽车网络委员会按照协议特征划分为A、B、C、D四类（表24-1）。

表24-1 车载网络的分类

网络类别	速率/(kbit/s)	应用场合	主流协议
A	<10	调整后视镜、电动窗和灯光照明等设备	LIN
B	10~125	车身电子的舒适性模块和显示仪表等设备	低速CAN
C	125~1024	面向闭环实时控制的多路传输高速网络	高速CAN
D	>1024	面向多媒体设备、高速数据流传输的高性能网络	MOST

车载网络协议的应用可分为4个不同的领域：

1）多媒体应用领域，需要协议具有传输速率高、高带宽或无线互联等特点，如MOST、D2B、蓝牙（Bluetooth）等协议。

2）底盘和动力总成中对安全要求严格的应用场合，需要容错、可靠的协议，如TTP/C、FlexRay、Byteflight、TT-CAN等。

3）传统的动力总成电子和仪表显示等ECU之间的数据通信，主要用CAN总线协议。

4）机电类应用，如智能传感器和执行器之间的简单通信，可用如LIN等低端协议。

2. 车载网络系统在汽车上的应用

车载网络系统在汽车上的应用一般分为4个系统：动力传动系统、车身系统、安全系统、信息系统。根据信息交换速率、容量等要求，各系统所采用的网络大致如图24-1所示。

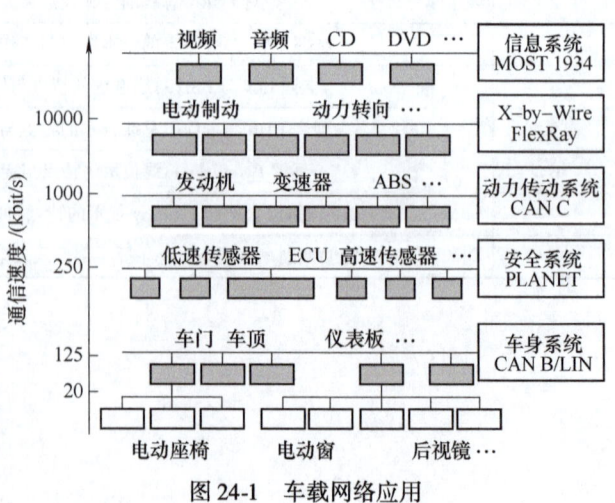

图24-1 车载网络应用

(1) 动力传动系统　动力传动系统包括发动机、自动变速器、制动、转向等子系统，将汽车的主要因素——运动、制动、转向等功能用网络连接起来。

在动力传动系统中，数据传递应尽可能快速，以便及时利用数据，所以需要一个高性能的发送器加快数据传递，以便将接收到的数据立即应用到发动机下一个点火脉冲（即工作循环）中去，使发动机工作在最佳状态，同时保持对制动、转向等的灵敏反应。

(2) 车身系统　车身系统主要有中控门锁、电动窗、照明、后视镜等子系统。汽车上的各处都配置有车身系统的部件，因此，线束较长，节点（即挂接在总线上的模块）的数量较多，容易受到干扰。降低通信速度可作为防干扰的措施之一。

另一方面，与动力传动系统相比，车身系统本身如玻璃升降等对反应速度的要求也不高。为此，目前常常采用速度较低且更廉价的解决方案。

(3) 安全系统　安全系统是指根据多个传感器的信息使安全气囊适时启动的控制系统。由于涉及人的生命安全，加之在汽车中气囊数目很多、碰撞传感器多等原因，要求安全系统必须具备通信速度快、可靠性高等特点。

(4) 信息系统　信息系统在车上的应用很广泛，例如车载电话、音响等。对信息系统通信总线的要求是：容量大、通信速度非常高。通信媒体一般采用光纤或铜线，因为此两种介质传输的速度非常快，能满足信息系统的高速化需求。

24.2　CAN 总线技术及其应用

24.2.1　CAN 总线技术与原理

1. CAN 总线技术概述

CAN（Controller Area Network）即控制器局域网，是德国 Bosch 公司在 1986 年为解决现代汽车中众多电子控制部件之间的数据交换而开发的一种数据通信网络，网络中的总线也称为 CAN 总线（CAN-BUS）。CAN 总线在 1993 年被列入 ISO 国际标准：ISO 11898（高速应用）和 ISO 11519（低速应用）。现在，CAN 总线技术已成为汽车上应用最广泛的数据通信主流技术。

传统的汽车电路，采用的是一个用电设备一条回路的布线方式。随着汽车电器设备和控制装置的大量增加，许多中高档乘用车多达 20 余个电子控制单元（ECU），数据信息的交换和共享（如车速信号为发动机、自动变速器、ABS、ASR、自动空调系统等所必需共享数据的系统），导致线束和插接件数量急剧膨胀，空间布置困难、线间信号干扰、质量增加、成本升高、故障检测维修难度大。而采用 CAN 后，每块电子控制单元都只需引出两条导线进行数据通信、共享，极大地减少了导线数量，提高了工作可靠性，节约了制造和维修成本。图 24-2 所示为汽车发动机电子控制单元与自动变速器电子控制单元的传统信号传递和 CAN 总线信号传递方式的比较。

2. CAN 总线系统的组成

CAN 总线系统由若干电子控制单元组成，每个单元包括 CAN 控制器、CAN 收发器、CAN 总线传输线和终端电阻 R 等部件，如图 24-3 所示。

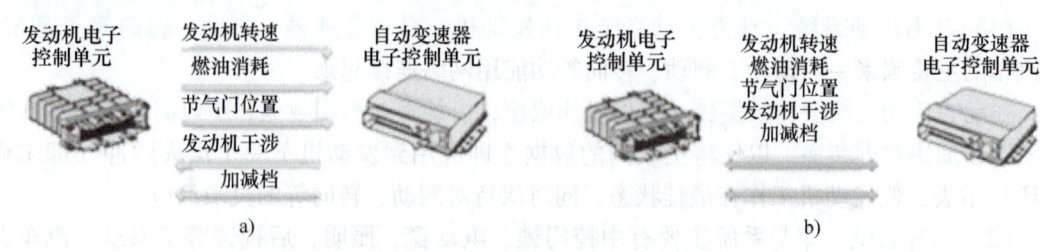

图 24-2 信号传递方式的比较
a) 传统信号传递方式　b) CAN 总线信号传递方式

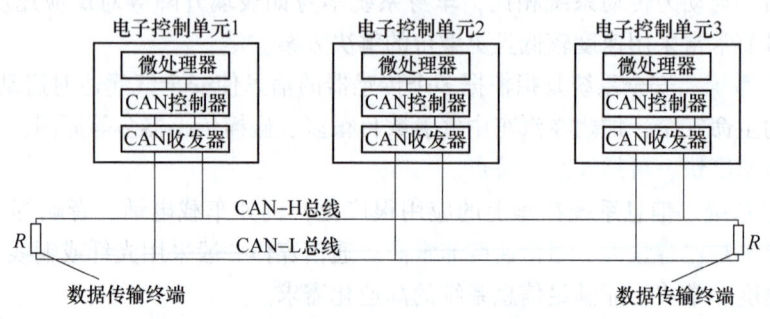

图 24-3 CAN 总线系统的基本组成

(1) 控制单元　控制单元即网络中需要进行信息交流的智能单元，在汽车电子网络中包括各控制系统的电子控制单元（ECU），另外还有一些智能化的传感器、执行机构等单元。

(2) CAN 控制器　CAN 控制器用于接收汽车电子模块发出的数据，经处理转化为 CAN 数据格式，然后通过 CAN 收发器发布到数据总线上；或通过 CAN 收发器接收来自数据总线上的本模块所需要的信息，并将这些 CAN 格式数据处理后转化为汽车电子模块能识别的电子信号，然后传给汽车电子模块。

CAN 控制器本身即是一个电子控制单元，内有微处理器、数据存储单元 RAM 和程序存储单元 ROM。

(3) CAN 收发器　CAN 收发器是 CAN 接收器和发送器的组合，它将 CAN 控制器提供的数据转化成电信号并发送到数据总线上；同时接收总线上的信号，转化为数据后传给 CAN 控制器。

(4) CAN 总线　大部分车型用的 CAN 总线是两条双向数据线，分为高位（CAN-H）数据线和低位（CAN-L）数据线。为了防止外界电磁波干扰和向外辐射，两条数据线缠绕在一起。两条线上的电位是相反的，电压的和等于常值。一般在静态时 CAN-H 和 CAN-L 均在 2.5V 左右，而高电位时 CAN-H 电压在 3.5V、CAN-L 电压在 1.5V 左右。

(5) 终端电阻　CAN 总线两端通过终端电阻 R 连接，终端电阻可以防止数据在到达电路终端后像回声一样返回，并因此而干扰原始数据，从而保证了数据的正确传送，终端电阻装在电子控制单元内。

3. CAN 总线数据传输原理

CAN 总线的数据传输类似一个电话会议。一个电话用户（电子控制单元）将数据"讲入"网络中,其他用户通过网络"接听"这些数据,对于这些数据感兴趣的电子控制单元就会利用这些数据,而其他电子控制单元则选择忽略;并且该网络中的任一电子控制单元既可发送数据,又可接收数据。

当某一电子控制单元向 CAN 控制器提供需发送的数据后,CAN 控制器转换数据格式后再将此数据发送至 CAN 收发器,CAN 收发器接收由 CAN 控制器传来的数据,并转化为电信号通过数据传输线发出。此时,CAN 系统中其他控制单元转化为接收器接收此信号,接收后检查并判断所接收的信号是否是所需要的,如果接收的数据重要,它将被接受并进行处理,否则该数据将被忽略。

汽车 CAN 数据传输采用串行通信,在同一线路上同时传输多条信息,也称为多路传输。多路传输是通过计算机和线路的分时工作实现的。计算机将工作时间分成很短的小段(比如千分之一秒甚至更短),数据信息在各个微小的时间段内依次传输,但由于速度非常快,对人们来说就好像是同时传输的一样。

24.2.2　CAN 总线技术应用

1. 大众汽车 CAN 总线概述(结构认识参见《汽车构造与原理实训》教材及其光盘的项目 24.1)。

以大众汽车上的 CAN 总线系统应用为例,其 CAN 总线系统由动力 CAN-BUS、舒适 CAN-BUS、信息娱乐(显示)CAN-BUS 及网关组成(图 24-4)。

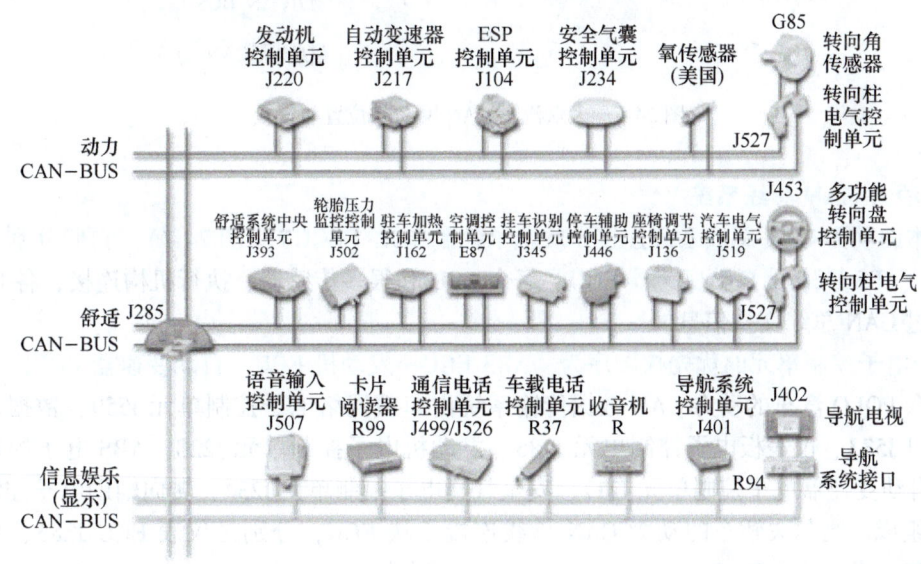

图 24-4　大众汽车 CAN 总线系统的组成

大众汽车 CAN 系统的传输线由缠绕在一起的 CAN-H、CAN-L 两条传输线组成,各 CAN 系统传输线的颜色和直径有所不同(图 24-5)。动力 CAN 传输线较粗,CAN-H 为橙/黑色,CAN-L 为橙/棕色;舒适 CAN 传输线较细,CAN-H 为橙/绿色,CAN-L 为橙/棕色;信息娱乐 CAN 传输线 CAN-H 为橙/紫,CAN-L 为橙/棕色。

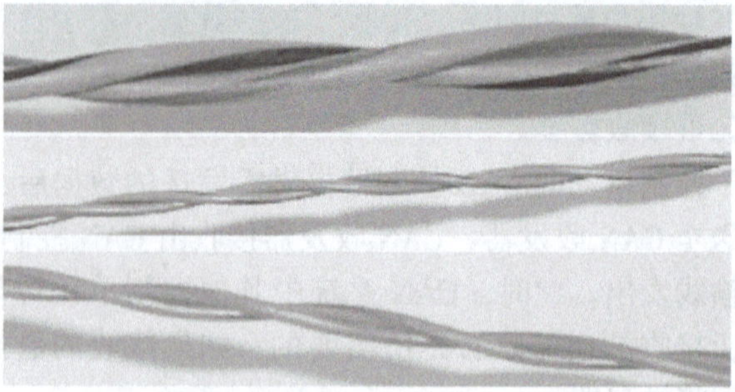

驱动 CAN–BUS
High　橙/黑色
Low　橙/棕色
舒适 CAN–BUS
High　橙/绿色
Low　橙/棕色
信息娱乐 CAN–BUS
High　橙/紫色
Low　橙/棕色

图 24-5　大众汽车 CAN 总线

网关（Gateway）又称为网间连接器、协议转换器，是一种充当转换重任的计算机系统或设备。当两个网络进行数据交换时，必须通过网关来实现数据格式、传输速率或语言等的转换。同时，网关还具有过滤和安全功能。网关一般集成在仪表内，与仪表控制单元做成一体，网关的一侧与所有的 CAN 系统相连，而另一侧则通过 K 线与故障诊断接口即 OBD-Ⅱ诊断座相连（图 24-6），可以实现与 OBD-Ⅱ的通信。

CAN–L
CAN–H
K
J519
+
Gateway
舒适CAN–BUS
动力CAN–BUS
信息娱乐CAN–BUS

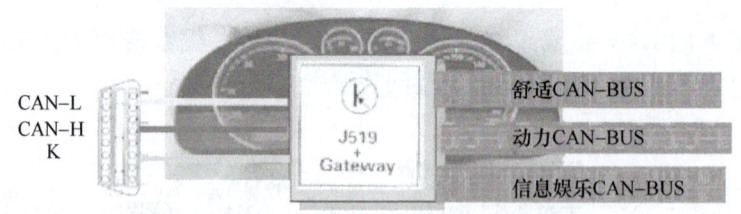

图 24-6　大众汽车 CAN 网关的位置与连接

2. 动力 CAN 总线系统

基本的动力 CAN 总线系统连接 3 块电子控制单元（ECU）（图 24-7），它们分别是发动机 ECU、ABS ECU 及自动变速器 ECU。每个 ECU 和很多传感器、执行机构连接，各 ECU 之间又通过 CAN 总线交换信息。

3 个电子控制单元的优先权顺序为：ABS ECU→发动机 ECU→自动变速器 ECU。

大众 POLO 汽车的动力 CAN 数据传输系统由车载网络电子控制单元 J559、数据总线的诊断接口 J533、仪表板电子控制单元 J285、发动机电子控制单元 J220、ABS 电子控制单元 J104、自动变速器电子控制单元 J217、安全气囊电子控制单元 J234、转向辅助电子控制单元 J500 等组成。高尔夫轿车的动力 CAN 总线连接 6 块 ECU，分别是仪表 ECU J285、变速器 ECU J217、发动机 ECU J220、ABS ECU J104、转向柱 ECU G85、安全气囊 ECU J234。

在动力传动 CAN 系统中，数据传递应尽可能快，以便及时利用数据，动力 CAN 数据总线以 500 kbit/s 的速率快速传递数据。CAN-H、CAN-L 任何一条总线出现故障，动力 CAN 总线便失去数据传递能力。

大众汽车动力 CAN 的 CAN-H、CAN-L 总线之间通过终端电阻相连，早期的终端电阻独立在各电子控制单元之外，现在一般集成在电子控制单元内（图 24-8）。发动机电子控制单元内的终端电阻为 66Ω，其他电子控制单元内的终端电阻较大，达 2. 6kΩ。

第24章 车载网络系统

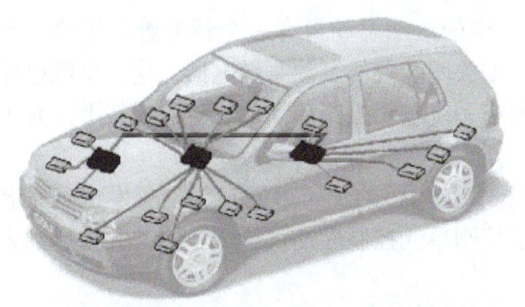

图24-7 大众汽车动力 CAN 总线基本形式

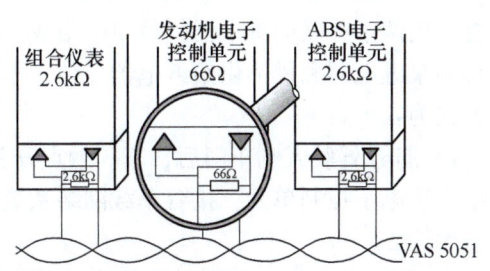

图24-8 大众汽车动力 CAN 总线终端电阻

3. 舒适 CAN 总线系统

该数据总线的电子控制单元的各条传输线呈星形汇聚一点（图24-9）。如果一个电子控制单元发生故障，其他电子控制单元仍可发送各自的数据。

舒适 CAN-H、CAN-L 两总线之间没有终端电阻，如果 CAN-H、CAN-L 电路中某处出现对地短路、对正极短路或电路问题，CAN 系统会立即转为应急模式运行或转为单线通信模式运行。

基本的舒适 CAN 数据总线连接 5 块电子控制单元，包括中央电子控制单元及 4 个车门的电子控制单元。数据传递有 5 个功能：中央门锁控制、电动窗控制、照明开关控制、后视镜加热控制及自诊断功能。5 个电子控制单元的优先权顺序为：中央电子控制单元→驾驶人侧车门电子控制单元→前排乘客侧车门电子控制单元→左后车门电子控制单元→右后车门电子控制单元。

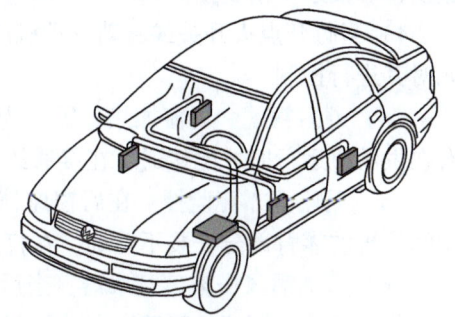

图24-9 大众汽车舒适 CAN 数据总线星状连接

以大众汽车 CAN 总线组成为例（图24-4），对舒适 CAN 数据总线控制功能的说明如下：

（1）负荷管理 在车辆行驶中，由于大量使用舒适性装备和电热器，如后窗加热装置、外后视镜加热和电子辅助加热装置等，尤其是车辆时走时停和冬季行驶时会引起发电机过载，导致蓄电池放电，这时车载网络系统电子控制单元的负荷管理系统会针对监测到的蓄电池电压采取措施。

如果电压低于 12.7V 时，怠速转速将会被提高；若电压降到 12.2V 以下时，车载网络系统电子控制单元将关闭后窗加热装置、座椅加热装置和外后视镜加热装置，并降低空调压缩机功率，以保持车辆的行驶能力，确保车辆重新起动的能力。当电压重新达到标准电压时，其电子控制单元恢复所关闭的电气功能。

（2）车内灯控制

1）在车辆停止而车门未关闭状态下，车内灯 10min 后自动关闭，避免蓄电池不必要的放电。

2）如果解除车辆遥控门锁（门打开）或拔出点火钥匙，30s 后车内灯会自动接通；在车辆遥控门锁起作用（门关闭）或打开点火开关后，车内灯立即自动关闭。

3）车内灯在撞车时自动接通。

4）在点火开关关闭约 30min 后，自动关闭由手动打开的灯（车内灯、前后阅读灯、行李箱照明灯、杂物箱照明灯）。该功能同样有利于保持蓄电池电量。

(3) 燃油泵供给控制 2002 年款 POLO 轿车中的汽油发动机有一个新的燃油供给控制装置，用两个并联的继电器代替单个集成防撞燃油关闭装置的燃油泵继电器。这两个继电器是燃油泵继电器和燃油供给继电器，位于车载网络系统电子控制单元的继电器托架上。其工作方式为：

1) 打开驾驶人侧车门后，车门触点开关（或集控门锁的关闭单元）将信号发送到车载网络系统电子控制单元，接着车载网络系统电子控制单元控制燃油供给继电器，并使燃油泵运行大约 2s。

2) 当驾驶人侧车门短暂开启时，车载网络系统电子控制单元通过其定时开关切断燃油泵继电器，燃油油泵停止运转。

3) 如果驾驶人侧车门开启超过 30min，车载网络系统电子控制单元通过其定时控制装置使得燃油泵重新受控。

4) 当打开点火开关或起动发动机后，燃油泵通过燃油泵继电器，由发动机电子控制单元对其进行控制。

(4) 外后视镜和后窗加热装置 为了保持蓄电池的电量，外后视镜和后窗加热装置只有在发动机运行时才能接通，在接通约 20min 之后，加热装置将自动关闭。

(5) 后座椅靠背监控 在后窗座椅的中间位置带有三点式安全带的车辆，若后排座椅中间位置的靠背部分安装不正确，在打开点火开关后，仪表板中间的一个指示灯亮约 20s。

(6) 接通后风窗玻璃刮水器 当后风窗玻璃刮水器的刮片位于 1 档、2 档或间歇档时，如果将车辆挂入倒档，则后风窗玻璃刮水器会自动刮水一次，以使驾驶人能看清车后的物体和路面。

(7) 控制前风窗玻璃刮水器锁止装置 当前风窗玻璃刮水器已接通间歇档，发动机盖打开时，反映此状况的信号将从发动机盖接触开关发送至车载网络系统电子控制单元，电子控制单元将阻止前风窗玻璃刮水器运动，直至发动机盖再次关闭。该功能对提高车辆使用安全性有利。

(8) 转向信号和警告灯控制 车载网络系统电子控制单元对转向信号和警告灯可以实现如下控制功能：

1) 转向灯闪烁（左、右转向）。
2) 当接通警告灯按钮或撞车时，警告灯闪烁。
3) 当触动防盗报警装置时，警告灯闪烁。
4) 打开或关闭集中门锁时，警告灯闪烁。

(9) 编码 车载网络系统在维修中的编码是必不可少的，在进行燃油供给控制系统、可加热式外后视镜、车内灯的控制装置及后风窗玻璃刮水器等装置的更换和维修之后必须进行编码。

24.3 LIN 总线与 BSD 总线技术

24.3.1 LIN 总线技术

1. LIN 总线技术概述

局部互联网络（Local Interconnect Network，LIN）是一种将开关、显示器、传感器及执

第 24 章 车载网络系统

行器等简单控制设备连接起来的串行通信网络，主要用于实现汽车中的分布式电子系统控制。LIN 的目标是为现有汽车网络（如 CAN 总线）提供辅助功能。因此，LIN 总线是一种辅助的总线网络，在不需要 CAN 总线的带宽和多功能的场合（比如智能传感器和制动装置之间的通信），使用 LIN 总线可大大节省成本。自 2001 年以来，LIN 总线技术日益成熟，国外一些汽车生产商把 LIN 总线技术应用在车身控制系统中，并且推出了一系列 LIN 总线产品，以降低制造成本，提高整车性能，增强市场竞争力。

LIN 总线的技术特点为：①单主机、多从机结构（没有总线仲裁）；②基于普通 UART/SCI 接口的低成本硬件、低成本软件或作为纯状态机；③带时间同步的多点广播接收，从节点不需要石英或陶瓷振荡器；④确定性的信号传输；⑤低成本的单线实现；⑥速率可达 20kbit/s；⑦总线长度≤40m；⑧保证信号传输的延迟时间；⑨可选的数据场长度：0~8B；⑩配置的灵活性；⑪数据校验的安全性和错误检测；⑫网络中故障节点的检测；⑬使用最小成本的半导体器件（小尺寸，单芯片系统）；⑭不需改变 LIN 从节点的硬件和软件即可在网络上增加节点；⑮通常一个 LIN 网络节点数小于 16 个；⑯汽车蓄电池供电。

LIN 总线的主要优点在于：1) LIN 总线是一种低端网络系统，可提供简单的网络解决方案，支持网络节点的互操作性，大大减少了系统安装、调试和接线的成本和时间；2) LIN 总线的通信量小、配置灵活、单线连接及单主机/多从机的通信结构（无须总线仲裁），可保证低端设备及电子控制单元简便、快捷地实时通信；3) 通过主机节点（网关），可将 LIN 总线与上层网络（如 CAN）相连接，实现 LIN 子总线的辅助通信功能，可优化网络结构，提高网络效率及可靠性；4) LIN 总线的协议是开放的，任何组织及个人无须支付费用即可获取。

2. LIN 总线技术应用（结构认识参见《汽车构造与原理实训》教材及其光盘的项目 24.1）。

在汽车电子控制单元中，对于小型系统，如电动门窗、转向盘、座椅、照明灯等，出于成本的考虑可以采用 LIN 总线技术控制。

典型的 LIN 总线应用在汽车中的联合装配单元中，如门、转向盘、座椅、空调、照明灯、湿度传感器、交流发电机等。对于这些成本比较敏感的单元，LIN 可使那些元件得到较广泛的使用，如智能传感器、制动器或光敏器件。这些元件可很容易地连接到汽车网络中，并十分方便地实现维护和服务。在以下的汽车控制系统中使用 LIN 总线可得到非常满意的效果：车顶（湿度传感器、光敏传感器、信号灯控制、汽车顶篷）；车门（车窗玻璃、中控门锁、车窗玻璃开关、吊窗提手）；车头（传感器、小电动机、转向盘、方向控制开关、风窗玻璃刮水器、转向灯、无线电、空调、座椅、座椅控制电动机、转速传感器）。

尽管 LIN 总线技术最初的设计目的是用于汽车电子控制系统，但 LIN 总线技术也可广泛用于工业自动化传感器、执行器及低压电器、继电器等开关总线中，在家用电器中也有一定应用。

24.3.2 BSD 总线技术

1. BSD 总线简介

BSD（Bit-Serial Data Interface）即位串行数据接口。在宝马车系中，BSD 总线属于子总线系统。BSD 总线采用线性结构，数据以单线形式传输，数据传输速率为 9.6kbit/s。

在早期生产的宝马车系中，BSD 用于电源管理系统，在智能蓄电池传感器（Intelligent Battery Sensor，IBS）与发动机电子控制单元之间传输数据，实现通信。

2. BSD 总线的应用

(1) 智能蓄电池传感器　智能蓄电池传感器是一个自身带有微控制器的传感器，直接安装在蓄电池的负极上。智能蓄电池传感器的功能主要包括：

1) 持续监测各工况下蓄电池的基本参数。

2) 测量蓄电池各种基本参数，以此作为计算蓄电池荷电状态（State of Charge，SOC）和蓄电池健康状态（State of Health，SOH）的基础。

3) 计算蓄电池起动电流特性曲线，以确定蓄电池的 SOH，并平衡蓄电池充电/放电电流。

4) 向上级电子控制单元（发动机电子控制单元）传输数据，通报蓄电池的 SOC 值和 SOH 值。当 SOC 值处于临界状态时，要求发动机提高怠速转速，以提高发电机输出电压，确保车辆正常工作。

5) 车辆休眠电流监控。

6) 故障自诊断，全自动更新控制软件和自诊断参数。

7) 休眠模式下的唤醒功能。

(2) 电源管理　以宝马汽车为例，在数字式发动机电子控制单元［Digital Engine（Motor）Electronics，DME］的控制程序中，有一个电源管理子程序。电源管理子程序负责完成以下控制任务：

1) 动态调节发电机充电电压。在不利的行驶状态下，动态调节发电机对蓄电池的充电电压以保证蓄电池的电量。电源管理系统根据温度等参数的变化情况，通过 BSD 总线控制发电机充电电压。

2) 当蓄电池电压不足时，电源管理系统会通过 DME 发出控制指令，提高发动机的怠速转速。

3) 电源系统功率不足时通过降低用电设备的功率来减小电源系统的负荷。

4) 根据由 BSD 总线传来的信息，在蓄电池达到起动能力极限时进行抛负载控制，借助微供电模块断开停车预热装置或电话等用电设备。

5) 通过电源管理子程序监控蓄电池荷电状态。电源管理子程序内设有两种程序管理系统，其中一个管理程序用来检测蓄电池储存电量，另一个管理系统用来检测蓄电池输出电量。然后根据储存电量和输出电量的差值来检测蓄电池的荷电状态（SOC）。电源管理系统通过 BSD 总线从智能型蓄电池传感器（Intelligent Battery Sensor，IBS）处获取蓄电池荷电状态（SOC）。发动机重新起动后，电源管理子程序会计算最新的 SOC 值。

6) 计算蓄电池的健康状态（SOH）。在发动机起动时，IBS 开始检测蓄电池端电压的下降值以及起动电流值，然后将信息输送至 DME。电源管理系统根据这些信息来判断蓄电池的健康状态（SOH）。

7) 在车辆进入休眠模式之前，蓄电池的荷电状态、健康状态、车外环境温度、蓄电池剩余电量、总线端 K1.15 唤醒、DME 关闭等数据通过 BSD 总线传给 IBS。

8) 休眠电流诊断。当车辆进入休眠状态后，电源管理子程序始终检测蓄电池的休眠电流值（最大值为十几毫安），若休眠电流超标，DME 就会存储故障记录，并对故障做出相应的分析。

第24章 车载网络系统

3. 电动冷却液泵

电动冷却液泵是一个由直流电动机驱动的离心泵，内部安装电子控制模块来控制冷却液泵的功率。BSD 连接控制模块和 DME。

DME 根据发动机负荷、运行模式和冷却液温度传感器数据计算出发动机所需要的冷却功率，通过 BSD 总线向电动冷却液泵发出相应的控制指令。电动冷却液泵冷却液泵根据该指令调节自身转速。系统内的冷却液经过冷却液泵电动机能够冷却电动机和电子模块，同时还具有润滑作用。

DME 根据需要控制冷却液泵，冷却液需求较低且车外温度较低时功率较小；冷却需求较高且车外温度较高时功率较大。在某些情况下甚至可以完全停止冷却液泵的工作，如在暖机阶段。

DME 内的冷却液温度控制程序设计有一种计算模型（子程序），可以根据当前发动机的运行状态和热负荷情况预测出气缸温度的发展趋势，并预先做出反应，提前提高冷却液泵的转速或降低冷却液泵的转速，抑或完全停止冷却液泵的工作。

4. 机油状态传感器

机油状态传感器取代了传统的机油尺及导向管，能更准确地检测机油油位。同时，还可以对机油的状态（机油品质、机油温度）做出准确的评估和检测。

机油油位、机油品质、机油温度等参数由机油状态传感器检测，经传感器内集成的电子分析装置分析之后转变成电信号，通过 BSD 总线传输给 DME，DME 再将这些信息通过 PT-CAN（动力驱动 CAN）、SGM（安全和网关模块）和 K-CAN（车身 CAN）发送至组合仪表和中央信息显示器（CID）。机油油位以电子信息的形式在 CID 上显示出来。

通过测定发动机机油油位可避免发动机机油油量过少，从而防止发动机出现无润滑摩擦。通过测定机油内含的杂质可准确判断出何时需要更换发动机机油。发动机机油加注过多会导致泄漏，届时，组合仪表会发出警告信息。

24.4 MOST 总线与 DDB 技术

24.4.1 MOST 总线

1. MOST 总线的定义

MOST（Media Oriented Systems Transport）是一种应用于多媒体数据传输的网络系统。该系统将符合地址的信息传送到某一接收器上，在这一点上，与 CAN 数据总线是不同的。

2. MOST 总线的结构

（1）MOST 总线电子控制单元的结构

MOST 总线电子控制单元的结构如图 24-10 所示。

1）光纤和光纤插头。光信号通过光纤和光纤插头构成的开关进入电子控制单元

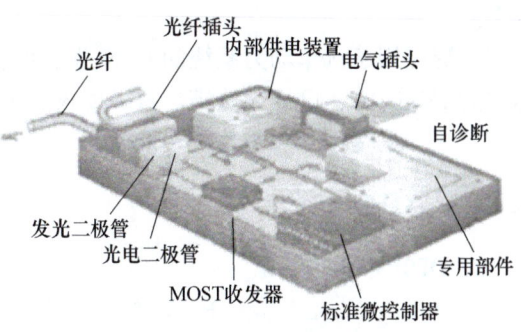

图 24-10　MOST 总线器控制单元的结构

或通过该开关传往下一个总线用户。

2) 电气插头。电气插头用于供电、环断裂自诊断以及输入和输出信号。

3) 内部供电装置。内部供电装置将电气插头输入的电信号由内部供电装置分送到各个部件，这样就可单独关闭电子控制单元内某个部件，从而降低静电流。

4) 收发单元——光导发射器（FOT）。FOT 由一个光电二极管和一个发光二极管构成。发光二极管的作用是把 MOST 收发器接收到的电压信号转变成光信号，产生光波波长为 650nm 的可见红光。将接收的光信号由光电二极管转变成电信号后传至 MOST 收发器。数据经光波调制后传送，调制后的光经光纤传送到下一个电子控制单元。

5) MOST 收发器。MOST 收发器由发射器和接收器两个部件组成。发射器要发送的信息以电压信号形式传至光导发射器；接收器接收来自光导发射器的电压信号，并将所需的数据传至电子控制单元内的标准微控制器。电子控制单元不需要的信息由收发器来传送，但不是将数据输入 ECU 中，而是将这些数据原封不动地发送至下一个电子控制单元。

6) 标准微控制器。标准微控制器是电子控制单元的核心元件，其内部有一个微处理器，用于操纵电子控制单元的所有基本功能。

7) 专用部件。用于控制某些专用功能，如 CD 播放机和收音机调谐器。

(2) MOST 总线环形结构

1) 环形结构。MOST 总线系统的一个重要特征就是其环形结构（图 24-11）。电子控制单元通过光纤沿环形方向将数据发送到下一个电子控制单元，这个过程一直持续到首先发出数据的电子控制单元又接收到这些数据为止，这就形成了一个封闭环。通过数据总线自诊断接口和诊断 CAN 对 MOST 总线进行诊断。

2) 系统管理器。系统管理器与诊断管理器一同负责 MOST 总线内的系统管理。如在奥迪 A8 车上，数据总线诊断接口 J533（网关）起诊断管理器的作用，前部的信息电子控制单元 J523 执行系统管理器的功能。系统管理器的具体作用有三点：一是控制系统状态；二是发送 MOST 总线信息；三是管理传输容量。

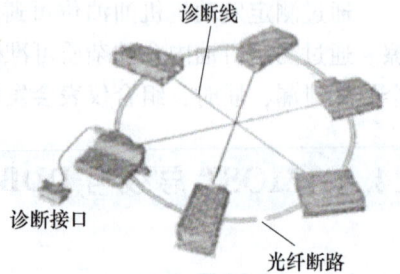

图 24-11 MOST 总线环形结构

3. MOST 的传输速率

车载多媒体影音娱乐系统工作时，为保证音质清晰、画面流畅，需要传输的数据量很大，对数据传输速率要求也很高。例如，仅仅是带有立体声的数字式电视系统，就需要约 6Mbit/s 的传输速率。

广泛应用于汽车动力系统的 CAN 总线系统，由于其数据传输速率较低（最大数据传输速率为 1Mbit/s），已经无法满足这一要求。因此，在车载多媒体影音娱乐系统中，海量的视频和音频数据是由 MOST 总线来传输的，而 CAN 总线只能用来传输控制信号。

24.4.2 DDB 技术

1. DDB 技术的起源

DDB（Domestic Digital Bus）是由荷兰皇家飞利浦公司于 20 世纪 90 年代初开发的一种光学数据传输总线技术。

第24章 车载网络系统

当时，消费类电子产品正处于由模拟技术向数字技术过渡的阶段。飞利浦公司适时提出了联网家庭（Connected Home）的概念，开展家庭网络技术的应用研究工作，致力于将家用电器、个人计算机（PC）、音频CD播放器、DVD视频播放器、DVD录音机、家庭影院等连成网络，以充分实现家务活动、文化娱乐、家庭办公、公关社交的自动化、网络化和智能化。

1990年，飞利浦公司成功开发了应用于联网家庭系统的数字数据总线技术，此后不久，又将其重新命名为家庭数字总线（Domestic Digital Bus），很多技术资料中也将其写成D2B。此后，飞利浦公司的DDB技术被英国C&C电子公司收购，并于1992年推向汽车多媒体传输市场。

2. DDB的特点

DDB是针对媒体数据通信的一种网络协议，可集成数字音频、视频和其他高数据传输速率的同步或异步信号的传输。早期曾采用Smart Wire（灵巧导线）非屏蔽双绞线进行多媒体数据传输，后改为采用单根光纤进行多媒体数据传输。

DDB旨在保持向后兼容的情况下与新技术一起演进。DDB基于一种开放式架构，仅使用一条聚合物光纤来处理车内多媒体的数据和控制信息，简化了系统结构，便于系统扩展。当在DDB的环形拓扑结构中增加一种新设备或一项新功能时，无须改变既有的光纤结构和布局。

3. DDB的应用

DDB得到捷豹（Jaguar）和梅赛德斯-奔驰（Mercedes-Benz）汽车公司的支持，在奔驰S级、捷豹X型、S型及XJ型汽车上均有应用。

(1) 奔驰DDB系统的组成 DDB是一种光学数据传输总线，采用光导纤维作为信息传输介质，利用光波来传送信息，数据按次序在光纤网络中传输。奔驰车系的DDB系统（图24-12）用于将收音机、卫星导航、CD换碟机、音频系统电子控制单元（音频放大器）、车载电话、道路交通导航系统连成网络。

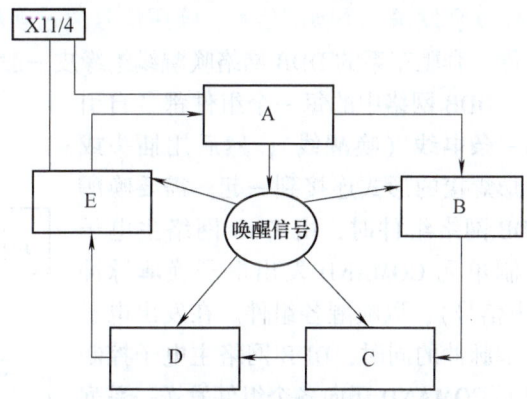

图24-12 奔驰车系的DDB系统
A—收音机 B—CD换碟机 C—音频系统控制单元（音频放大器） D—车载电话 E—车载电话电子控制单元 X11/4—诊断插头

(2) 奔驰DDB系统的结构 奔驰DDB系统采用环形拓扑结构，系统各个电子控制单元通过光纤和光纤插接器连接。

除了用于连接电子控制单元之外，光纤插接器还可用于将两根光纤连接在一起。但由于光波信号在光纤插接器处会产生信号强度衰减，因此，由光纤插接器连接的光纤总长度是受限制的。不适用光纤插接器时，光纤长度可达10m；适用1个光纤插接器连接光纤时，光纤总长度不允许超过7m；适用2个光纤插接器连接光纤时，光纤总长度不允许超过3.6m。

(3) 奔驰DDB系统的工作原理

1) 主电子控制单元COMAND的功能。如图24-13所示，DDB系统采用环形拓扑结构，亦称环形网络。DDB网络中主电子控制单元的作用：认证并存储网络配置；为唤醒信号线提供电源；发出唤醒信号；发出 DDB 网络主令信号，以启动或关闭 DDB 网络；检测自身和 DDB 网络部件的故障和存储故障码；作为 CAN 与 DDB 网络之间的网关；可以从故障诊断仪中对其执行诊断性的唤醒。

为了让 DDB 网络的工作正确，DDB 网络主电子控制单元必须知道网络中各组件的编码，系统组件编码错误或组件工作顺序不正确时，均可造成 DDB 网络间歇性工作或失效。

2) 电信号唤醒。因为光纤收发器在工作时会消耗很大的电流，因此，在 DDB 网络不工作时，系统会进入休眠模式，以减少电能消耗。

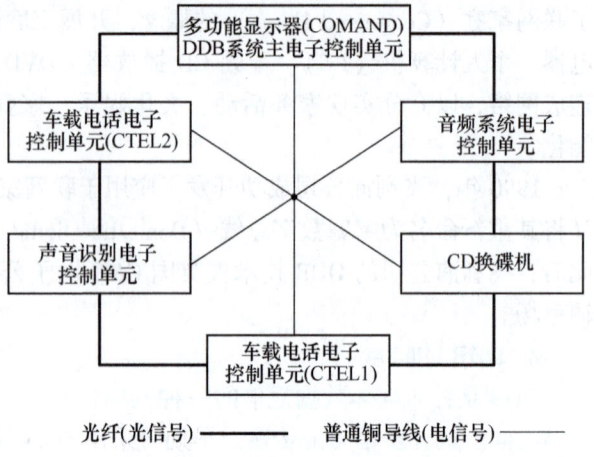

图 24-13　DDB 系统的环形拓扑结构

DDB 网络组件中的唤醒线电压总是来源于 DDB 网络的主电子控制单元 COMAND。COMAND 会发送一个唤醒信号，唤醒信号通过唤醒线传递给 DDB 网络的各个组件，以唤醒各组件。奔驰车系的 DDB 网络唤醒线绝缘皮一般为蓝色。

DDB 网络中的每一个组件都各自引出一条电线（唤醒线），然后用插头或星形焊接的形式连接到一起。需要唤醒 DDB 网络组件时，由 DDB 网络主电子控制单元 COMAND 发出电子唤醒脉冲（电信号），以唤醒各组件。在发出电子唤醒脉冲的同时，DDB 网络主电子控制单元 COMAND 还向各个组件发送一系列（最多 4 个）光波信号。DDB 网络系统即由休眠模式转为清醒模式（系统被激活），转入正常工作状态。电子唤醒顺序如图 24-14 所示。

当 DDB 环形网络中的唤醒导线出现故障（如连接车载电话电子控制单元

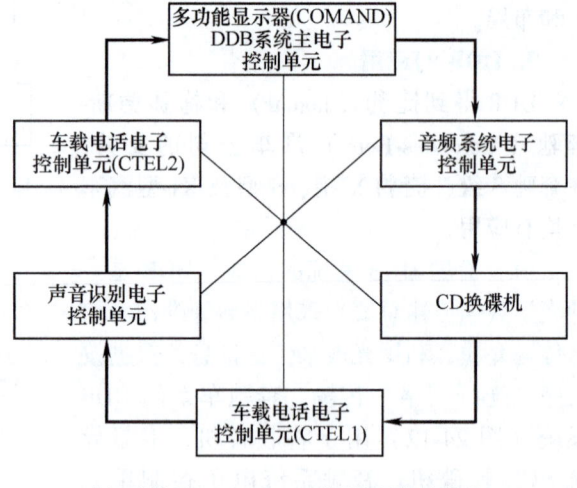

图 24-14　电信号唤醒（电子唤醒）顺序图

CTEL1 的唤醒线出现断路故障），接听或拨打电话时，DDB 网络的主电子控制单元 COMAND 将无法唤醒系统组件，DDB 环形网络将被迫关闭，不能正常工作。

此时，DDB 网络主电子控制单元 COMAND 会额外再发送 3 次唤醒信号，进行再次唤醒。每次发送唤醒信号时，伴随着再次发送的唤醒信号的还有光波信号。

由于车载电话电子控制单元 CTEL1 无法被唤醒（仍处于休眠状态），因此，DDB 网络主电子控制单元 COMAND 发出的 4 个光波信号（首次唤醒的光波信号以及额外发送的 3 次唤醒光波信号）均无法通过车载电话电子控制单元 CTEL1 在 DDB 环形网络上进行闭环传输。当第 4 个唤醒光波信号发送完毕之后，DDB 系统声音识别电子控制单元将向 DDB 网络主电子控制单元 COMAND 发出一个反馈信号——未能收到来自车载电话电子控制单元 CTEL1 的信号，即 DDB 唤醒网络信号传输系统未能建立起来。于是，DDB 环形网络被迫关闭，不能正常工作。

24.5 Byteflight 总线技术

24.5.1 Byteflight 总线简介

1. Byteflight 总线的功能

Byteflight 主要用于传输时间上要求特别紧迫的智能安全集成系统（ISIS）和高级安全电子系统（ASE），这两个安全系统负责控制安全气囊、安全带拉紧装置和断开安全蓄电池接线柱。Byteflight 总线数据传输介质是塑料光纤，光纤通过光波脉冲传输数据，相对于传统铜质导线来说，光纤可在强电磁干扰条件下可靠地传输数据，数据传输速率为 10Mbit/s，比高速 CAN 总线（如 PT-CAN）还要高出 20 多倍。

Byteflight 总线是由宝马（BMW）与摩托罗拉（Motorola）、艾尔默斯（Elmos）、英飞凌（Infineon）公司合作开发的，首次安装在宝马的 E65、E66、E67 车型上，用于安全气囊系统的数据传输。此后，又安装在 E85、E60、E61、E63 和 E64 车型上。

2. Byteflight 总线的拓扑结构

宝马车系使用 Byteflight 总线将电子控制单元联网，仅需要一根光纤，且可双向传输数据。电子控制单元以时间和事件触发方式进行通信。既能以同步方式传输数据，也能以异步方式传输数据。

如图 24-15 所示，Byteflight 系统采用星形拓扑结构。星形拓扑结构的特点是一主多副，即系统有一个主电子控制单元和多个副控制单元（从属电子控制单元）。副电子控制单元通过一根单独的光纤连接到主电子控制单元上。

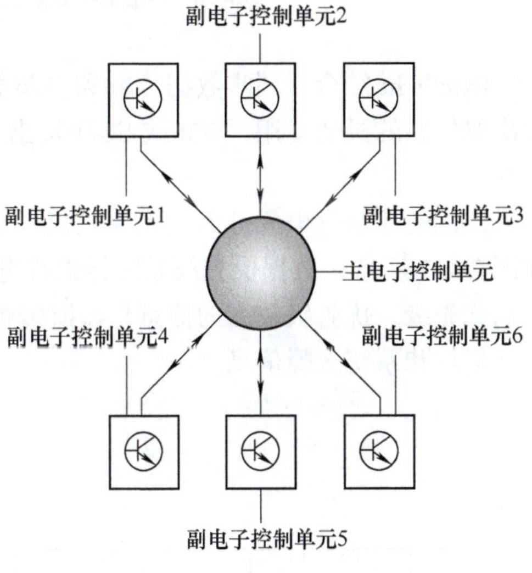

主电子控制单元接收各个副电子控制单元发送的数据，随即又将这些数据重新发送给所有副电子控制单元，设有地址代码的副电子控制单元接收这些数据。由于主电子控制单元不具有访问功能，而仅有分配功能，因此各电子控制单元必须通过一个协议进行通信。该协议规定了哪个电子控制单元何时可以发送数据。

图 24-15 Byteflight 系统的星形拓扑结构

星形拓扑结构的优点是易于联网、易于拓展，且具有较高的抗干扰能力。同时，即使某个副电子控制单元失灵，系统也能正常工作。但缺点是布线成本比较高，主电子控制单元有故障或过载时会造成整个网络崩溃。

Byteflight 网络中的每个电子控制单元都通过发送和接收模块将电信号转变为光信号。在早期的宝马车型中，安全和信息模块（SIM）是 Byteflight 的主电子控制单元，而在新款宝马车型中，安全和网关模块（SGM）是Byteflight的主电子控制单元。

24.5.2　Byteflight总线的数据传输

1. Byteflight总线的数据结构

同CAN总线一样，Byteflight总线数据也通过数据电码传输，除数据字节的长度外数据电码结构完全相同。Byteflight可传输最长为12B的数据。

Byteflight数据电码的结构如图24-16所示。

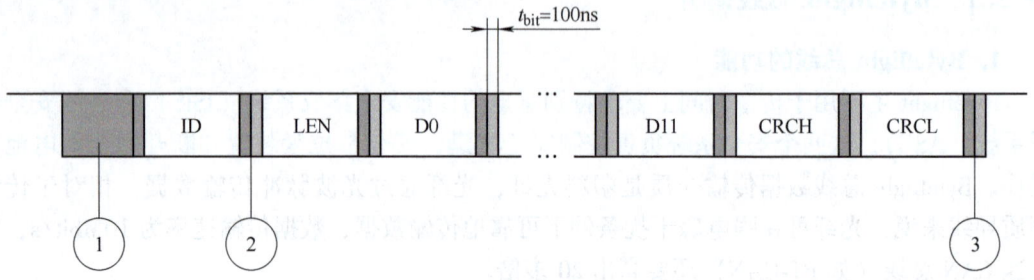

图24-16　Byteflight数据电码的结构
1—起始顺序　2—起始位　3—停止位　ID—标识符（决定电码的优先级和数据内容）　LEN—长度（包括数据字节的数量）　D0—数据字节0（起始数据字节）　D11—数据字节11（最大的结束数据字节）
CRCH—高位循环冗余码校验　CRCL—低位循环冗余码校验

Byteflight结合了同步数据传输和异步数据传输的优点，能够确保重要信息的快速访问和次要信息的灵活使用。SIM或SGM发出一个同步脉冲时，其他电子控制单元必须遵守该脉冲。

Byteflight数据电码分为优先级较高的电码和优先级较低的电码两类，其优先级的划分如图24-17所示。数据优先级通过标识符进行识别。标识符允许范围为1～255，其中1表示最高优先级。优先级较高的信息是碰撞传感器发来的数据，而优先级较低的信息一般是系统状态信息和系统故障信息。

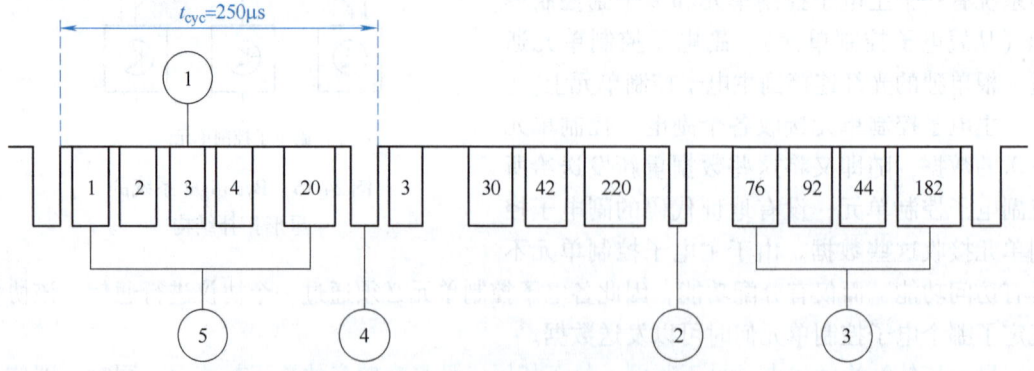

图24-17　Byteflight数据电码优先级的划分
1—标识符（决定电码优先级）　2—报警同步脉冲（报警状态下的同步脉冲）　3—低优先级信息（优先级较低的电码）　4—正常同步脉冲（正常状态下的同步脉冲）　5—高优先级信息（优先级较高的电码）
t_{cyc}—循环时间（一个同步脉冲的循环时间）

第24章 车载网络系统

2. 卫星式电子控制单元

ISIS 有多个集成了碰撞传感器的电子控制单元安装在车内的关键位置,因为这些电子控制单元在星形拓扑结构的 Byteflight 系统中是环绕主电子控制单元的,类似于太阳系中的卫星环绕于太阳,故宝马公司称这些集成了碰撞传感器的电子控制单元为卫星式电子控制单元。

卫星式电子控制单元与主电子控制单元之间的电码始终以起始顺序开始,接下来是一个标识符。数据电码的优先级通过该标识符确定。系统不断查询所有碰撞传感器的信息并将数据分配给 Byteflight 系统所有电子控制单元。

每个字节之前都有 1 个起始位,之后都有 1 个停止位。起始位下一个字节 LEN 是长度字节,表示数据字节的数量(不超过12B)。接下来是校验码,电码最后是一个双停止位。一个电码的时间长度范围为 4.6~16μs。

安装在车内关键位置的多个卫星式电子控制单元记录数据并通过 Byteflight 传输至主电子控制单元(SIM),各个卫星式电子控制单元与 SIM 之间的数据流如图 24-18 所示。

主电子控制单元(SIM)将卫星式电子控制单元提供的数据电码向系统内的所有卫星式电子控制单元发布,卫星式电子控制单元视碰撞的剧烈程度决定由其控制的气囊是否触发及触发程度。

如图 24-19 所示,主控单元(SIM)发送至卫星式电子控制单元的数据电码触发了安全气囊(引爆器引爆,安全气囊膨开)。

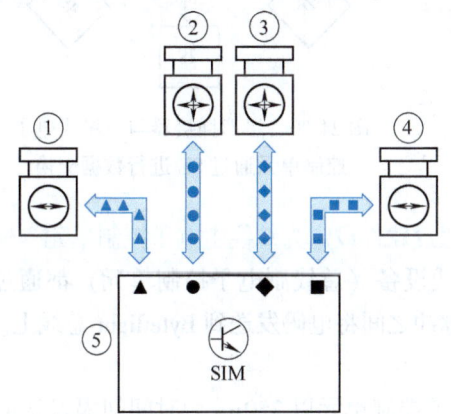
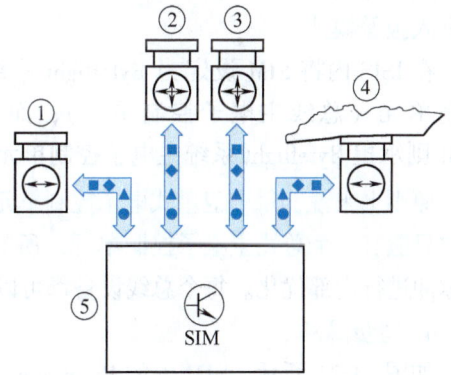

图 24-18 各个卫星式电子控制单元与 SIM 之间的数据流
1~4—安装于车内不同位置的卫星式电子控制单元
5—SIM(安全和信息模块)

图 24-19 主电子控制单元(SIM)发送至卫星式电子控制单元的数据电码触发安全气囊
1~3—安装于车内不同位置的卫星式电子控制单元
4—触发了安全气囊的卫星式电子控制单元
5—SIM(安全和信息模块)

3. Byteflight 总线访问程序

Byteflight 总线访问程序根据规定的时间间隔来控制总线的访问情况。执行这个控制程序时,电子控制单元只能在规定时间内发送特定信息,该信息通过其标识符进行识别。

该程序要求所有总线设备都保持相当准确的时间同步性。Byteflight 中央电子控制单元(SIM 或 SGM)通过循环发送一个脉冲(同步脉冲),使该系统同步化。

信息可在两个同步脉冲之间的时间间隔内发送。在每个循环周期内都同步发送非常重要的信息。在其他时间间隔内可异步发送次要信息（只需偶尔发送）。

例如，电子控制单元 A 发送标识符 4，电子控制单元 B 发送标识符 1（标识符 1 和 4 的时间长度取决于信息传输要求），首先发送带有标识符 1 的信息，只有当该信息完全传输成功后，才执行标识符 2 和 3 的发送请求（由于未规定发送标识符 2 和 3 的时间，因此它们的等待时间显得很短），标识符 2 和 3 的信息发送完成后才可发送带有标识符 4 的信息。

4. 发送和接收模块

发送和接收模块能够将电信号转变为光信号并通过光纤传输。每个卫星式电子控制单元都有一个电子光学发送和接收模块（SE）。

这些 SE 模块分别通过光纤连接在 SIM 内的智能型星形插接器上。SIM 内也有用于与各个卫星式电子控制单元交换数据的发送和接收模块（SE），其数据交换过程如图 24-20 所示。

Byteflight 上传输的所有信息都是以光脉冲形式发送的数据电码。SIM 内的 SE 模块接收所连卫星式电子控制单元发送的光脉冲。在智能型星形插接器内，数据电码发送给所有卫星式电子控制单元。数据交换可朝两个方向进行。SE 模块的光电转换原理与电光转换原理和 MOST 系统完全一致，在此不重复介绍。

5. Byteflight 主电子控制单元

Byteflight 主电子控制单元执行两个任务，一是产生同步脉冲（Sync Pulse），二是使卫星式电子控制单元进入报警模式。

在 ISIS 内将 SIM 设定为 Byteflight 系统的主电子控制单元（总线主电子控制单元）；而在 ASE 内，SGM 则承担 Byteflight 系统主电子控制单元的功能。

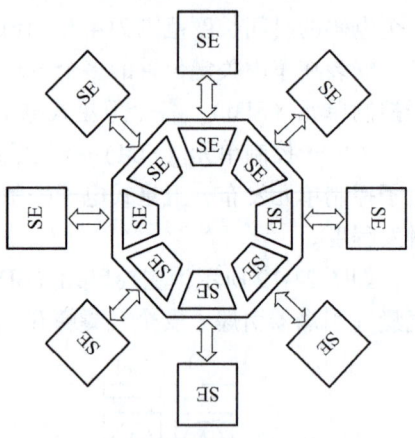

图 24-20　星形插接器与卫星式电子控制单元通过 SE 进行数据交换

原则上来说，每个卫星式电子控制单元都可以通过软件设定为总线主电子控制单元，但系统内只能有一个总线主电子控制单元。所有其他总线设备（总线副电子控制单元）都通过同步脉冲进行内部优化。每个总线设备都可以在同步脉冲之间将电码发送到 Byteflight 总线上。

6. 同步脉冲

如图 24-21 所示，SIM 内的 Byteflight 总线主电子控制单元以 250μs 为时间间隔发送同步脉冲同步脉冲时间通常约为 3μs，报警模式通过不同同步脉冲宽度发送，处于报警状态时，一个同步脉冲的持续时间为 2μs。

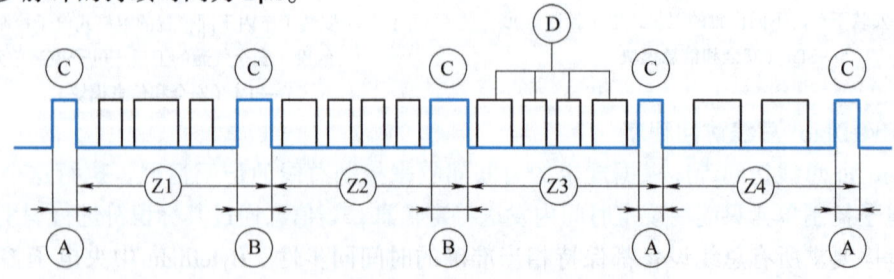

图 24-21　Byteflight 总线上的信息循环
A—报警同步脉冲　B—正常同步脉冲　C—同步脉冲　D—电码　Z1—循环 1　Z2—循环 2
Z3—循环 3　Z4—循环 4

总线主电子控制单元必须根据所有碰撞传感器发送的信息决定是否将卫星式电子控制单元设为报警模式。由总线主电子控制单元设置报警模式后，安全系统的所有引爆电路都将设为准备触发状态。

需要触发一个引爆输出级时，必须始终将两个独立的信号传输到Byteflight总线上。

卫星式电子控制单元内引爆电路的高压侧开关通过Byteflight总线的报警模式来控制。低压侧开关由卫星式电子控制单元内的微处理器控制。触发算法通过所传输的传感器信号电码识别出是否需要使低压侧开关闭合。

使左前侧安全气囊引爆电路触发的信号流程如图24-22所示，其他部位的气囊引爆电路触发的信号流程与此类似。

24.5.3 Byteflight总线的应用

下面以宝马E60车型的被动安全系统——高级安全电子系统（ASE）为例，介绍Byteflight总线的具体应用。

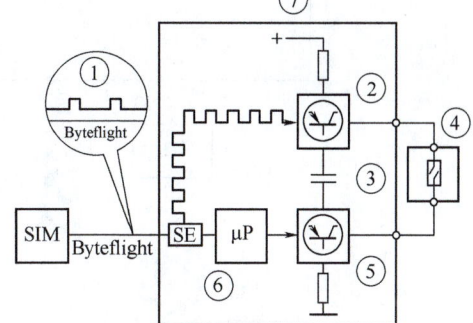

图24-22 使左前侧安全气囊引爆电路
触发的信号流程
1—报警模式脉冲 2—高压侧开关 3—引爆电容器
4—左前侧安全气囊引爆器 5—低压侧开关
6—微处理器 7—用于控制左前侧安全
气囊的卫星式电子控制单元

1. 宝马高级安全电子系统的特点

高级安全电子系统（ASE）由一个主电子控制单元SGM（安全和网关模块）和多个卫星式电子控制单元组成。这些卫星式电子控制单元及其传感器散布于车内各个重要位置，并与SGM交换信息。

高级安全电子系统（ASE）具有以下优点：快速获取并传输数据（传输速率为10Mbit/s）；准确识别碰撞；安全气囊控制系统联网；选择性触发；精确控制智能型安全气囊；触发安全性高；抗电磁干扰能力强；必要时可断开安全蓄电池接线柱，进行蓄电池电路诊断等。

通过分布于车内重要位置的多个加速度传感器，能够比多重乘员保护系统（MRS）更准确地识别出碰撞情况。由车内加速度传感器探测到的车辆减速信息都被传送至SGM。SGM与所有卫星式电子控制单元交换减速数据，据此判断出准确的碰撞情况，然后根据碰撞情况及时、有选择地触发执行器（气囊）。发生碰撞时，仅触发那些必要的执行器（气囊），以便对车内乘员提供最佳的保护，同时降低维修费用。

2. 宝马高级安全电子系统的组成

高级安全电子系统（ASE）由传感器、电子控制单元、执行器、总线系统组成。ASE系统组成如图24-23所示，ASE系统电路如图24-24所示。

3. 宝马高级安全电子系统的工作原理

（1）触发规则 针对E60车型专门开发的高级安全电子系统（ASE）是在E65/66的智能型安全系统（ISIS）基础上演变而来的，其触发逻辑是相同的，只是各种碰撞严重程度和触发阈值有所不同。

1）碰撞严重程度。通过大量的在极端条件下的碰撞和行驶试验，确定所有可能的事故类型的触发阈值。触发阈值取决于碰撞严重程度，碰撞严重程度分为四组：CS0，不必触发乘员保护系统；CS1，轻度碰撞；CS2，中度碰撞；CS3，重度碰撞。

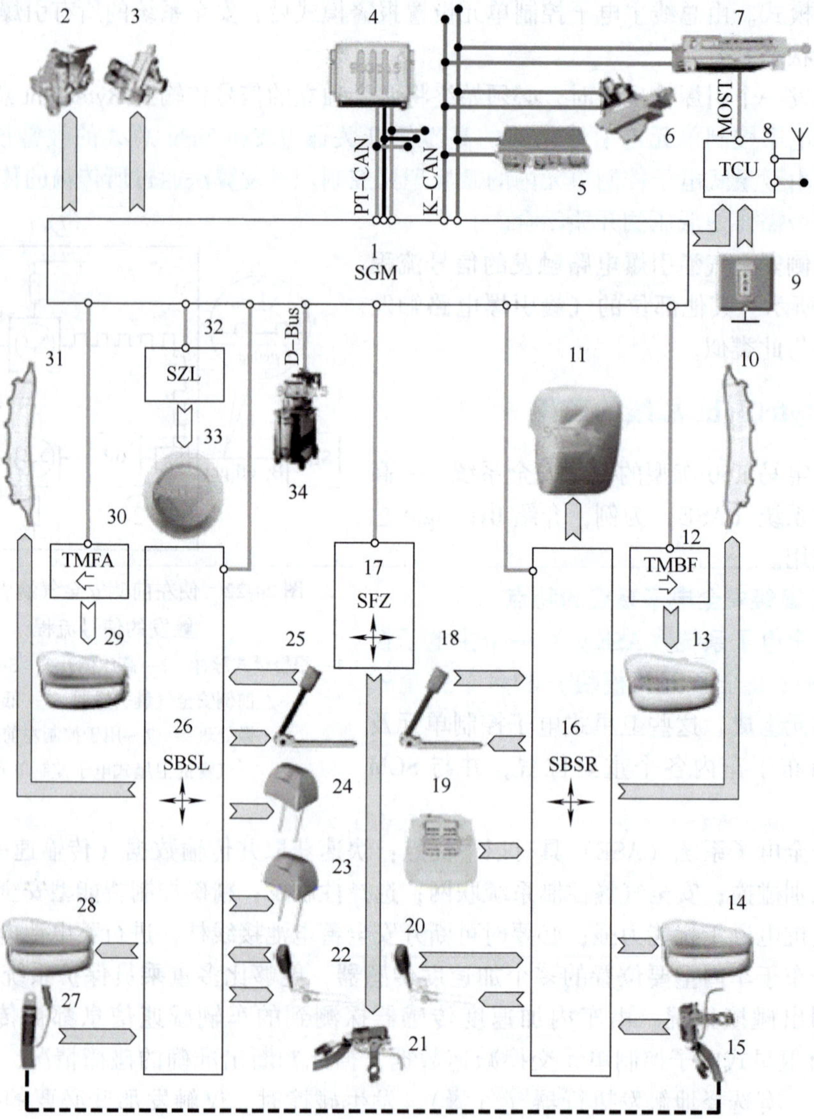

图 24-23 ASE 系统组成

1—安全和网关模块 2—伺服转向助力系统阀（SA） 3—ECO 阀（仅针对 AFS） 4—数字式发动机电子控制单元 5—车身标准模块 6—灯光模块 7—多音频系统控制器 8—电子信息系统电子控制单元 9—紧急呼叫按钮 10—右侧头部安全气囊 AITS Ⅱ 11—前乘客前部安全气囊 12—前乘客侧车门模块 13—前乘客侧面安全气囊 14—后座右侧侧面安全气囊（SA） 15—行李箱内监控屏蔽插头 16—右侧 B 柱卫星式电子控制单元 17—车辆中央卫星式电子控制单元 18—前乘客安全带锁扣开关及拉紧装置 19—座位占用识别装置 20—后座右侧安全带锁扣开关及拉紧装置（SA） 21—安全蓄电池接线柱 22—后座左侧安全带锁扣开关及拉紧装置（SA） 23—主动式前乘客头枕 24—主动式驾驶人头枕 25—驾驶人安全带锁扣开关及拉紧装置 26—左侧 B 柱卫星式电子控制单元 27—发动机舱内监控屏蔽插头 28—后座左侧侧面安全气囊 29—驾驶人侧面安全气囊 30—驾驶人侧车门模块 31—左侧头部安全气囊 AITS 32—转向柱开关中心 33—驾驶人前部安全气囊 34—诊断接口

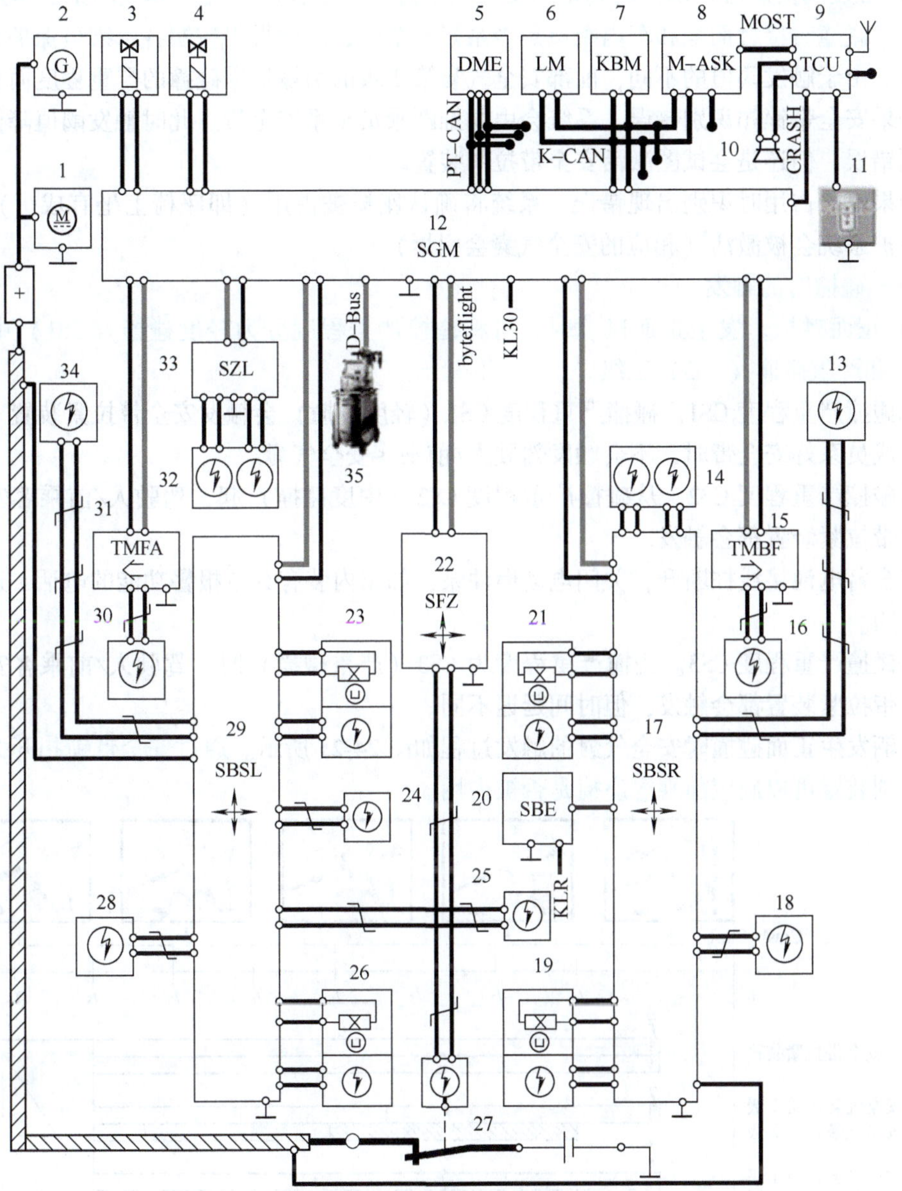

第24章　车载网络系统

图 24-24　ASE 系统电路图

1—起动机　2—发电机　3—ECO 阀（仅针对 AFS）　4—伺服转向助力系统阀（SA）　5—数字式发动机控制系统
6—灯光模块　7—车身标准模块　8—多音频系统控制器　9—电子信息系统电子控制单元　10—紧急情况扬声器
11—紧急呼叫按钮　12—安全和网关模块　13—右侧头部安全气囊 AITS II　14—前乘客前部安全气囊　15—前乘客
侧车门模块　16—前乘客侧面安全气囊　17—右侧 B 柱卫星式电子控制单元　18—后座右侧侧面安全气囊（SA）
19—后座右侧安全带锁扣开关及拉紧装置（SA）　20—座位占用识别装置　21—前乘客安全带锁扣开关及拉紧装置
22—车辆中央卫星式电子控制单元　23—驾驶人安全带锁扣开关及拉紧装置　24—主动式驾驶人头枕　25—主动式
前乘客头枕　26—后座左侧安全带锁扣开关及拉紧装置（SA）　27—安全蓄电池接线柱　28—后座左侧侧面安全
气囊（SA）　29—左侧 B 柱卫星式电子控制单元　30—驾驶人侧面安全气囊　31—驾驶人侧车门模块　32—驾驶人
前部安全气囊　33—转向柱开关中心　34—左侧头部安全气囊 AITS II　35—诊断接口

2）触发阈值。触发阈值的确定主要取决于碰撞严重程度以及对其他因素的考虑，如撞击方向、碰撞时接触面积和车内乘员是否系好安全带，由此得出控制各个乘员保护系统的不同阈值。由于触发阈值的不同，前部安全气囊第2级的引爆根据碰撞的严重程度而变化。

如果安全带锁扣识别错误，系统会由此推断乘员未系安全带。此时触发阈值降低，尽管是识别错误，但还是会试图激活安全带拉紧装置。

如果座椅占用时识别出现错误，系统将确认座椅被占用（即座椅上坐有成员）。此时，成员保护系统会被激活（相应的安全气囊会引爆）。

（2）碰撞时的触发

1）正面碰撞。发生正面碰撞时，可将碰撞严重程度分为轻度碰撞（CS1）中度碰撞（CS2）和严重碰撞（CS3）三级。

①碰撞严重程度 CS1。碰撞严重程度 CS1（轻度碰撞）会触发安全带拉紧装置。在识别到车内成员系好安全带时，不会触发驾驶人/前乘客安全气囊。

②碰撞严重程度 CS2。从碰撞严重程度 CS2（中度碰撞）起，驾驶人/前乘客安全气囊和安全带拉紧装置都会触发。

安全蓄电池接线柱断开，关闭电动燃油泵，如车内装有具备报警功能的电话，还将进行紧急呼叫。

③碰撞严重程度 CS3。碰撞严重程度为 CS3（严重碰撞）时，驾驶人/前乘客安全气囊和安全带拉紧装置都会触发，但时间延迟不同。

车辆发生正面碰撞时安全气囊的触发过程如图 24-25 所示。通过安全带锁扣开关和座椅占用识别装置可以确定前乘客座椅是否被占用。

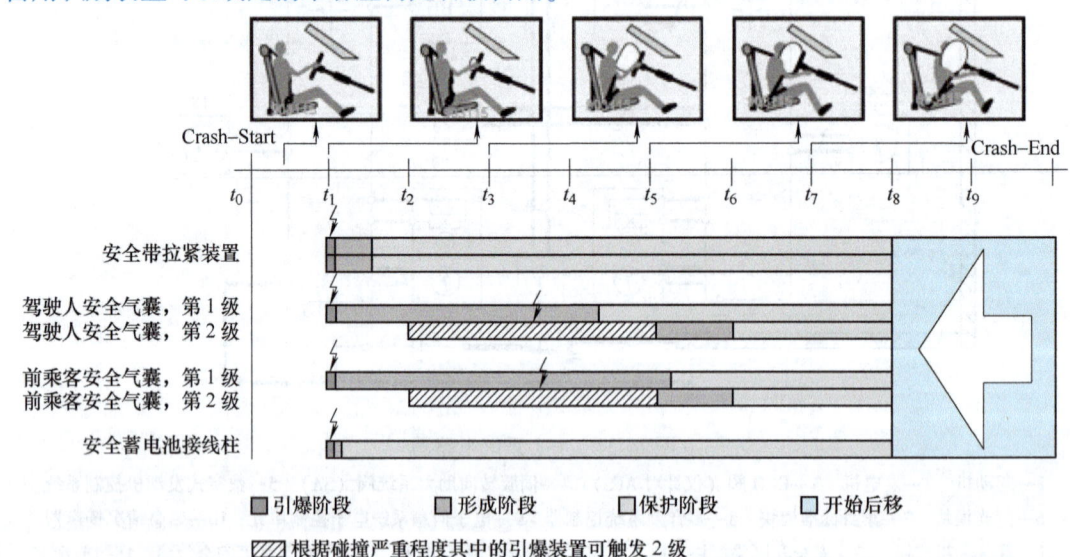

图 24-25　车辆发生正面碰撞时安全气囊的触发过程

在 t_0 时刻，车辆发生碰撞，安全带的机械锁止装置阻止安全带伸长，传感器采集车辆减速度数据。

在 t_1 时刻，卫星式电子控制单元触发执行器（引爆阶段），燃爆式执行器被引爆。驾驶人/前乘客安全带拉紧装置以及驾驶人/前乘客安全气囊第1级被引爆。

碰撞严重程度达到 CS2 时，在引爆气囊的同时，断开安全蓄电接线柱，以避免发动机舱中蓄电池导线短路，引发火灾。

形成阶段，安全气囊开始充气。安全带拉紧装置中的活塞被拉紧管中的气体推动，活塞上固定的拉锁将安全带锁向下拉并将安全带的松弛部分拉紧。

在 t_2 时刻，拉紧安全带的过程结束，安全带开始提供保护。此时，两个安全气囊还在充气。

在 t_4 时刻，安全气囊已经开始对驾驶人提供保护。根据碰撞严重程度，从 t_2 时刻起，可能两个安全气囊就已经开始第 2 级引爆。由于各级别引爆时间错开，所以安全气囊对于车内成员来说攻击性更小。

从 t_8 时刻起，车内成员开始后移，车内成员不再有前冲运动，而是跌回到座椅中。

2）侧面碰撞。发生侧面碰撞时，碰撞严重程度区分为轻度碰撞和中度碰撞两种。

从碰撞的严重程度 CS1（轻度碰撞）起，受撞击侧的头部保护系统 AITS II 和侧面安全气囊会被触发。从碰撞严重程度 CS2（中度碰撞）起，气囊触发的同时，还会断开安全蓄电池接线柱，关闭电动燃油泵。如果车内装有具备报警功能的电话，还将进行紧急呼叫。

3）尾部碰撞。从碰撞的严重程度 CS1（轻度碰撞）起，主动式头枕和安全带拉紧装置会被触发。

如碰撞严重程度为 CS2（中度碰撞），还将断开安全蓄电池接线柱，关闭电动燃油泵。如果车内装有具备报警功能的电话，还将进行紧急呼叫。

(3) 紧急呼叫　如果装有车载电话，宝马高级安全电子系统可向客户提供两种紧急呼叫功能，即手动紧急呼叫功能和自动紧急呼叫功能。如果车内还装有导航系统，发出紧急呼叫的同时还可发出车辆所在位置的数据。

24.6 以太网与 FlexRay 技术

24.6.1 以太网

1. 以太网及其标准

(1) 以太网　以太网（Ethernet）最早由施乐（Xerox）公司创建，1980 年由美国数字设备（DEC）公司、英特尔（Intel）公司和施乐（Xerox）公司三家公司联合开发成为一个网络标准，是一项使用电缆连接的网络技术，可供任何制造商使用。现在的大部分计算机网络都是以这种数据传输技术为基础的。

(2) 以太网的基础　以太网是应用最为广泛的局域网，包括标准的以太网（10Mbit/s）、快速以太网（100Mbit/s）和 10G 以太网（10Gbit/s）等。以太网采用的是 CSMA/CD（载波监听多路访问/冲突检测）访问控制法，符合 IEEE802.3 标准。

经过 30 多年的发展，以太网的数据传输速率已经得到成倍提高。目前在汽车上使用的是数据传输速率为 100MBit/s 的 IEEE802.3u 标准。IEEE802.3u 是美国电气与电子工程师协会针对电缆连接网络的一项标准，该标准又称为"快速以太网"，使用 TCP/IP（传输控制协议/网际协议）和 UDP（用户数据报协议）作为传输协议。

2. 以太网在汽车上的应用

在宝马车系的 F01/F02 车型（第五代宝马 7 系底盘代号标准版为 F01，长轴版为 F02）上采用快速以太网（100Mbit/s）作为快速编程接口（图 24-26）。同时，快速以太网负责在车辆信息计算机（CIC）与后座娱乐系统（RSE）之间传输媒体数据。

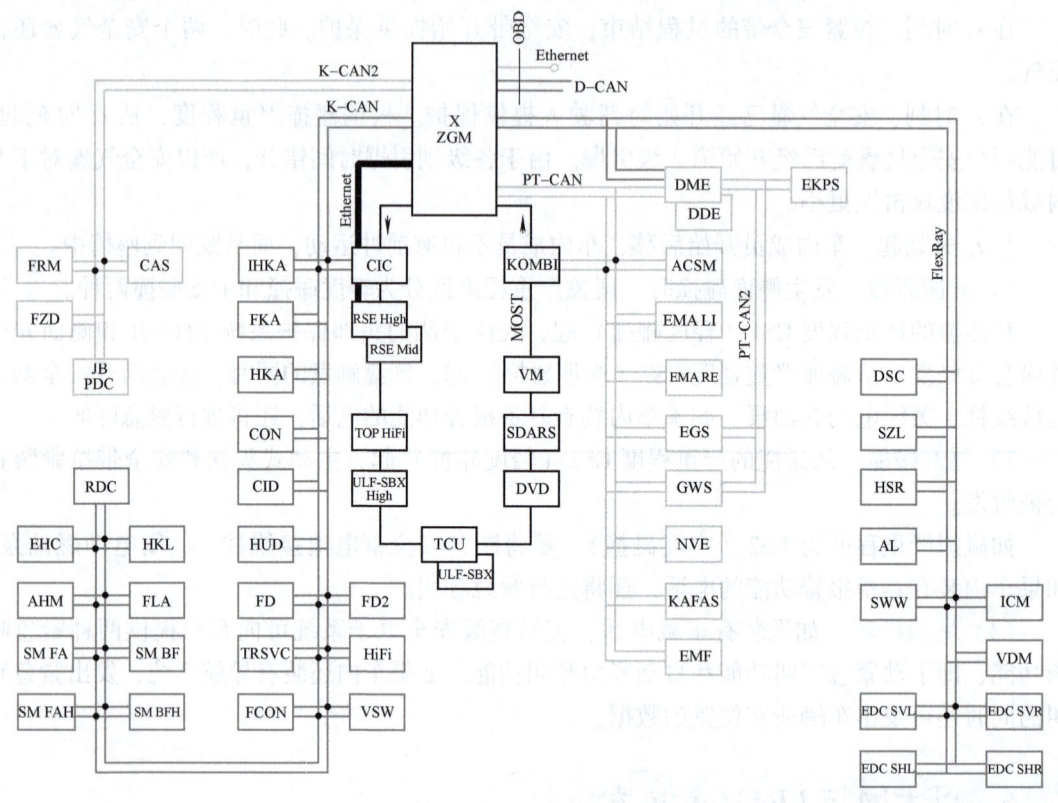

图 24-26 宝马车系 F01/F02 总线系统概览

ACSM—高级碰撞和安全模块　AHM—挂车模块　AL—主动转向系统　CAS—便捷登车及起动系统　CIC—车辆信息计算机　CID—中央信息显示屏　CON—控制器　DDE—数字式柴油机电子控制单元　DME—数字式发动机电子控制单元　DSC—动态稳定控制系统　DVD—DVD 换碟机　EDC SHL—左后电子减振器控制系统卫星式电子控制单元　EDC SHR—右后电子减振器控制系统卫星式电子控制单元　EDC SVL—左前电子减振器控制系统卫星式电子控制单元　EDC SVR—右前电子减振器控制系统卫星式电子控制单元　EGS—变速器电子控制系统　EHC—车辆高度电子控制系统　EKPS—电动燃油泵控制系统　EMA LI—左侧电动安全带拉紧装置　EMA RE—右侧电动安全带拉紧装置　EMF—电动机械式驻车制动器　FCON—后座控制器　FD—后座显示器　FD2—后座显示器 2　FKA—后座暖风和空调系统　HKA—冷气空调系统　FLA—远光灯辅助系统　FRM—脚部空间模块　FZD—车顶功能中心　GWS—选档开关　HiFi—高保真音响放大器　HKL—行李箱门举升装置　HSR—后桥侧偏角控制系统　HUD—平视显示屏　ICM—集成式底盘管理系统　IHKA—自动恒温空调系统　JB—接线盒电子装置　KAFAS—基于摄像机原理的驾驶人辅助系统　KOMBI—组合仪表　NVE—夜视系统电子装置　PDC—驻车距离监控系统　RDC—轮胎压力监控系统　OBD—诊断插座　RSE-Mid—后座娱乐系统　RSE-High—专业级后座娱乐系统　SDARS—卫星调谐器（美国规格）　SM BF—前乘客座椅模块　SM BFH—前乘客侧后部座椅模块　SM FA—驾驶人座椅模块　SM FAH—驾驶人侧后部座椅模块　SWW—变换车道警告　SZL—转向柱开关中心　TCU—远程通信系统电子控制单元　TOP HiFi—顶级高保真音响系统　TRSVC—倒车摄像机和侧视系统电子控制单元（顶部后方侧视摄像机）　ULF-SBX—接口盒　ULF-SBX High—高级接口盒（蓝牙电话技术、语音输入和 USB/音频接口）　VDM—垂直动态管理系统（电子减振器控制系统和中央电子控制单元）　VM—视屏模块　VSW—视频开关　ZGM—中央网关模块　D-CAN—诊断 CAN　Ethernet—以太网（快速数据协议）　FlexRay—FlexRay 总线系统　K-CAN—车身 CAN　K-CAN2—快速车身 CAN（500kbit/s）　MOST—多媒体传输系统　PT-CAN—动力传动系统 CAN　PT-CAN2—动力传动系统 CAN2

只有插入宝马编程系统（ICOM A）时才会启用诊断插座内的以太网。编程插头内的针脚8和针脚16之间有一个启用电桥，该电桥负责接通中央网关模块内以太网控制器的供电电路。也就是说，车辆行驶时通过以太网连接中央网关模块的功能处于停用状态，而通信系统间的以太网连接不受诊断插座内启用电桥的影响，始终处于启用状态。

(1) 以太网的安全性　以太网上的所有设备都有单独分配的识别号，即MAC（媒体访问控制）地址。建立连接时，宝马编程系统通过该地址和VIN（车辆识别代号）识别车辆，以此避免第三方更改数据记录和存储值。

与办公室内的计算机网络一样，以太网网络内的所有设备都必须拥有唯一的识别号，因此建立连接后，中央网关模块从编程系统得到一个IP地址。

网络内的IP地址功能相当于电话网络的电话号码。这个IP地址通过DHCP（动态主机配置协议）为网络内终端设备自动分配。

(2) 以太网的特点

1) 数据传输速率很高，可达100Mbit/s。

2) 建立连接和分配地址时系统启动用时3s，进入休眠模式用时1s。

3) 只能通过宝马编程系统访问以太网。

(3) 以太网的功能

1) 进行汽车维修时能更迅速地在系统中编程。

2) 在CIC与RSE间传输媒体数据。

如图24-27所示，以太网的导线连接是在OBD、ZGM和CIC之间通过两个没有附加屏蔽层的双绞线连接的，此外还有一个为各电子控制单元内以太网控制器供电的启用导线。CIC与RSE之间的导线带有屏蔽层，取代了启用导线。

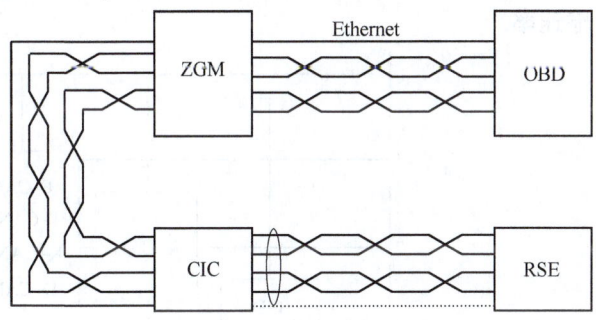

图24-27　以太网的导线连接

CIC—车辆信息计算机　OBD—诊断插座　RSE—后座娱乐系统　ZGM—中央网关模块　Ethernet—以太网

诊断插头与宝马编程系统之间必须使用一个所谓的五类线。这种五类线是使用四个非屏蔽双绞线的网络电线，可以在频率带宽为100MHz的范围内传输数据。针对宝马车系F01/F02车型所需的传输要求，使用两个双绞线即可满足要求。

24.6.2　FlexRay简介

1. FlexRay的发展

目前，FlexRay已经成为车载网络系统的标准，将在今后引领车载网络系统的发展方向。FlexRay是继CAN和LIN之后的最新研发成果，可以有效管理多重安全和舒适功能，如FlexRay适用于线控操作（X-by-Wire）。

由于目前通过CAN总线实现联网的方式已经达到其效率极限，因此业界普遍认为，FlexRay将是CAN总线的替代标准。

FlexRay是戴姆勒-克莱斯勒的注册商标。1999年，宝马、戴姆勒-克莱斯勒、半导体制造商Freescale（现更名为NXP）和飞利浦合作创建了FlexRay协会，以开发新型通信技术。

后来博世和通用也加入了该协会。目前，世界范围内几乎所有有影响的汽车制造商和供货商都加入了 FlexRay 协会。

FlexRay 是一种新型通信系统，目标是在电气设备与机械或电子组件之间实现可靠、实时、高效的数据传输，以满足未来新的车载网络技术的需要。

由于电子控制单元在车辆内联网对通信技术的要求越来越高，因此有必要为基础系统提供一个开放式的标准化解决方案，新型通信系统 FlexRay 就是为此开发的。FlexRay 为车内分布式网络系统的实时数据传输提供了有效协议。

FlexRay 是专门瞄准下一代汽车应用及"线控"应用的新型网络通信系统，应用于需要高通信带宽和决定性容错数据传输能力和底盘控制、车身控制、动力总成控制等场合。FlexRay 不仅能简化汽车电子系统和通信系统的结构，同时还可帮助汽车电子控制单元变得更加稳定和可靠，使汽车系统安全达到一个很高的水平。

2. FlexRay 的数据传输速率

如图 24-28 所示，FlexRay 的最大数据传输速率大约为每通道 10Mbit/s，明显高于以前在车身系统、动力传动系统和底盘系统所用的数据总线，以前只有使用光纤才能达到该数据传输速率。

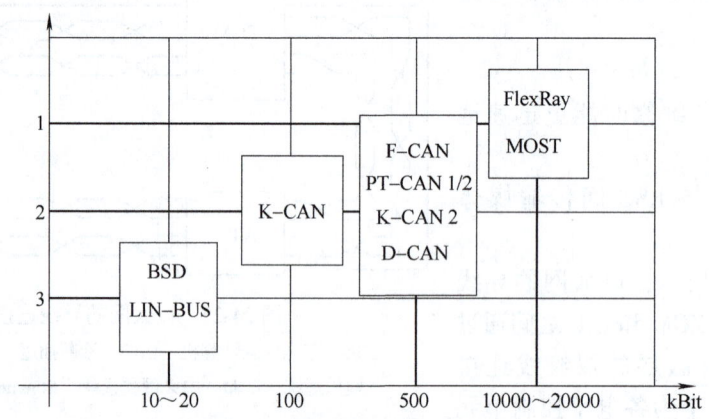

图 24-28　各种总线系统的数据传输速率
1—实时、确定性（严格规定）和冗余（重复出现）
2—有条件实时（对控制系统来说已足够）　3—非实时

除较高的带宽外，FlexRay 还支持确定性数据传输，且能以容错方式进行配置，即个别组件失灵后通信系统其余的组件仍能可靠地继续工作。

3. FlxeRay 的优点

作为车载网络系统的标准，FlexRay 具有以下优点：
1）数据传输速率较高（可达 10Mbit/s，而 CAN 仅为 0.5Mbit/s）。
2）确定性（实时）数据传输。
3）数据通信可靠。
4）支持系统集成。

4. FlexRay 的特性

下面介绍 FlexRay 总线系统的拓扑结构、冗余数据传输、信号特性、确定性数据传输、

第24章 车载网络系统

唤醒和休眠特性、同步化等重要特性。

(1) 总线拓扑结构　FlexRay 总线系统可以不同的拓扑结构和形式安装在车内。既可以采用线形总线拓扑结构，也可以采用星形总线拓扑结构，还可以采用混合总线拓扑结构。

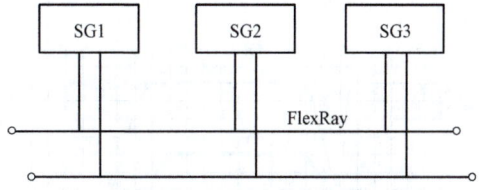

图 24-29　线形总线拓扑结构

1) 线形总线拓扑结构。在线形总线拓扑结构（图 24-29）中，所有电子控制单元（如 SG1~SG3）都通过一个双线总线连接，该总线采用两根铜芯双绞线。CAN 总线也使用这种连接方式。

线形拓扑结构在两根导线上传输相同的信息，但电平不同。线形拓扑结构所传输的差分（差动）信号不易受到干扰，仅适用于电气数据传输。

2) 星形总线拓扑结构。在星形总线拓扑结构（图 24-30）中，卫星式电子控制单元（电子控制单元 SG2~SG5）分别通过一个独立的导线与中央主电子控制单元（SG1）连接。这种星形拓扑结构既适合于电气数据传输，也适合于光学数据传输。

3) 混合总线拓扑结构。在混合总线拓扑结构中，同一个总线系统内可以使用不同的拓扑结构，即总线系统的一部分采用线形结构，另一部分为星形结构。

F01/F02 使用的就是混合总线拓扑结构（图 24-26），其根据车辆配置情况，在中央网关模块内带有一个或两个星形插接器，最多可提供 8 个接口。

(2) 冗余数据传输　在容错性系统中，即使某一总线导线断路，也必须确保数据能继续可靠传输，这一要求可以通过在第二个数据信道上进行冗余数据传输（图 24-31）来实现。

具有冗余数据传输能力的总线使用两个相互独立的信道，每个信道都由一组双线导线组成，一个信道失灵时，该信道应传输的信息可在另外一条没有发生故障的信道上传输。

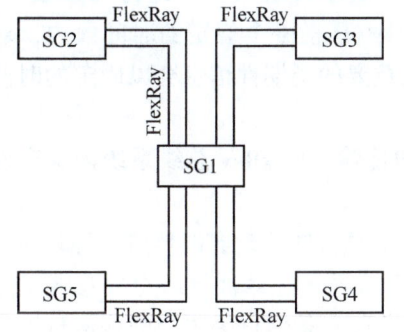

图 24-30　星形总线拓扑结构

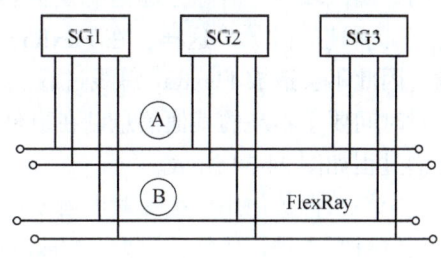

图 24-31　冗余数据传输
A—信道1　B—信道2

(3) 信号特性　FlexRay 总线信号电压必须在规定范围内。图 24-32 和图 24-33 所示给出了 FlexRay 总线信号的正常波形和非正常波形。无论在时间轴上还是电压轴上，总线信号都不应进入内部区域。

FlexRay 总线系统是数据传输速率较高且电平变化较快的一种总线系统，对电平高低以及电压上升沿和下降沿的斜率都有严格的规定，必须达到规定数值，且信号波形不得进入所标记的区域（图 24-32 和图 24-33 所示六边形）。导线安装不正确、接触电阻等产生电气故障可能会导致数据传输出现问题。

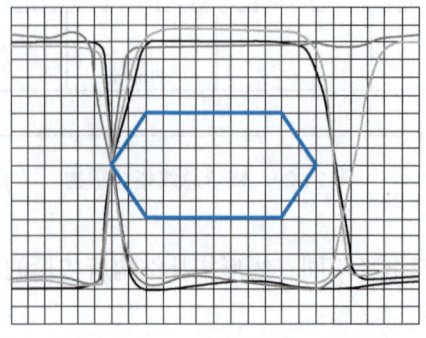

图 24-32　FlexRay 总线的正常波形

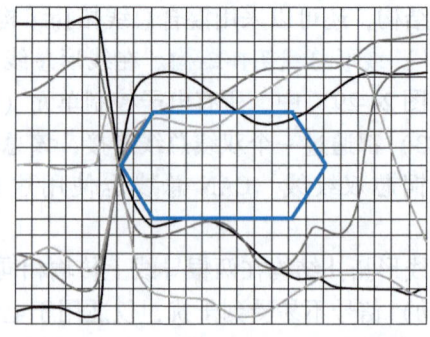

图 24-33　FlexRay 总线的非正常波形

FlexRay 总线系统的电压范围如下：
1）系统接通时，如果无总线通信，则其电压为 2.5V。
2）高电平信号的电压为 3.1V（电压信号上升 600mV）。
3）低电平信号的电压为 1.9V（电压信号下降 600mV）。

(4) 确定性数据传输　CAN 是一个事件触发式总线系统，发生一个事件时就会传输数据，但多个事件汇集在一起时，后续信息发送可能出现延迟现象。如果无法成功准确地传输一条信息，该信息将一直发送，直至相应通信设备确认已接收到。如果 CAN 总线系统内出现故障，可能会导致这些事件触发的信息汇集在一起，并造成总线系统过载，即各信号的传输要延迟很长时间，导致各系统的控制性能变差。

FlexRay 是一种时间触发式总线系统，它也可以通过事件触发方式进行部分数据传输，在时间控制区域内，时隙分配给确定的信息（一个时隙是指一个规定的时间段内，对特定信息（如转速）开放。这样，在 FlexRay 总线系统内重要的周期性信息会以固定的时间间隔传输，因此不会造成 FlexRay 总线过载。

对时间要求不高的其他信息则在事件控制区域内传输。FlexRay 总线系统内确定性数据的传输过程如图 24-34 所示。

确定性数据传输用于确保时间触发区域内的每条信息都能实现实时传输，即每条信息都能在规定时间内进行传输，因此，FlexRay 不会由于总线系统过载而导致重要总线信息发送延迟。如果由于暂时性总线故障（例如 EMC 故障）导致一条信息丢失，则该信息不会再次发送，在为此规定的下一时隙将发送当前数值。

(5) 唤醒和休眠特性　在宝马车系 F01 车型中，虽然可通过总线信号唤醒 FlexRay 电子控制单元，但大部分 FlexRay 电子控制单元由 CAS（便捷登车及起动系统）通过一个附加唤醒导线进行唤醒。该唤醒导线的功能与以前宝马车系 PT-CAN 内的唤醒导线（15WUP）相同，其信号曲线也与 PT-CAN 的信号曲线一样。

主动转向系统和 VDM（垂直动态管理系统）不通过唤醒导线唤醒，而是通过总线信号唤醒。随后 VDM 通过接通供电直接启用四个减振器卫星式电子控制单元。

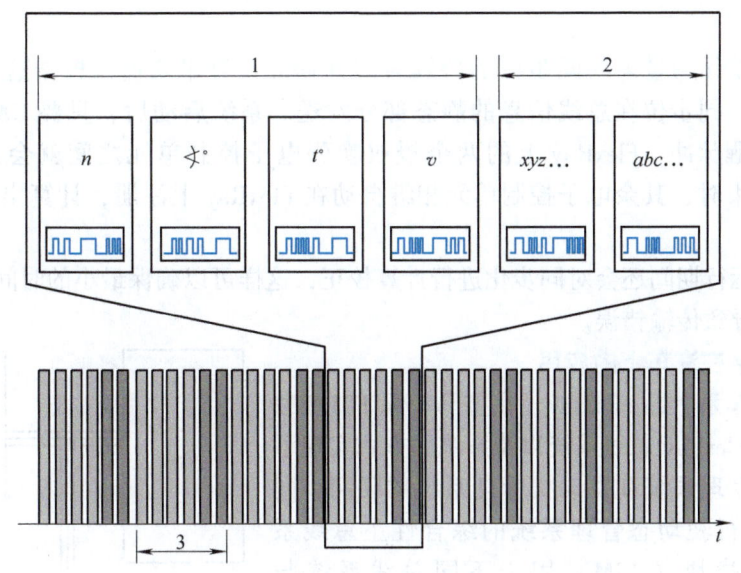

图 24-34 FlexRay 总线系统内确定性数据的传输过程

1—循环数据传输的时间触发区域 2—循环数据传输的事件触发区域 3—循环 [总循环时间 5ms，其中 3ms 为静态（时间触发），2ms 为动态（事件触发）] n—转速 $⊀°$—角度 $t°$—温度 v—车速 $xyz\ldots$，$abc\ldots$—事件触发的信息 t—时间

FlexRay 的唤醒信号曲线如图 24-35 所示，从图中可以清楚地看出车辆开锁（打开车门锁）和起动时的典型电压曲线。

第一阶段，驾驶人用车钥匙或遥控器将车辆开锁，CAS 电子控制单元启用唤醒脉冲并通过唤醒导线将车辆开锁信号（高电平）传输给所连接的 FlexRay 电子控制单元。

第二阶段，驾驶人打开车门，进入车内，在将车钥匙插入点火开关之前，由于总线端子 R 仍处于断开状态，总线系统内的信号电平再次下降（低电平）。

第三阶段，驾驶人起动发动机，总线端子 15 接通，则总线系统内的信号电平保持在设定值（高电平）直至总线端子 15 再次关闭。

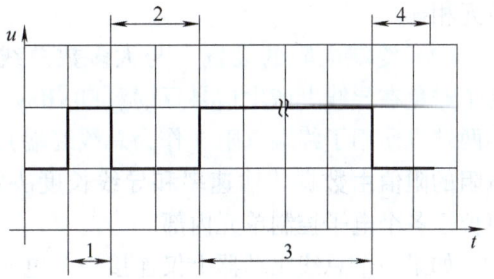

图 24-35 FlexRay 的唤醒信号曲线
1—车辆开锁 2—信号电平再次下降
3—起动发动机后信号电平保持在设定值
4—关闭发动机进入休眠模式

第四阶段，驾驶人关闭发动机，拔出车钥匙，锁好车门，此时，总线端子 R 再次处于断开状态。当总线端子 R 处于断开状态时，FlexRay 总线系统进入休眠模式，以免耗电过多。

为确保所有电子控制单元都进入休眠模式，系统会自动存储一条故障信息，当对车辆进行电能（能量）诊断工作时将评估这条故障信息。

（6）同步化 为了能够在联网电子控制单元内同步执行各项功能，需要有一个共同的时基。由于所有电子控制单元都是利用其自身的时钟脉冲发生器工作的，因此必须通过总线进行时基匹配。

电子控制单元测量某些同步位的持续时间并据此计算平均值，根据这个平均值调整总线时钟脉冲。同步位在总线信息的静态部分发送。系统启动后，只要CAS电子控制单元发送一个唤醒脉冲，FlexRay上的两个授权唤醒电子控制单元之间就会开始进行同步化，该过程结束时，其余电子控制单元相继自动在FlexRay上注册，计算出各自的差值并进行校正。

此外，在运行期间还会对同步化进行计算校正，这样可以确保最小的时间差，从而在较长时间内不会导致传输错误。

5. FlexRay在汽车上的应用

（1）宝马车系中的FlexRay 在宝马车系F01/F02车型中，通过FlexRay总线系统以跨系统的方式实现了汽车行驶动态管理系统和发动机管理系统的联网。同时，FlexRay是行驶动态管理系统的综合性主总线系统，中央网关模块（ZGM）用于不同总线系统与FlexRay之间的连接（图24-36）。

宝马车系F01车型FlexRay总线的拓扑结构如图24-37所示。根据车辆配置情况，ZGM带有一个或两个星形插接器，每个星形插接器都有四个总线驱动器。总线驱动器将电子控制单元数据通过通信控制器传输给中央网关模块（ZGM）。根据FlexRay电子控制单元的终端形式，总线驱动器有两种方式与这些电子控制单元相连。

（2）终端电阻的设置 与大多数总线系统一样，为了避免在导线上产生信号反射，FlexRay上的数据导线两端也使用了终端电阻（作为总线终端），这些终端电阻的阻值由数据传输速率和导线长度决定。终端电阻位于各个电子控制单元内部。

如果一个总线驱动器上仅连接一个电子控制单元，则总线驱动器和电子控制单元的接口各有一个终端电阻。中央网关模块的这种连接方式称为"终止节点终端"。

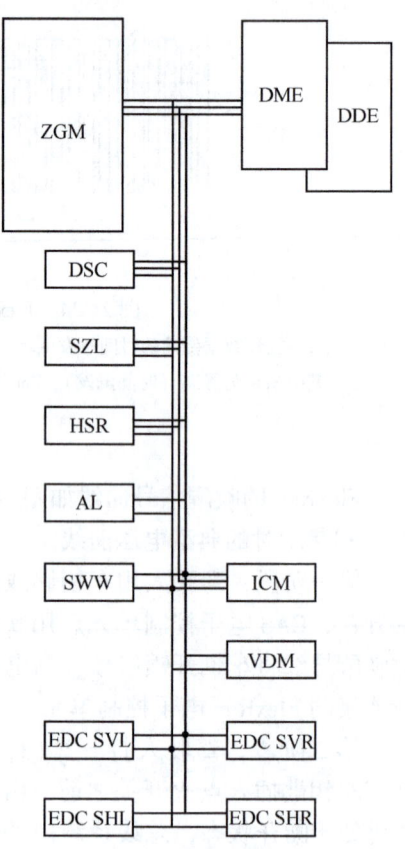

图24-36 中央网关模块（ZGM）用于不同总线系统与FlexRay之间的连接

如果电子控制单元上的接口不是物理终止节点（例如总线驱动器BD2上的DSC、ICM和DME），而是形成环路，则每个总线路径端部的两个组件内部必须设置终端电阻（图24-38）。这种连接方式既用于中央网关模块，也用于一些电子控制单元，但是形成环路的电子控制单元还使用一个"非终止节点终端"来获取数据。这种终端模式受电阻/电容器电路所限，无法通过测量技术在电子控制单元插头上对其进行检查。

通过测量（无电流）FlexRay总线确定导线或终端电阻时，必须使用车辆电路图。

第24章 车载网络系统

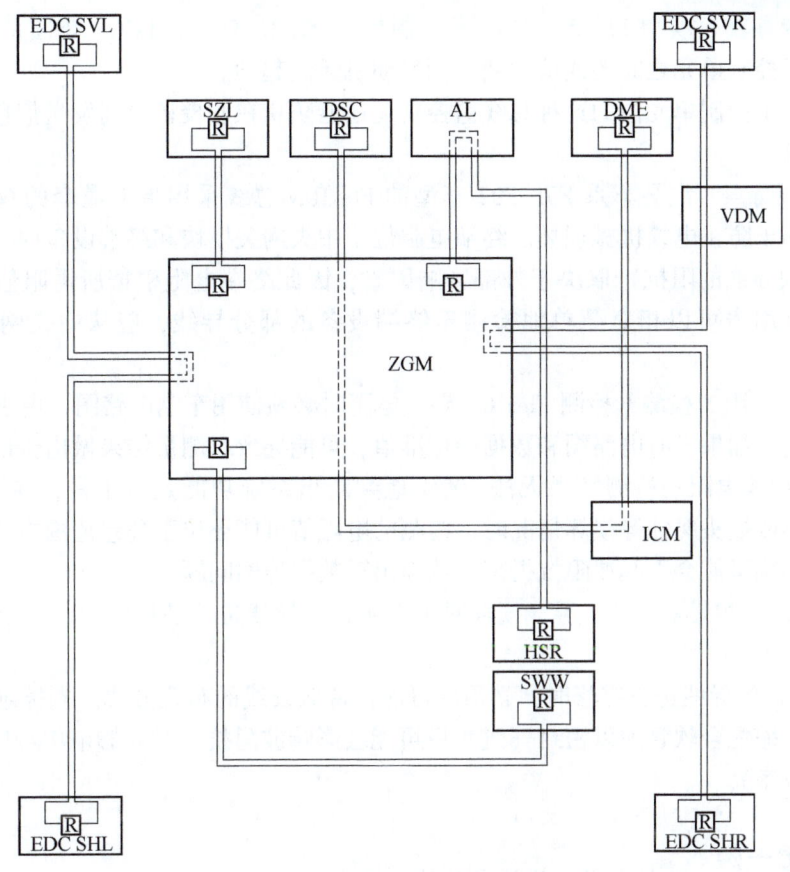

图 24-37 宝马车系 F01 车型 FlexRay 总线的拓扑结构

AL—主动转向系统　DME—数字式发动机电子系统　DSC—动态稳定控制系统　EDC SHL—左后电子减振器控制系统卫星式电子控制单元　EDC SHR—右后电子减振器控制系统卫星式电子控制单元　EDC SVL—左前电子减振器控制系统卫星式电子控制单元　EDC SVR—右前电子减振器控制系统卫星式电子控制单元　HSR—后桥侧偏角控制系统　ICM—集成式底盘管理系统　SZL—转向柱开关中心　VDM—垂直动态管理系统　ZGM—中央网关模块　SWW—变换车道警告系统

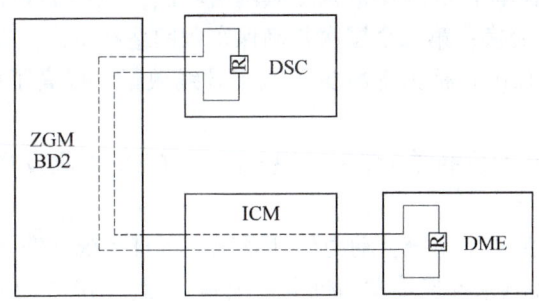

图 24-38 形成环路的 FlexRay 终端电阻的设置

6. FlexRay 的故障处理与检测

（1）故障处理　FlexRay 总线导线出现故障（例如对电源正极断路或搭铁短路）或 FlexRay 电子控制单元自身出现故障时，可能会切断各电子控制单元或整个支路与总线之间的通信四个带有授权唤醒 FlexRay 的电子控制单元 ZGM、DME、DSC、ICM 的分支除外）。如果这些电子控制单元之间的通信中断，则发动机无法起动。

此外，电子控制单元内的这种总线监控功能还能防止在非授权时间发送信息，从而防止覆盖其他信息。

(2) 布线特点　宝马车系 F01/F02 车型的 FlexRay 总线采用带电缆套的双芯双绞线电缆，电缆套用于防止电缆机械损坏。终端电阻位于中央网关模块和终端设备内。由于导线的波阻抗（高频导线的阻抗）取决于外部影响因素，因此终端电阻根据所需阻值进行了精确调节。借助万用表可以相对简单地检测至终端设备的部分导线，应从中央网关模块进行测量。

(3) 导线电阻的检测　检测 FlexRay 导线电阻时必须使用车辆电路图，由于终端电阻的设计方案不同，如果没有电路图和数据的标准值，可能导致对测量结果做出错误判断。

FlexRay 导线电阻的检测结果无法 100% 地判断出系统功能是否正常，在静态模式下，出现挤压变形或插头腐蚀等损坏情况时，检测的电阻值可能还位于公差范围内；但在动态模式下，电气影响可能会引起波阻抗提高，从而出现数据传输问题。

FlexRay 的导线是双绞线，导线损坏时可以用普通导线进行替换维修，但是安装时必须遵守其特殊要求。

对 FlexRay 的导线进行维修时，必须尽可能保持双绞线的布置方式。剥掉绝缘层的维修部位必须用冷缩配合软管加以密封（进水后可能会影响波阻抗，进而影响 FlexRay 总线系统的信息传输效率）。

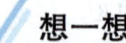 想一想　比较各种总线技术的特点及应用？

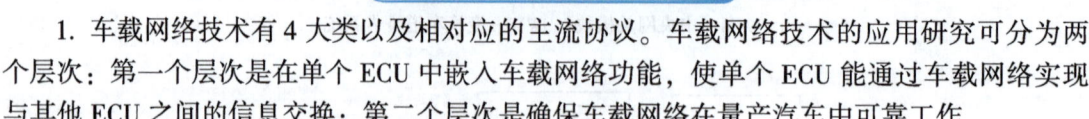

本章小结

1. 车载网络技术有 4 大类以及相对应的主流协议。车载网络技术的应用研究可分为两个层次：第一个层次是在单个 ECU 中嵌入车载网络功能，使单个 ECU 能通过车载网络实现与其他 ECU 之间的信息交换；第二个层次是确保车载网络在量产汽车中可靠工作。

2. 控制器局域网（CAN）极大地减少了汽车导线数量，提高了可靠性，节约了制造和维修成本。

3. CAN 由若干个电子控制单元、CAN 控制器、CAN 接收发送器、传输数据总线等组成。

4. 车载网络一般分为 4 个系统：动力传动系统、车身系统、安全系统、信息系统。

5. 动力 CAN 数据传输系统连接发动机电子控制单元、ABS 电子控制单元及自动变速器电子控制单元 3 个电子控制单元。每个电子控制单元和很多传感器、执行机构连接，各电子控制单元之间又通过 CAN 总线交换信息。

6. 舒适 CAN 数据总线连接 5 个电子控制单元，包括中央电子控制单元及 4 个车门的电子控制单元，具有负荷管理、车内灯控制、燃油泵供给控制、外后视镜和后窗加热装置控制、后座椅靠背监控、接通后风窗玻璃刮水器、控制前风窗玻璃刮水器锁止装置、转向信号和警告灯控制、编码等功能。

7. 在汽车电子控制单元中，对于小型系统，如电动门窗、转向盘、座椅、照明灯等单元，出于成本的考虑可以采用 LIN 总线技术控制。

8. MOST 总线系统的一个重要特征就是其环形结构。通过数据总线自诊断接口和诊断 CAN 可以对 MOST 总线进行诊断。

9. DDB 总线是针对媒体数据通信的一种网络协议，可集成数字音频、视频和其他高数据传输速率的同步或异步信号的传输。DDB 采用单根光纤进行多媒体数据传输。

10. 高级安全电子系统 ASE 由一个主电子控制单元 SGM（安全和网关模块）和多个卫星式电子控制单元组成。这些卫星式电子控制单元及其传感器散布于车内各个重要位置，并与 SGM 交换信息。ASE 具有以下优点：快速获取并传输数据（传输速率为10Mbit/s）；准确识别碰撞；安全气囊控制系统联网；选择性触发；精确控制智能型安全气囊；触发安全性高；抗电磁干扰能力强；必要时可断开安全蓄电池接线柱；可进行蓄电池电路诊断等。

11. FlexRay 具有以下优点：数据传输速率较高（可达 10Mbit/s，而 CAN 仅为 0.5Mbit/s）；确定性（实时）数据传输；数据通信可靠；支持系统集成。

思考题

1. 名词解释：CAN、多路传输、数据总线、网关、节点、车载网络、汽车动力 CAN、汽车舒适 CAN、LIN 总线、BSD 总线、DDB 总线、MOST 总线、Byteflight 总线、FlexRay 总线。
4. 车载网络技术主要分哪几类？其对应的主流协议是什么？
5. 汽车 CAN 有何作用？
6. CAN 总线系统由哪几部分组成？
7. 简述大众汽车 CAN 系统的基本组成与工作原理。
8. POLO 汽车舒适 CAN 总线有哪些功能？
9. LIN 总线的主要优点有哪些，跟 DSB 总线有什么区别？
10. Byteflight 总线技术的优点有哪些？
11. FlexRay 总线的结构特点有哪些？

第 25 章 汽车其他电器设备

内容架构

```
第25章 汽车其他电器设备
├── 25.1 刮水器的结构原理
├── 25.2 风窗洗涤器的结构原理
├── 25.3 风窗除霜（雾）装置的结构原理
├── 25.4 电动后视镜的结构原理
└── 25.5 汽车巡航控制系统的结构原理
```

教学目标要求、重点与难点

序号	教学目标要求	教学重点	教学难点
1	掌握汽车刮水器的作用、结构与工作原理	✓	
2	理解汽车风窗洗涤器的作用、结构与工作原理	✓	
3	理解风窗除霜（雾）装置的作用、结构与工作原理	✓	
4	理解电动后视镜的基本结构与工作原理	✓	
5	掌握巡航控制系统（CCS）的作用、结构与工作原理	✓	✓
6	能够识别刮水器、风窗洗涤器、除霜（雾）装置、电动后视镜和CCS的主要零部件	✓	

第 25 章 汽车其他电器设备

25.1 刮水器的结构原理

1. 刮水器的作用

刮水器用于清除玻璃外表面的雨水、雪及灰尘，以保证驾驶人有良好的视野。

2. 刮水器的类型

刮水器有真空式（真空泵驱动）、气动式（空气源驱动）和电动式（电驱动）3 种，现代汽车刮水器都采用电动机驱动。电动式刮水器又有绕线式和永磁式 2 种，永磁式结构简单，控制效果好，应用广泛。

3. 电动刮水器结构与工作原理

电动刮水器的结构如图 25-1 所示，主要由电动机、刮水器刮片和驱动杆系组成（结构认识参见《汽车构造与原理实训》教材及其光盘的项目 25.1）。

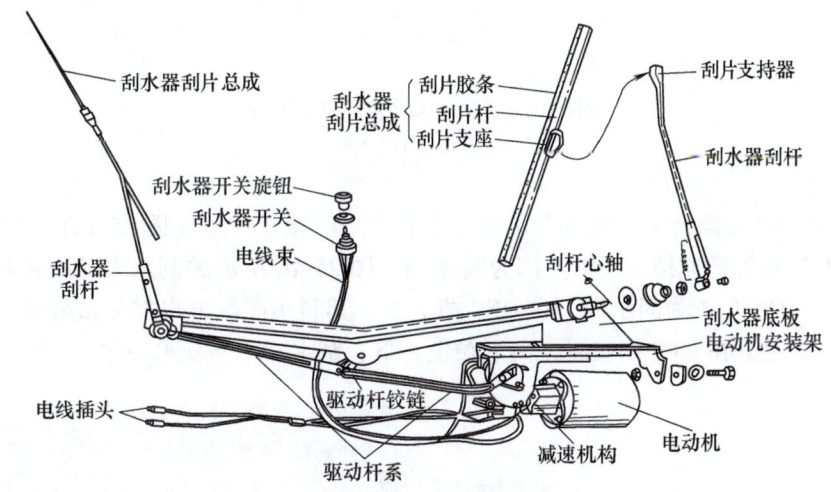

图 25-1 电动刮水器的结构

电动刮水器的工作原理如图 25-2 所示。当刮水器开关在"Ⅰ"档位置（低速）时，电流由蓄电池正极经电源开关、熔断器、接线柱②、接触片后分成两路，一路通过接线柱③、串励绕组、电枢至蓄电池负极而形成回路；另一路通过接线柱④、并励绕组至蓄电池负极而形成回路。此时，在串励绕组和并励绕组的共同作用下，磁场增强，电动机以低速旋转。

当刮水器开关在"Ⅱ"档位置（高速）时，电流由蓄电池正极经电源开关、熔断器、接线柱②、接触片、接线柱③、串励绕组、电枢至蓄电池负极而形成回路。此时，由于并励绕组被隔出，磁场减弱，于是电动机以高速旋转。

当刮水器开关在"0"档位置（停止）时，如果刮片胶条未停在合适的

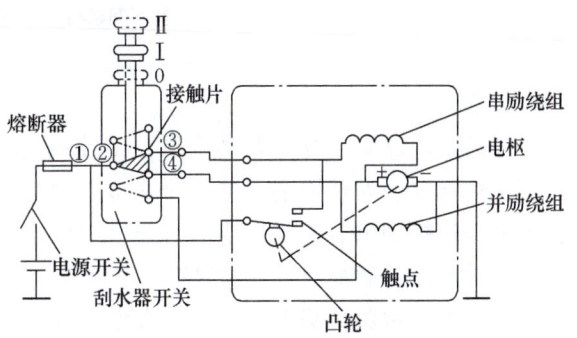

图 25-2 电动刮水器的工作原理

位置，则与电枢联动的凸轮会使触点闭合（图25-3a），这时电流由蓄电池正极经电源开关、熔断器、接线柱①、触点、串励绕组、电枢至蓄电池负极构成回路，于是电动机继续转动。当与电枢联动的凸轮转至图25-3b所示位置时，触点分开而电路被切断；但由于电枢旋转时的惯性，电枢不能立即停止，于是电动机便以发电机运行发电。此时，电枢电流所产生的电磁作用力与原来电枢的旋转方向相反，于是便产生制动转矩，使电动机迅速停止转动，刮水器停止工作，而刮片胶条便停在风窗玻璃下部适当的位置。

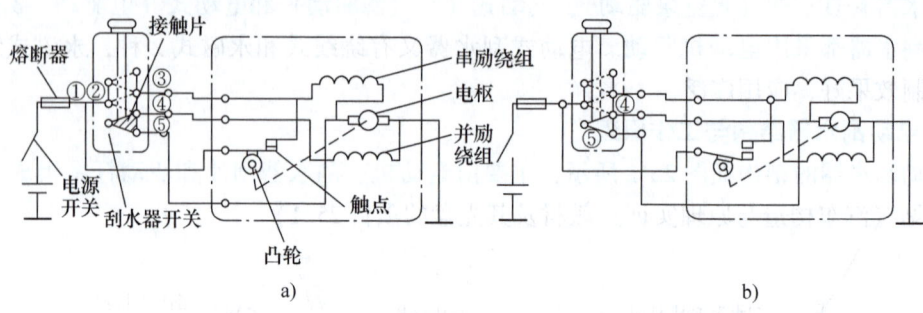

图 25-3　电动刮水器自动复位原理
a) 闭合　b) 分开

乘用车电动刮水器开关一般在在组合开关右手边的操作杆上（图25-4a），"OFF"档为停止档，"Ⅰ"档为低速档，"Ⅱ"档为高速档。图25-4b所示的刮水电动机控制方式增加了两个档位。"INT"档为间歇档，在 OFF 档上面，其利用间歇继电器完成隔几秒刮一下的动作。"1x"档是处在 OFF 档位时，向下触发一下，刮水器来回刮水一次。

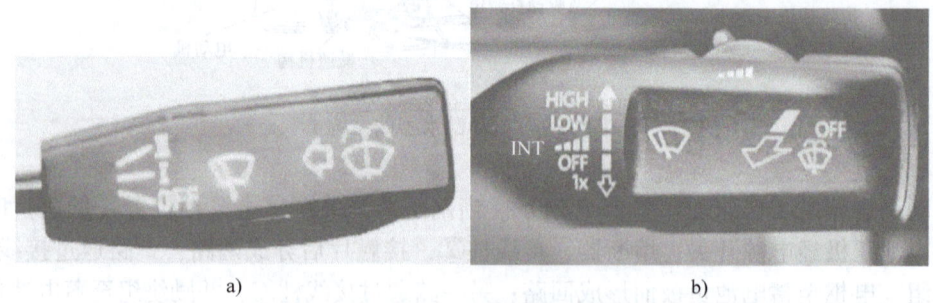

图 25-4　乘用车电动刮水器开关
a) 无间歇档　b) 有间歇档

4. 新型刮水器

上述的刮水器属于有骨架刮水器，比较结实，但在曲面玻璃上使用时各点的压力不一致，刮水性能差。无骨架刮水器整个由橡胶制成，无骨架，结构简单，质量小，运行噪声小，寿命是传统刮水器的 2~3 倍。无骨架刮水器与曲面玻璃贴合紧密，受力均匀，刷玻璃干净。此外，无骨架刮水器有一块突起的橡胶，冬天可以帮助除雪。

更先进的刮水器是基于模糊控制的智能刮水器，其采用红外线雨水传感器，感应落在风窗玻璃上雨水的大小，使刮水器自动工作在低速状态或高速状态。

第 25 章 汽车其他电器设备

> **找一找** 还有什么新型刮水器？

25.2 风窗洗涤器的结构原理

1. 作用

风窗洗涤器的功用是将清洁的水或洗涤液喷射到风窗玻璃上，在刮水器的作用下，清洗风窗玻璃上的尘土和污物，使驾驶人有良好的视野。

2. 风窗洗涤器的组成与工作原理

洗涤器主要由洗涤液泵、洗涤液罐和喷嘴等组成。洗涤液泵一般为齿轮式，由电动机直接驱动。电动机和洗涤液泵之间有两个水封和一个排水孔，用以保持其密封性，其工作原理如图 25-5 所示。当按下控制开关时，电动机即带动洗涤液泵齿轮旋转，洗涤液即以一定的压力经喷嘴喷到风窗玻璃的外表面上。

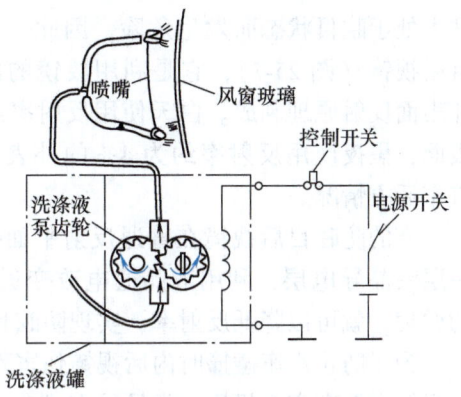

图 25-5 风窗洗涤器的工作原理

25.3 风窗除霜（雾）装置的结构原理

1. 作用

在较冷的季节，有雨、雪或雾的天气时，空气中的水分会在冷的风窗玻璃上凝结成细小的水滴甚至结冰，从而影响驾驶人的视线。为了防止水蒸气在风窗玻璃上凝结，应设置风窗除霜（雾）装置，需要时可以对风窗玻璃加热。

2. 风窗除霜（雾）装置的组成与工作原理

在装有空调或暖风装置的汽车上，可以通过风道向前面及侧面风窗玻璃吹热风以加热玻璃、防止水分凝结。对后风窗玻璃的除霜，常常利用电热丝加热实现，如图 25-6 所示，在风窗玻璃内表面均匀间隔地镀有数条很窄的导电膜，形成电热丝，在需要时接通电路，即可对风窗玻璃进行加热。

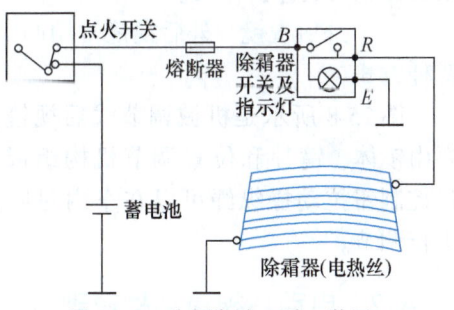

图 25-6 后窗除霜（雾）装置

25.4 电动后视镜的结构原理

25.4.1 汽车后视镜概述

1. 汽车后视镜的作用

汽车后视镜用来反映车辆后方、侧方和下方的环境情况，使驾驶人能够看清必要的间接

131

视界，以保证行车安全。

2. 汽车后视镜的分类

后视镜按其安装位置分为内后视镜和外后视镜，内后视镜安装在汽车内部，外后视镜安装在车身外部。按照后视镜的控制方式分机械调节式和电动式。

（1）内后视镜　内后视镜一般为平面镜。夜间受后方车辆的前照灯照射时，从镜面反射的光线易使驾驶人处于眩目状态而发生危险，因此一般多采用防眩目后视镜（图25-7），它是利用棱镜的内表面反射和外表面反射原理制成。白天使用反射率约为80%的内表面，黑夜使用反射率约为4%的外表面，以便看清汽车后方情况。

有的防眩目后视镜在普通反射平面镜的镜面上敷一层液晶导电层，利用液晶通电改变透光率（变色）的原理，就可以降低反射率，实现防眩目的目的。

为了防止汽车碰撞时内后视镜伤害驾驶人和乘客，后视镜设置有安全机构，常见的方式有破坏式、脱开式和变位式。

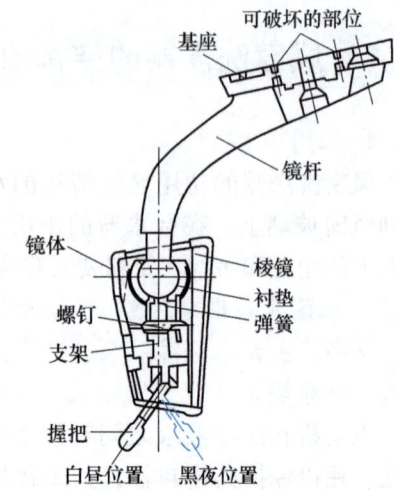

图25-7　防眩目后视镜

图25-7所示的后视镜的安全机构为破坏式，它在基座上设置了两处刚性较弱的破坏部位，当超过规定负荷时，此处易折断，起保护乘员的作用。

脱开式是指镜杆与基座之间用板簧固定，当超过规定负荷时，板簧弯曲脱开而起保护作用。

变位式是指镜杆与基座之间用球铰链机构固定并保持一定转矩，当超过规定负荷时可以改变位置而起保护作用。

（2）外后视镜　外后视镜常用凸面镜，其角度可以调节，有机械调节方式和电动调节两种方式。

图25-8所示是机械调节式后视镜，主要由镜体、镜片和位置调节机构组成，通过控制钮拉动操纵绳可以在车内对后视镜进行调节。

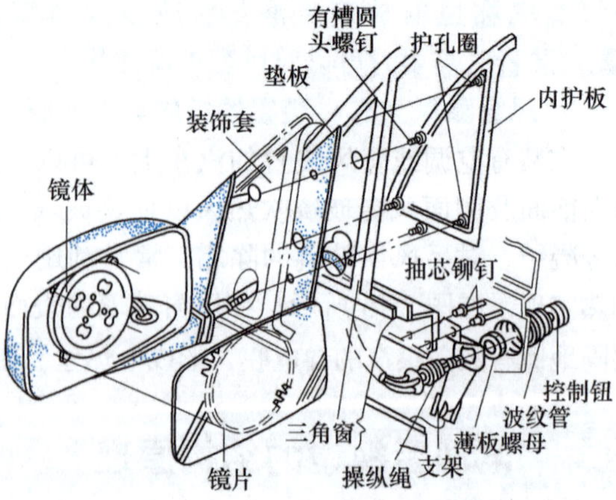

25.4.2　电动后视镜结构原理

1. 电动后视镜结构

现代乘用车普遍使用电动后视镜，图25-9所示是一种双电动机式的电动后视镜，它主要由后视镜壳体、镜面总成、两个永磁电动机、连接杆和传动机构组成。

2. 电动后视镜基本工作原理

如图25-10所示为桑塔纳2000汽车电动后视镜的控制电路。两侧的电动后视镜内各有两个永磁电动机，通过控制两个电动机的开关，可以获得二顺二反四种电流，即可使镜面产

图25-8　机械调节式后视镜

第 25 章 汽车其他电器设备

生上、下、左、右四种运动，以获得不同方位的位置调整。

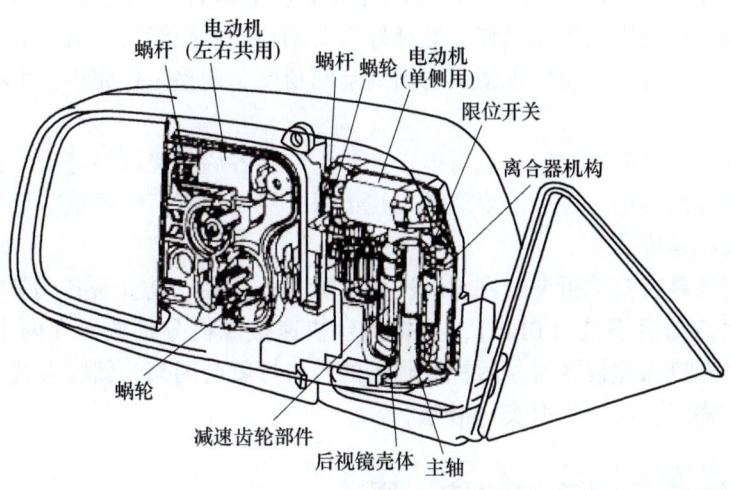

图 25-9 电动后视镜

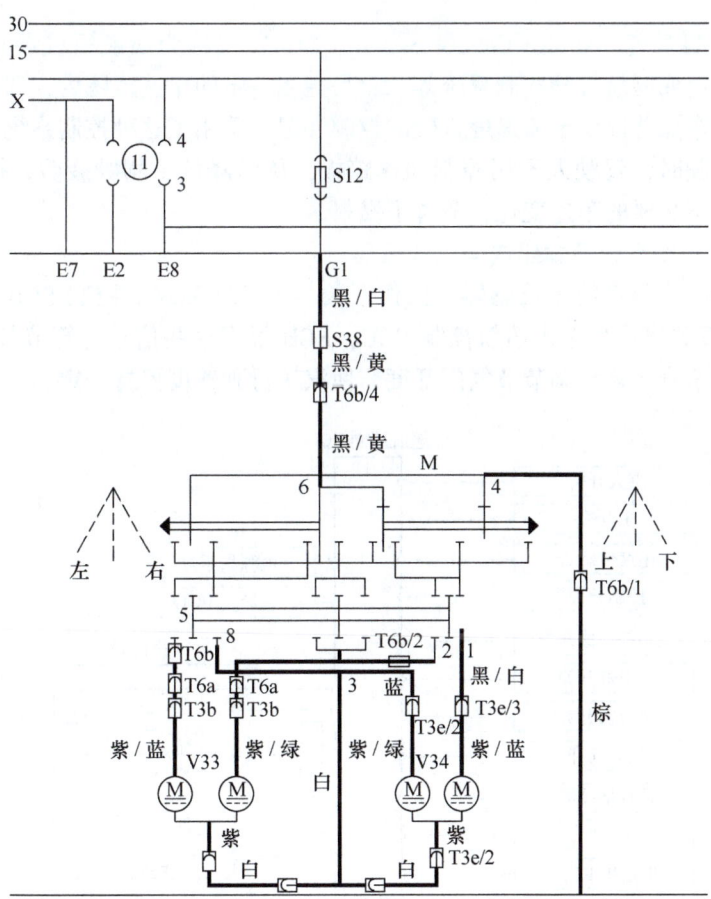

图 25-10 桑塔纳 2000 汽车电动后视镜的控制电路

控制开关安装在左前门内侧把手上方。当点火开关置于 ON 时，将控制开关球形钮旋转，可以选择所需要调整的后视镜。在控制开关面板上印有 L、R，L 表示左侧后视镜，R 表示右侧后视镜，中间则是停止操作。选择好需要调整的后视镜后，只要上、下、左、右摇动开关的球形钮，就可以调整后视镜反射面的空间角度。调整工作完毕，可将开关转回中间位置以防误碰。

部分高级乘用车电动后视镜还设有电子控制系统，各后视镜调整好后，其角度便以电信号的形式储存在存储器中。一旦需要调整后视镜时，只要按下所需调整项目的按钮，后视镜便可调整至所需的角度。

有的后视镜还具有自动折叠、刮水、洗涤、除霜、测距、防止晃眼等功能。Volvo 汽车公司的后视镜盲点信息系统（BLIS），是将两台快速摄像机分别放置在两个车门的后视镜上，当另一辆汽车进入监视区时，后视镜附近的警告灯就会闪亮，驾驶人就可以清晰地看到另外一车辆正在靠近，从而采取安全措施。

25.5 汽车巡航控制系统的结构原理

1. 作用

汽车巡航控制系统（Cruise Control System，CCS）又称为巡航行驶装置、速度控制系统、恒速行驶系统或巡航行驶控制系统等。它是指在一定的车速范围内，驾驶人不用控制加速踏板就能使汽车保持以设定的速度行驶的控制装置。采用了这种控制系统的汽车，在高速公路上长时间行驶时，驾驶人不用控制加速踏板，从而降低了驾驶疲劳，提高了行驶安全性，同时减少了不必要的车速变化，节省了燃料。

2. 电子巡航控制系统基本组成与工作原理

汽车电子巡航控制系统由传感器、操作开关、执行器和巡航控制 ECU 等组成（图 25-11）。传感器和开关将信号送入巡航控制 ECU，ECU 根据这些信号计算节气门应有的开度，并给执行器发出信号，自动调节节气门开度，使汽车行驶速度保持一定。

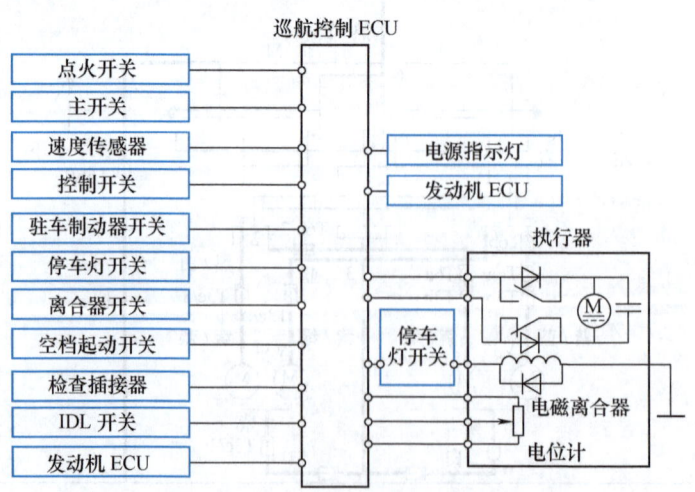

图 25-11　汽车电子巡航控制系统组成

3. 电子巡航控制系统主要部件

（1）操作开关　操作开关主要用于设置巡航车速或将其重新设置为另一车速以及取消巡航控制等，主要包括主开关、控制开关和退出巡航开关。

1）主开关（MAIN）。主开关是巡航控制系统的主要电源开关，多数采用按键方式（图25-12），每次将其推入，该系统的电源就接通或关闭。即使点火再次接通，主开关仍保持关闭。

2）控制开关。手柄式控制开关有5种控制功能：SET（设置）、COAST（减速）、RES（恢复）、ACC（加速）和CANCEL（取消）。其中SET和COAST模式共用一个开关，RES和ACC模式共用另一个开关。当沿箭头方向操作开关时，开关接通；而松开时，则关断。

3）退出巡航控制开关。退出巡航控制开关包括取消开关、停车灯开关、驻车制动开关、离合器开关、空档起动开关。当其中任一开关接通时，巡航控制系统将被自动取消。但CCS取消瞬间的车速大于35km/h时，此车速会存于巡航控制ECU中，当接通RES（恢复）开关时，最后存储的车速就会自动恢复。

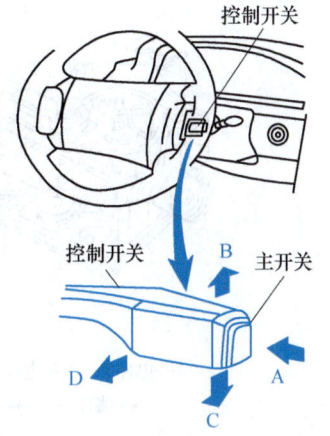

图25-12　主开关和控制开关

（2）传感器

1）车速传感器。车速传感器用于提供一个与汽车实际车速成比例的交变振荡脉冲信号，巡航控制ECU将该信号进行处理，车速传感器与汽车电控系统共用。

2）节气门位置传感器。其作用是给巡航控制ECU提供一个与节气门位置（开度）成正比例的信号，节气门控制传感器与发动机电控系统共用。

3）节气门控制摇臂传感器。此传感器采用较多的是滑线电位计式，当节气门控制摇臂转动时，电位计随之变动，便输出一个与控制摇臂位置成比例且连续变化的电信号。

（3）巡航控制ECU　巡航控制ECU由处理器芯片、A-D转换、D-A转换、集成电路、输出重置驱动和保护电路等模块组成。ECU接收来自车速传感器和各种开关的信号，按照存储的程序进行处理。当车速偏离设定的巡航车速时，ECU给执行器一个电信号，控制执行器的动作，使实际车速与设定车速相一致。

汽车在巡航控制状态下，一般当车速低于40km/h时，ECU将取消巡航控制，使汽车在制动、转弯时，巡航控制不起作用。当车速超过设定车速6~8km/h或当汽车的减速度大于$2m/s^2$，以及汽车的制动灯开关动作等情况时，ECU也会自动取消巡航控制，以确保行车安全。

（4）执行器　执行器将ECU输出的电流或电压信号转变为机械运动，进而控制节气门的开度，最终达到控制车速的目的。目前使用的执行器有两种类型，一种是真空驱动型，另一种是电动机驱动型。前者由负压操纵节气门，后者由微电动机操纵节气门（图25-13）。

4. 自适应巡航控制系统

传统电子巡航控制系统虽然具有加速、减速、恢复车速、消除等控制车速的功能，但往往在道路交通复杂的情况下不便于进行车辆接近时减速和车辆拉开距离时加速。

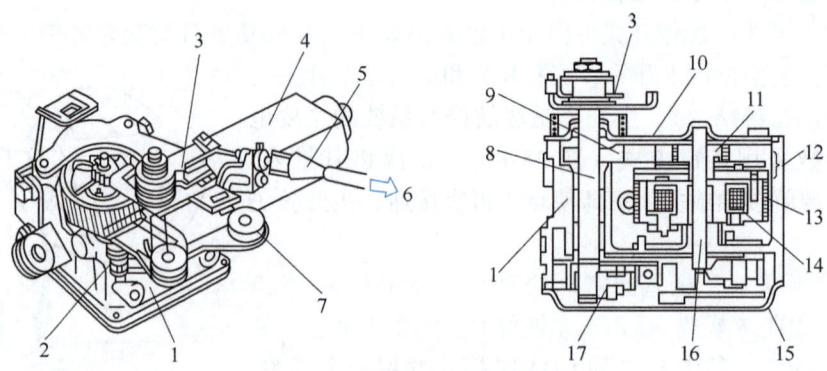

图 25-13　电动机驱动型执行器

1—电路板　2—电位计　3—控制臂　4—电动机　5—线束　6—输出信号　7—支架
8—蜗杆轴　9—蜗杆　10、15—壳体　11—蜗轮　12—集电环　13—磁极
14—电枢　16—电枢轴　17—电位计主动齿轮

为了解决这一问题，已经出现自适应巡航控制系统（Adaptive Cruise Control，ACC），它是基于巡航控制技术发展而来的一种智能化的车速自动控制系统，可以视交通情况自动采取适宜措施（加速、减速、制动）。ACC 是在车辆前面设置一个车载雷达或激光发射器，向前方车辆发射毫米波（30Hz～300Hz）或激光束，用以测定与前方车辆之间的距离。驾驶人只需要简单地设定自己的汽车与前车的间隔时间以及自己的巡航速度，系统就会自动工作，保持与前车安全的行车距离。

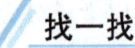 找一找　还有什么新型巡航控制系统？

本章小结

1. 刮水器用于清除玻璃外表面的雨水、雪及灰尘，以保证驾驶人行驶有良好的视野。现代汽车广泛采用永磁式电动机驱动，他主要由电动机、刮水器刮片和驱动杆件组成。

2. 风窗洗涤器的功用是将清洁的水或洗涤液喷射到风窗玻璃上，在刮水器的作用下，清洗风窗玻璃上的尘土和污物，使驾驶人有良好的视野。他主要由洗涤液泵、洗涤液罐和喷嘴等组成。

3. 风窗除霜（雾）装置可以防止和去除水蒸气在风窗玻璃上凝结。在装有空调或暖风装置的汽车上，可以通过风道向前面及侧面风窗玻璃吹热风以加热玻璃。对后风窗玻璃的除霜，常常是利用电热丝加热实现的。

4. 汽车后视镜用来反映车辆后方、侧方和下方的环境情况，使驾驶人能够看清必要的间接视界，以保证行车安全。按其安装位置分为内后视镜和外后视镜，按照后视镜的控制方式分机械调节式和电动式。现代汽车普遍采用电动后视镜。

5. 巡航控制系统（CCS）的作用是根据行车阻力自动调节节气门开度，使汽车行驶速度保持一定。它主要由传感器、操作开关、执行器和巡航控制 ECU 等组成。自适应巡航控

第 25 章 汽车其他电器设备

制系统（ACC）可以视交通情况自动采取适宜措施（加速、减速、制动）。

思考题

1. 名词解译：防眩目后视镜、巡航控制系统（CCS）、自适应巡航控制系统（ACC）。
2. 叙述汽车电动刮水器的作用和基本结构原理。
3. 叙述汽车风窗洗涤器的作用和基本结构原理。
4. 叙述汽车除霜（雾）装置的作用和基本结构原理。
5. 叙述汽车电动后视镜的作用和基本结构原理。
6. 叙述汽车巡航控制系统（CCS）的作用和基本结构原理。

第 26 章

汽车总电路

内容架构

```
          第26章  汽车总电路
        ┌──────────┼──────────┐
   26.1 汽车电路图  26.2 汽车电路元  26.3 全车电路图
        类型            器件            与识读方法
```

教学目标要求、重点与难点

序号	教学目标要求	教学重点	教学难点
1	掌握汽车电路图的种类与连接特点	✓	
2	掌握汽车电路图的组成与主要元件	✓	
3	掌握汽车总电路图的结构特点与连线规律	✓	✓
4	学会大众、日系及通用公司汽车电路图的识读	✓	✓
5	能够识别汽车电路各种常用元器件	✓	

第26章 汽车总电路

随着科学技术的迅速发展，车用电器和电子控制设备的应用越来越多，它们用各种电路进行连接，形成了汽车总电路。汽车总电路的布置因车而异，但都存在一定的规律性。本章重点介绍汽车电路图类型、电路元件及全车电路图的识别方法。

26.1 汽车电路图类型

汽车总电路图主要有电路原理图、电路图、线束图和接线图四种。

1. 电路原理图

电路原理图是用简明的图形符号表明电路系统的组成和电路原理（图26-1）的。它可以是子系统的电路原理图，也可以是整车电路原理图。电路原理图对分析电路原理及电路故障较为方便。

汽车电路原理图以表达汽车电路的工作原理和相互连接关系为重点，不讲究电器设备的形状、位置和导线的走向等实际情况，对电路图做了高度简化，因此图面清晰、电路简单明了、通俗易懂、电路连接控制关系清楚，对了解汽车电器设备的工作原理和迅速分析排除电器系统的故障十分有利。电路原理图是参考原车电路图、相关资料和实物改画成的，各个系统由主到次、由表及里、由上到下合理排列，然后再将各个系统连接起来，使电路原理变得简明扼要、准确清晰。

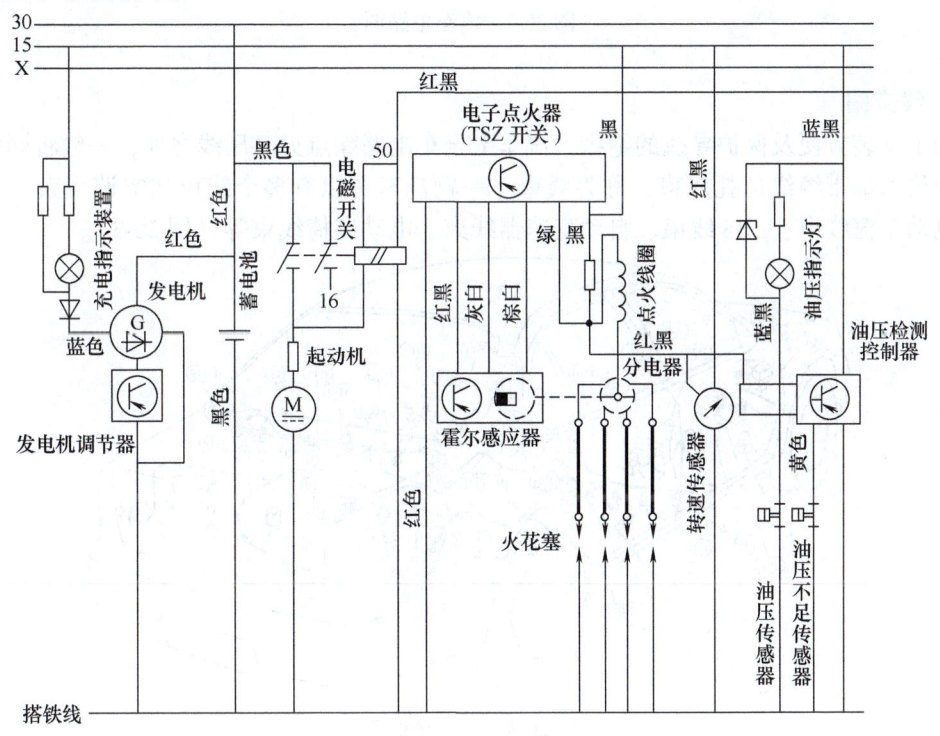

图26-1 汽车电路原理

2. 电路图

电路图是传统汽车电路的表示方法，由于汽车电器设备的实际位置及外形与图中所示方位相符，且较为直观（图26-2），所以便于循线跟踪地查找导线的分布和节点，适用于载货汽车等较简单的汽车电路。但由于电路图线条密集、纵横交错，所以可读性较差，进行电路分析也较为复杂。

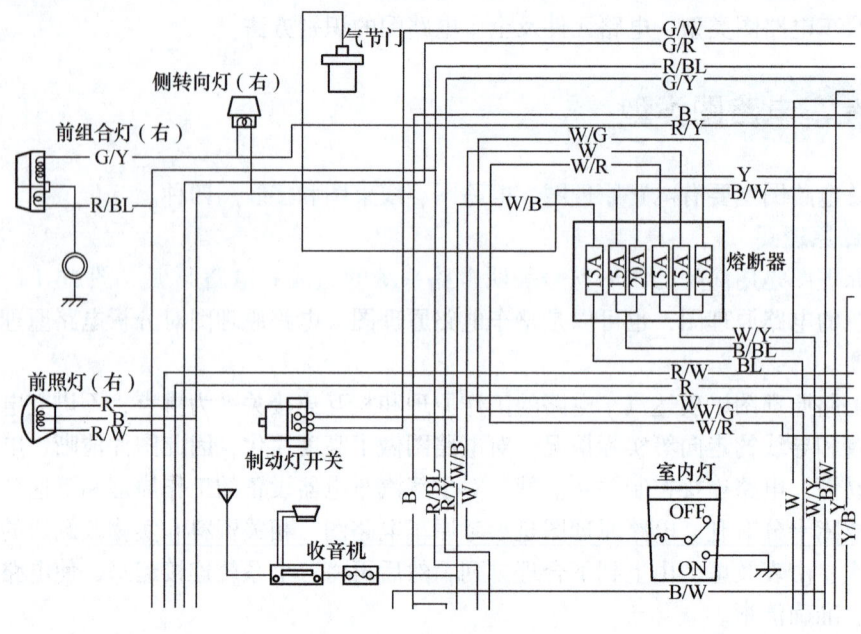

图 26-2　汽车电路图

3. 线束图

为了安装方便及保护导线的绝缘，汽车上全车电路除点火高压线之外，一般将同路的导线用薄聚乙烯带缠绕包扎成束，称为线束。一辆汽车可以有多个线束如空调线束、车顶线束、电动车窗线束、ABS 线束、自动变速器线束、电动座椅线束等（图 26-3）。

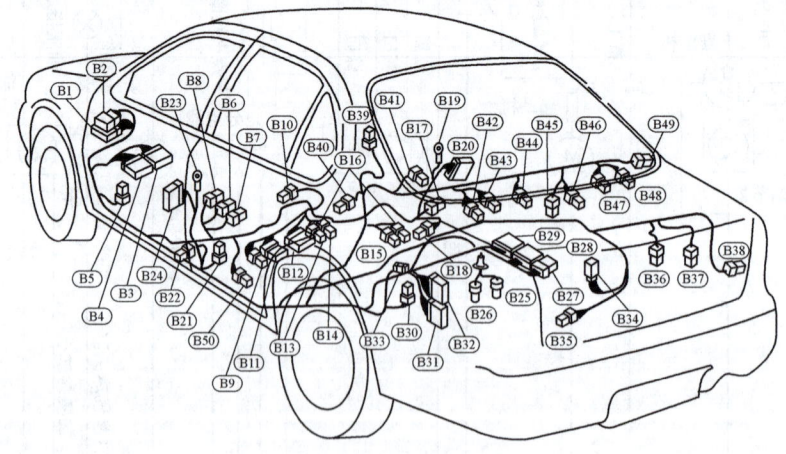

图 26-3　汽车线束图

线束图是根据汽车线束在汽车上的布置、分段以及各分支导线端口的具体连接情况而绘制的电路图，其重点反映的是已制成的线束外形，组成线束各导线的规格大小、长度和颜色，各分支导线端口所连接的电器设备的名称、连接端子和护套的具体型号、线束各主要部分的长度等，因此主要用于汽车线束的制作和电器设备的连接。有的车型线束图还表示了各段线束在汽车上的具体布置情况，即汽车线束布置图，以便于在汽车上安装。

4. 接线图

接线图是一种专门用来标记接线与插接器的实际位置、色码、线型等信息的指示图（图26-4），用于检修时寻查线束走向、电路故障复原，图中不涉及所连接电器的工作原理及型号。接线图中的导线以接近于线束相应的连接点引出，便于维修电路故障，但不便于进行电路分析。

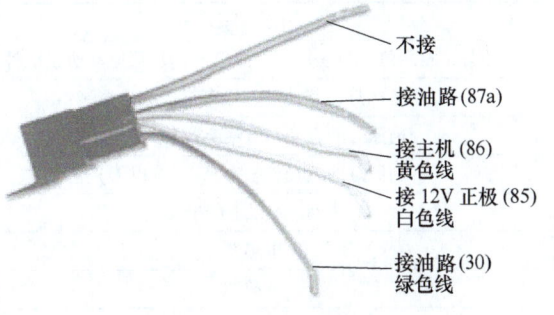

图 26-4　继电器接线图

26.2　汽车电路元器件

26.2.1　汽车导线

汽车导线有低压导线和高压导线两种。低压导线又分为普通导线、起动电缆和蓄电池搭线电缆3种。高压导线可分为铜芯导线和阻尼导线2种。

1. 低压导线

（1）普通低压导线　普通低压导线根据外皮绝缘包层的材料不同又分为QVR型（聚氯乙烯绝缘包层）和QFR型（聚氯乙烯-丁腈复合绝缘包层）两种。

导线的截面积主要根据用电设备的工作电流进行选择，但是对功率小的电器，仅从工作电流的大小来选择导线，其截面积将太小，机械强度差，易于折断，因此汽车电气系统中所用的导线截面积至少不得小于 $0.5 mm^2$。汽车用低压导线的结构与规格见表26-1，其允许载流量见表26-2，汽车12V电气系统主要电路导线截面积的推荐值见表26-3。

表26-1　低压导线的结构和规格

标称截面积 /mm²	线芯结构		绝缘层标称厚度/mm	电线最大外径	标称截面积 /mm²	线芯结构		绝缘层标称厚度/mm	电线最大外径
	根数	单根直径/mm				根数	单根直径/mm		
0.5			0.6	2.2	6	19	0.64	0.9	5.2
0.6			0.6	2.3	8	19	0.74	0.9	5.7
0.8	7	0.39	0.6	2.5	10	49	0.52	1.0	6.9
1.0	7	0.43	0.6	2.6	16	49	0.64	1.0	8.0
1.5	17	0.52	0.6	2.9	25	98	0.58	1.2	10.3
2.5	19	0.41	0.8	3.8	35	133	0.58	1.2	11.3
4	19	0.52	0.8	4.4	50	133	0.68	1.4	13.3

表26-2　低压导线允许载流量

导线标称截面积/mm²	0.5	0.8	1.0	1.5	2.5	3.0	4.0	6.0	10	13
允许载流量/A			11	14	20	22	25	35	50	60

表 26-3　汽车 12V 电系主要电路导线截面积的推荐值

电路名称	标称截面积/mm²
尾灯、指示灯、仪表灯、牌照灯、刮水器电动机、电钟	0.5
转向灯、制动灯、停车灯、分电器	0.8
前照灯的近光、电喇叭（3A 以下）	1.0
前照灯的近光、电喇叭（3A 以上）	1.5
其他 5A 以上的电路	1.5~4
电热塞	4~6
电源线	4~25
起动电路	16~95

随着汽车电器的增多，导线数量也不断增加，为了便于维修，低压导线常以不同的颜色加以区分。其中截面积在 4mm² 以上的采用单色，而 4mm² 以下的均采用双色，搭铁线均用黑色。

汽车用低压导线的颜色与代号见表 26-4。汽车电气系统中各系统的主色见表 26-5。汽车用低压线的颜色，必须符合国家有关的规定。单色线的颜色由表 26-4 所示的颜色组成，双色线的颜色由表 26-4 所示的两种颜色配合组成。双色线的主色所占比例大，辅助色所占的比例小，辅助色条纹与主色条纹沿圆周表面的比例为 1∶3~1∶5。双色线的标注第一色为主色，第二色为辅助色。

表 26-4　汽车用低压导线的颜色与代号

导线颜色	黑	白	红	绿	黄	棕	蓝	灰	紫	橙
代号	B	W	R	G	Y	Br	Bl	Gr	V	O

表 26-5　汽车电气系统中各系统的主色

序号	系统名称	主色	颜色代号
1	电源系统	红	R
2	点火、起动系统	白	W
3	雾灯	蓝	Bl
4	灯光、信号系统	绿	G
5	防空灯及车身内部照明系统	黄	Y
6	仪表、报警系统、喇叭系统	棕	Br
7	收音机、电钟、点烟器等辅助系统	紫	V
8	各种辅助电动机及电气操纵系统	灰	Gr
9	搭铁线	黑	B

在汽车电气设备的电路图中，导线上一般都标注有符号，该符号用来表示电线的截面积和颜色。如 1.5RW，其中 1.5 表示电线的截面积为 1.5mm²，R 表示电线的主色，W 表示电线的辅助色。

（2）起动电缆　起动电缆是带绝缘包层的大截面积铜质或铝质多股软线，用来连接蓄电池正极与起动机电源端子，截面积有 25mm²、35mm²、50mm²、70mm² 等多种规格，允许

第26章 汽车总电路

电流达 500~1000A。为保证起动机正常工作并能产生足够的驱动转矩,要求起动电路上每 100A 电流产生的压降为 0.1~0.15V,且允许电流达 500~1000A。

(3) 蓄电池的搭铁电缆 蓄电池搭铁电缆又称搭铁线,一种是由铜丝编织成的扁形软铜线,另一种外形同起动机电缆,覆有绝缘层。搭铁电缆常用于蓄电池与车架、车架与车身、发动机与车架等总成之间的连接。国产汽车常用的搭铁线有 300mm、450mm、600mm、760mm 四种长度。

2. 高压导线

高压导线用来传送高电压。由于工作电压很高(一般在 15kV 以上),而电流较小,因此高压导线的绝缘包层很厚,耐压性能好,线芯截面积很小。

高压导线的型号和规格见表 26-6。

表 26-6 高压导线的型号和规格

型号	名 称	线芯结构		标称外径/mm
		根数	单线直径	
QGV	铜芯聚氯乙烯绝缘高压点火线	7	0.39	7.0±0.3
QGXV	铜芯橡皮绝缘聚氯乙烯护套高压点火线			
QGX	铜芯橡皮绝缘氯丁橡胶护套高压点火线			
QGZ	全塑料高压阻尼点火线	1	2.3	
QGZV	电抗性高压阻尼点火线	1	—	

为了衰减火花塞产生的电磁波干扰,目前已广泛使用了高压阻尼点火线。高压阻尼点火线的制造方法和结构亦有多种,常用的有金属阻丝式和塑料芯导线式。

金属阻丝式又有金属阻丝线芯式和金属阻丝线绕电阻式两种。金属阻丝线芯式是由金属电阻丝绕在绝缘线束上,外包绝缘体制成阻尼线;金属丝线绕电阻式是由电阻丝绕在耐高温的绝缘体上制成电阻,再与不同形式的绝缘套构成。塑料芯导线式是用塑料和橡胶制成直径为 2mm 的电阻线芯,在其外面紧紧地编织着玻璃纤维,外面再包有高压 PVC 塑料或橡胶等绝缘体,电阻值一般在 6~25kΩ,这种结构形式的制造过程易于自动化,成本低且可制成高阻值线芯,美国、日本等国家已大量生产,我国也已小批量生产。

26.2.2 汽车线束

汽车上的全车电路(除高压线以外)为了不零乱、安装方便和保护导线的绝缘,一般都将同路的不同规格的导线用绵丝纺织或用薄聚氯乙烯带半叠缠绕包扎成束,称为线束。一辆汽车有多个线束,有主线束和分线束之分,一般汽车线束以仪表线束为核心,进行前后延伸,仪表板位于接近中央位置。分线束主要由发动机(点火、电喷、发电、起动)、车身、仪表、照明等线束组成。分线束与分线束之间、线束与终端电器之间采用插接器连接。线束上各端头均标注数字和字母,以标明导线的连接对象,便于正确地连接导线和电器设备。

近年来,随着汽车电器与电子设备的增多,线束总成的电路也越来越复杂,因此对线束的结构、功能、适用性、可靠性都提出了更高的要求。

现代汽车的线束总成由导线、端子、插接器、护套等组成。

端子一般由黄铜、纯铜、铝材料制成,它与导线的连接均采用冷铆压合的方法。

现代汽车线束总成中有很多个插接器，为了保证插接器的可靠连接，其上都有一次锁紧、二次锁紧装置，极孔内都有对端子的限位和止退装置。为了避免装配和安装中出现差错，插接器还可制成不同的规格型号、不同的形体和颜色，这样不仅装拆方便又不会出现差错。

26.2.3 插接器

插接器是汽车电路中简单但不可缺少的元件，其使用方便，连接可靠，尤其适用于大量线束的连接。插接器的种类很多，可供几条到数十条导线使用，有长方体、多边体等不同形状（图26-5）。

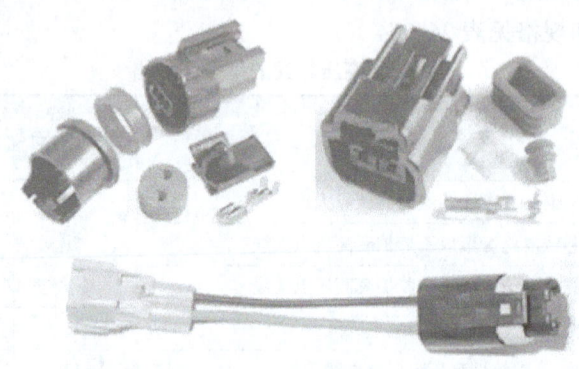

图 26-5　插接器

连接插接器时，应先对准插头与插座的导向槽后，稍稍用力插入到位，通过闭锁装置固定插头与插座。拆开插接器时，应先压下闭锁装置，再用力分开插头与插座，注意不可拉动导线，以免损坏导线和插接器。

26.2.4 控制开关

（1）电源总开关　在有的汽车上装有电源总开关，用于切断蓄电池与外电路的连接，以防止汽车停驶过程中蓄电池经外电路漏电。电源开关主要有闸刀式和电磁式两种。闸刀式电源开关直接由手动切断或接通电源，电磁式电源开关原理如图26-6所示。

接通开关时，电磁线圈1通电（常闭触点接通电磁线圈1搭铁电路，并将电磁线圈2短路），产生的电磁力将常开触点吸合，蓄电池与外电路接通。与此同时，常闭触点断开，电磁线圈1的电流经电磁线圈2到搭铁，两线圈产生的同向电磁力保持触点在吸合的位置。

当断开开关时，电磁线圈1和电磁线

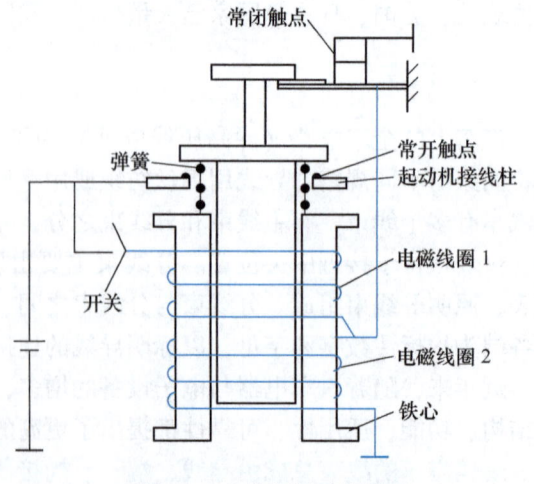

图 26-6　电磁电源开关原理

第 26 章 汽车总电路

圈 2 断电，常开触点断开，蓄电池与外电路断开。

（2）灯光开关　灯光开关通常是两档式开关，按操纵的形式分主要有推拉式、旋转式两种。灯光开关Ⅰ档接通示廓灯、尾灯、仪表照明灯等；灯光开关Ⅱ档接通前照灯、尾灯、仪表照明灯等。

（3）点火开关　点火开关是一个多档开关，需用相应的钥匙才能对其进行操纵。点火开关通常用于控制点火电路、仪表电路、发电机励磁电路、起动电路及一些辅助电器电路等。国产汽车常见车型的点火开关工作档位及内部连接情况如图 26-7 所示。

接线柱 开关档位	1 (BAT)	2 (IG)	3 (ACC)	4 (ST)
Ⅲ	○——		——○	
0	○			
Ⅰ	○——	——○——	——○	
Ⅱ	○——	——○——		——○

○——○：连接

图 26-7　点火开关工作档位

点火开关的四个接线柱是：1 号为电源接线柱（BAT），与蓄电池正极和发电机电枢接线柱相连；2 号为点火接线柱（IG），连接点火电路、仪表电路及发电机励磁电路等；3 号为辅助电器接线柱（ACC），连接收放机等辅助电器；4 号为起动接线柱（BT），连接起动电路。

点火开关的三个档位是：Ⅰ档为点火档，Ⅱ档为起动档（自动复位），Ⅲ档（在 0 位时逆时针转）为辅助电器档。

一些进口汽车的点火开关通常还有一个转向盘锁止（LOCK）档，当点火开关在 LOCK 档时，转向盘被锁止，这些点火开关的档位布置及接线端子排列情况如图 26-8 所示。

接线柱 开关档位	1 (BAT)	2 (IG)	3 (ACC)	4 (ST)
LOCK				
OFF	○			
ACC	○——		——○	
ON	○——	——○——	——○	
ST	○——	——○——		——○

○——○：连接

图 26-8　具有 LOCK 档的点火开关档位布置及接线端子排列情况

（4）组合开关　组合开关由两种及两种以上的开关集装在一起，可使操纵更加方便。图 26-9 所示的组合开关为 JK322A 型组合开关。

JK322A 型组合开关集中了转向灯开关、警告灯开关、灯光开关、前照灯变光开关、刮水器开关、洗涤器开关等。其工作档位及内部连接情况如图 26-10 所示。

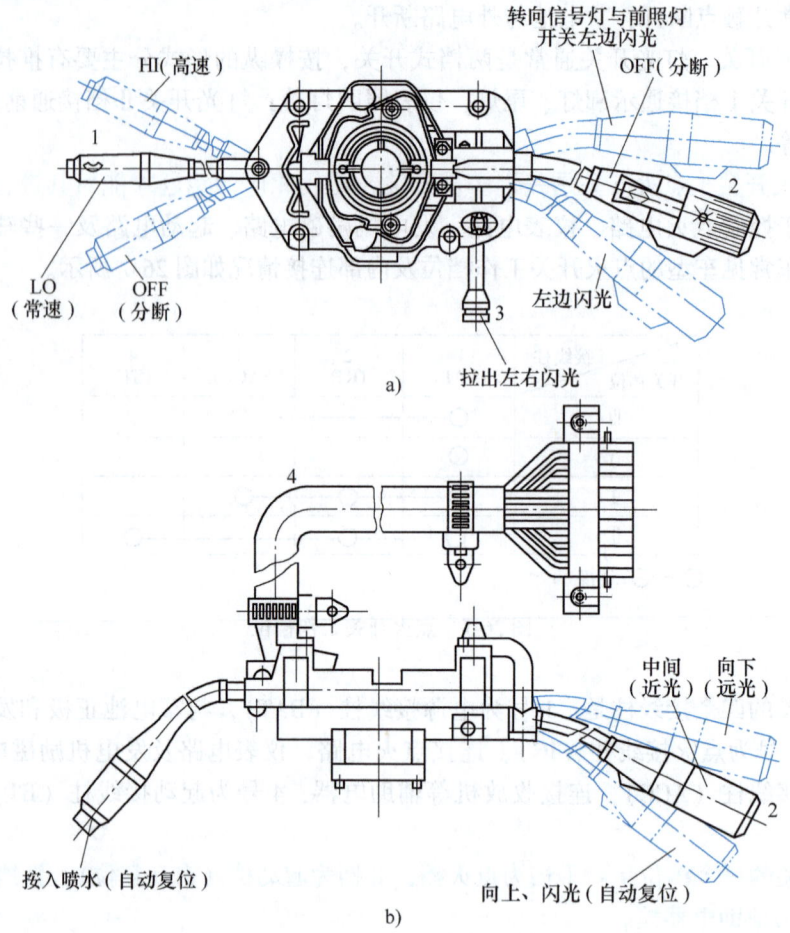

图 26-9 JK322A 型组合开关
a) 前后方向工作状态 b) 上下方向工作状态
1—左组合开关（刮水器操作手柄与洗涤器开关按钮） 2—右组合开关（转向信号灯及前照灯变光操作手柄与灯光开关旋钮） 3—危险警告开关拉钮 4—组合开关线束

开关名称与档位		连接导线颜色														
		绿/黑	绿/白	绿/黄	绿/蓝	绿/红	绿/橙	绿	黄	红	白	红/黄	红/绿	红/白	白/黑	蓝	蓝/黑	蓝/橙	蓝/红	黑	蓝	绿/红
转向开关	左	o—o		o—o																			
	OFF			o—o																			
	右		o—o		o—o																		
警告开关	拉出	o—o—o					o—o																
灯光开关	OFF																						
	I							o—o—o															
	II							o—o—o															
前照灯变光开关	向上											o—o—o											
	中间												o—o										
	向下																						
刮水器开关	OFF															o—o							
	LO															o—o							
	HI																	o—o					
洗涤器开关	按下																			o—o			
喇叭按钮																					o		

o—o: 连接

图 26-10 JK322A 型组合开关工作档位及内部连接情况

26.2.5 保险装置

(1) 熔断器　熔断器的保护元件是熔丝，串联在其所保护的电路中。当通过熔丝的电流超过其规定值时，熔丝发热熔断，从而保护了电路和用电设备不被烧坏。

熔断器的熔丝固定在可插式塑料片上或封装在玻璃管中。通常将熔断器集中安装在一个盒中，并称之为熔断器盒或电源盒（图 26-11）。各熔断器都编号排列，有的还在熔断器上涂以不同的颜色，以便于检修时识别。

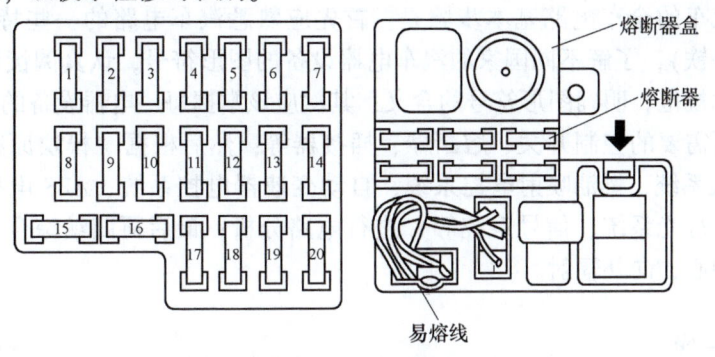

图 26-11　熔断器盒

(2) 易熔线　易熔线比熔丝粗一些，被保护的电路的工作电流往往较大，通常连接在电源电路和通过电流较大的电路上。

(3) 断路器　断路器起保护作用的主要元件是双金属片和触点，有自恢复式和按压恢复式两种。

1) 自恢复式断路器。如图 26-12 所示，当被保护电路中的电流超过规定值时，双金属片受热弯曲而使触点张开而切断电路。电路断电后，双金属片因无电流通过而逐渐冷却伸直，触点又重新闭合接通电路。如果电路电流过大的原因未及时排除，自恢复式断路器就会使电路时而接通，时而切断，以限制通过电路的电流，起到了电路过载保护的作用。

2) 按压恢复式断路器。如图 26-13 所示，当被保护电路中的电流超过规定值时，双金属片受热向上弯曲，使双金属片两端的触点张开而切断电路。向上弯曲的双金属片冷却后不能自行恢复原形，若要重新接通电路，必须按下按钮才能使双金属片复位。

这种断路器的限定电流是可调的，需要调整时，松开锁紧螺母，旋动调整螺钉，改变双

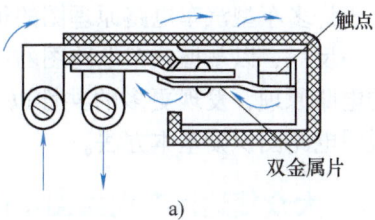

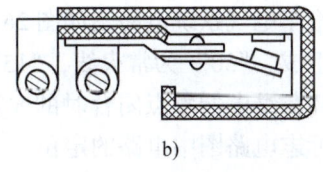

图 26-12　自恢复式断路器
a) 触点闭合通路　b) 触点张开断路

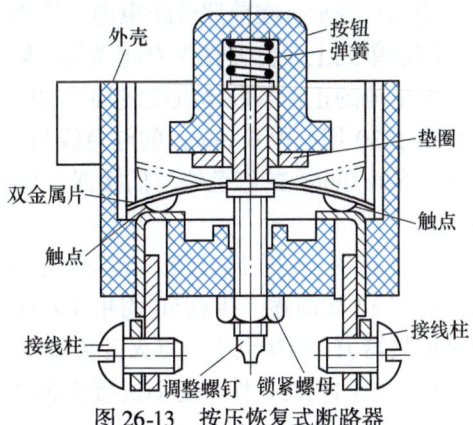

图 26-13　按压恢复式断路器

金属片的挠度即可。

> **想一想** 汽车电路元件还有没有其他组成元件？

26.3 全车电路图与识读方法

识读一辆汽车的全车电路基本步骤是：首先应熟悉汽车电路的一些特点（如单线制、并联制、负极搭铁），了解不同国家的汽车电器设备的图形符号，认真阅读图注，了解电路图的名称、技术规范，明确图形符号的含义；其次应该掌握每一电器设备的结构、工作原理和该电器设备所需要的控制开关、熔断器、插接器等；然后根据"模块原则"，化整为零，逐个系统（点火系统、燃油喷射电控系统、自动变速器电控系统、ABS 电控系统、起动系统、电源系统、灯光系统、信号系统等）进行电路分析；最后再归纳综合，化零为整，以中央接线盒为中心，向外辐射。

> **找一找** 我国对汽车电器设备的图形符号有哪些规定？

由于许多车型汽车电路原理图的很多部分都是类似或相近的，为此可以通过一个具体的例子举一反三，以掌握汽车电路图的一些共同的规律，并以这些共性为指导，了解其他型号汽车的电路原理，发现更多的共性以及各种车型之间的差异。下面以欧美、日系等车型为例，说明电路图识读基本方法。

26.3.1 大众捷达汽车电路图识读

捷达汽车电气系统电路图如图 26-14 所示，该系统主要由发电机、蓄电池、起动机、点火开关等组成。"30"为常火线，"15"为点火开关接通时的小容量火线，"X"为在点火开关接通、卸荷继电器触点闭合时的大容量火线，"31"为搭铁线，最下面的横线是电路接续号，用以标志电路图中电路的定位。

（1）**蓄电池的电路分析** 蓄电池在电路图中用 A 表示，其负极搭铁，搭铁点①表示在车身上；搭铁点②表示在变速器上，这两条搭铁线较粗，截面积为 25mm²。蓄电池另一个搭铁点用 119 表示，在前照灯线束内，线粗 4mm²，棕色。还有一个搭铁点在晶体管点火系统电子控制单元上，位置在压力通风舱左侧，线粗 1.5mm²，为黑/棕两色线。

蓄电池的正极与起动机接线端子 30 用粗线连接，用来向起动机提供大电流，同时通过接线端子 30 用一根 6.0mm² 的红色线与发电机的 B+接线端子连接，是充电电路的一部分。还有一条 6.0mm² 的红色线与插接器 Y 的第 3 个接线端子连接，向其他用电设备供电，用 30 线表示。

（2）**起动机的电路分析** 起动机在电路图中用 B 表示。接续号 5、6 表示自身内部搭铁。接点 30 如前述。接点 50 用粗 4.0mm² 的红/黑两色线与插接器 F 第一个接点连接，并通过插接器 H1 的接点 1 与点火开关接点 50 连接，组成起动机电磁开关的控制电路，50 端子得电，起动机便工作。起动机接点 30 的接线如前蓄电池接线所述。

第26章　汽车总电路

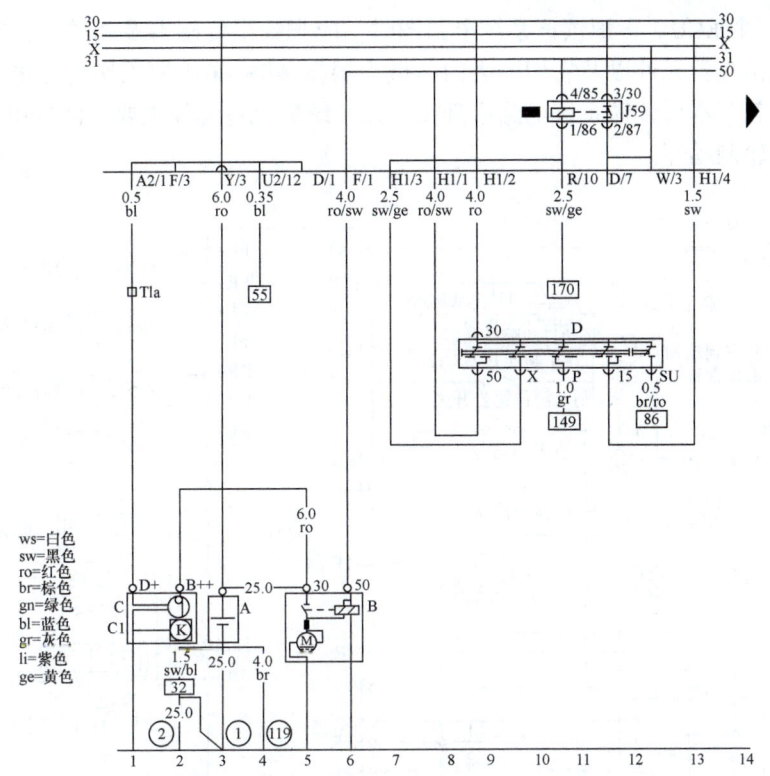

图 26-14　捷达汽车电气系统电路图（部分）

A—蓄电池　B—起动机　C—发电机　C1—电压调节器　D—点火开关　J59—卸荷继电器
T1a—单孔插头（蓄电池附近）
①—搭铁（蓄电池-车身）　②—搭铁（变速器-车身）　119—搭铁连接点（前照灯线束内）

(3) **发电机的电路分析**　发电机在电路图中用 C 表示。发电机电压调节器用 C1 表示。电路编号 1 的细实线表示自身搭铁。发电机的 D+ 端子通过一个单孔插头 T1a 与插接器 A2 的 1 号接点连接，通过电路编号 55 位置接仪表板，经二极管后接点火开关。在点火开关断开时 D+ 端子无电，而 B+ 端子为蓄电池电压。点火开关闭合，发动机未起动时，D+ 端子得电，仪表板内的二极管正向导通，向发电机励磁绕组提供励磁电流，发电机警告灯亮。发电机起动后，发电机发电，D+ 端子电压由发电机提供，进入自励，D+ 端子电位升高后，二极管截止，发电机警告灯熄灭。插头 T1a 的安装位置在蓄电池附近。

(4) **点火开关的电路分析**　点火开关在电路图中用 D 表示。开关有 6 个接点端子。接点 SU 用 0.5mm² 的棕/红双色线控制收放机电路。接点 15 用 0.5mm² 的黑线通过插接器 H1 的 4 接点向点火系统等供电。接点 P 向停车灯供电。接点 X 用 2.5mm² 的黑黄双色线，经 H1 插接器 3 号接点与 4 号位（触点卸荷继电器 J59）继电器座的 1 号接点相连。继电器座的 1 号接点与继电器 86 引脚相接。卸荷电器 J59 工作，X 线便与 30 相通得电。接点 50 是起动机控制线。

26.3.2　日本雷克萨斯汽车电路图识读

图 26-15 所示为丰田雷克萨斯 LS400 型汽车 ABS 控制电路。该系统与牵引力控制系统

(TRC)共用一个ECU。在识读该系统电路图时,应先找出传感器及相关开关等信号输入元件,然后再找出执行元件以及它们的去向,最后根据ABS ECU的工作情况将上述两部分联系起来分析,就基本可读懂系统电路原理图。该系统的执行元件主要是液压单元,而液压单元控制的是车轮制动器。

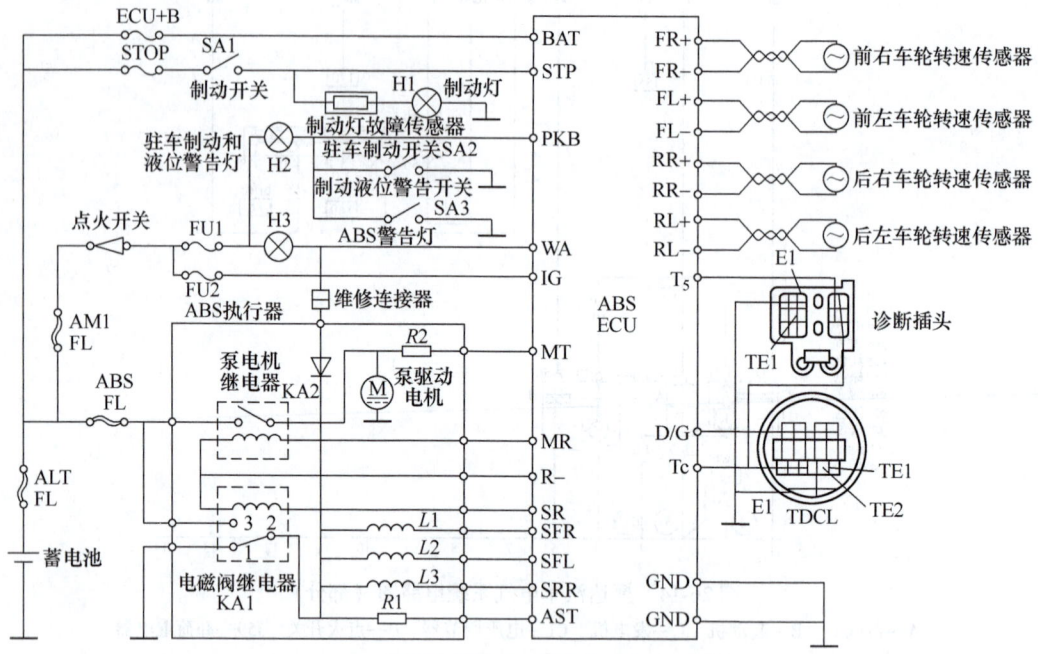

图26-15 LS400型汽车ABS控制电路

1. ABS ECU 插接器

ABS ECU插接器端子排列方式如图26-16所示,插接器端子编号和字母符号见表26-7。

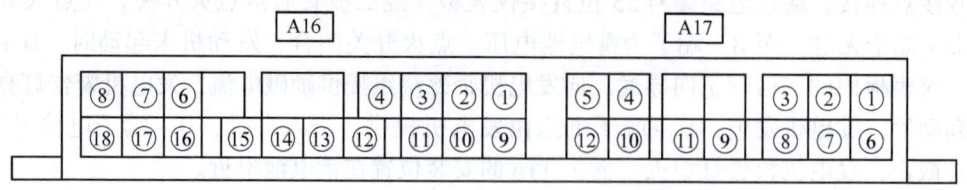

图26-16 LS400型汽车ABS ECU插接器端子排列方式

2. ABS 电路分析

(1)电源电路 ECU的IG(A16-7)端子为供电输入及检测端,该端子的电压来自点火开关,经熔丝后得到。当该端电压低于9.5V或高于17V时,自诊断系统就进入电源欠电压或过电压保护状态,并产生故障码41,同时也使ABS警告灯点亮。

ECU的BAT(A16-6)端子为备用电源输入端,该端子的电压是经蓄电池正极、ALT FL熔丝、ECU电路保护元件后得到的,作为ABS ECU自诊断系统故障码存储器信息保持的电源,只要拔下ECU熔丝或拆下蓄电池的负极接线,BAT端就保持通电状态。

第26章 汽车总电路

表26-7 插接器端子编号和字母符号

端子编号	端子符号	连接对象	端子编号	端子符号	连接对象
A16-1	D/G	诊断插头 TDCL	A16-16	GND	搭铁
A16-2	RR −	后右车轮速度传感器	A16-17	/	
A16-3	RL −	后左车轮速度传感器	A16-18	/	
A16-4	TC	诊断插头 TDCL	A17-1	SFR	液压控制单元中控制前右轮的三位三通电磁阀线圈
A16-5	GND	搭铁	A17-2	WA	ABS 警告灯
A16-6	BAT	备用电源	A17-3	STP	停车灯开关
A16-7	IG	电源	A17-4	/	
A16-8	SFL	液压控制单元中控制前左轮的三位三通电磁阀线圈	A17-5	PKB	驻车制动开关
A16-9	RR +	后右车轮速度传感器	A17-6	SRR	液压控制单元中控制后轮的三位三通电磁阀线圈
A16-10	R −	继电器搭铁	A17-7	/	
A16-11	RL +	后左车轮速度传感器	A17-8	MT	回油泵电动机继电器监控器
A16-12	FR −	前右车轮速度传感器	A17-9	SR	液压单元电磁阀继电器线圈
A16-13	FR +	前右车轮速度传感器	A17-10	MR	回油泵电动机继电器
A16-14	FL −	前左车轮速度传感器	A17-11	TS	诊断插头
A16-15	FL +	前左车轮速度传感器	A17-12	AST	监测电磁阀继电器

（2）电磁阀继电器电路　液压控制单元中三位三通电磁阀继电器的电磁线圈一端与 ECU 的 R−（A16-10）端子相连，属于继电器搭铁端；另一端接 SR（A19-9）端子，当接通点火开关后，若系统自检结果正常，则 ABS ECU 控制 SR 端就有电流输出，这一电流流过电磁继电器线圈后，就会使其内的②③触点闭合，向 3 个三位三通电磁阀的线圈 L1～L3 供电。同时也经电阻 R1 加至 ABS ECU 的 AST（A17-12）端子作为检测信号。

ABS 工作时，ABS ECU 的自诊断系统经 AST 监测 ABS 液压单元电磁阀继电器的工作。当 ABS ECU 向液压单元电磁阀继电器 LA1 发送 ON（接通）信号时，若 ECU 监测 AST 端的电压为 0V，则产生故障码 11，说明电磁阀继电器有断路故障；若 ECU 监测 AST 端的电压为蓄电池电压，则产生故障码 12，说明 ABS 液压单元电磁继电器有短路现象。

若自检中发现 ABS 控制电路中有故障，则 ABS ECU 立即切断电磁继电器 KA1 线圈的电路，闭锁 ABS 的控制，使制动系统的工作情况与无 ABS 的系统工作情况相同。

（3）三位三通电磁阀电路　液压控制单元中的 3 个三位三通电磁阀的线圈分别为 L1，L2，L3。L1 线圈受控于 ABS ECU 的 SFR（A17-1）端子，L2 线圈受控于 ABS ECU 的 SFL（A16-8）端子，L3 线圈受控于 ABS ECU 的 SRR（A17-6）端子。ABS ECU 输出不同信号，对电磁阀线圈的电流（0、2A、5A）进行控制，从而改变滑阀的位置和制动液的通道，实现对车轮制动器的增压、保压、降压的调节，防止车轮抱死。同时，自诊断系统还监视各电磁阀的工作。

（4）回流泵电动机及其继电器电路　回流泵电动机继电器 KA2 线圈的一端接 ABS ECU 的 R−（A16-10）端子；另一端接 MR（A17-10）端子，用以控制回流泵电动机的电源。当制动压力调节进入降压阶段时，ECU 经 MR 端子接通回流泵电动机继电器线圈电流的通路，使其内的触点闭合。这样，蓄电池正极输出的电流，经 ABS FL 熔丝、回流泵电动机继电器的触点后分成两路：一路加压在回流泵驱动电动机上，使其运转；另一路经降压电阻 R2，作为检测信号加至 ABS ECU 的 MT（A17-8）端子。

当自诊断系统经 MT 端检测到回流泵电动机继电器电路出现故障时，ABS ECU 内的安全保护功能启动工作，切断回流泵电动机继电器 KA2 线圈的电流通路，闭锁 ABS 控制系统，从而达到了自动保护的目的。

(5) 车轮转速传感器电路　前后车轮转速传感器共有四路：前左车轮速度传感器分别与 ABS ECU 的 FL+（A16-15）和 FL-（A16-14）端子相连；前右车轮速度传感器分别与 ABS ECU 的 FR+（A16-13）和 FR-（A16-12）端子相连；后左车轮速度传感器分别与 ABS ECU 的 RL+（A16-11）和 RL-（A16-3）端子相连；后右车轮速度传感器分别与 ABS ECU 的 RR+（A16-9）和 RR-（A16-2）端子相连。

(6) 制动灯开关电路　制动灯开关 SA1 一端通过 STOP 熔丝与蓄电池正极相连，另一端与 ABS ECU 的 STP（A17-3）端子相连。当踩下制动踏板时，制动开关 SA1 接通，蓄电池经过 ALT FL、STOP 电路保护装置、制动灯开关 SA1 后分成两路：一路经制动灯故障传感器、制动灯 H1、搭铁至蓄电池负极，使制动灯 H1 点亮；另一路经 STP 端进入 ABS ECU 内，作为制动踏板是踩下还是放开的检测信号。

(7) 驻车制动开关电路　驻车制动开关 SA2 连接在驻车警告灯与 ABS ECU 的 PKB（A17-5）端子相接的连线上。

当驻车制动拉起时，驻车制动开关 SA2 闭合，点火开关输出的蓄电池电压经 FU1 熔丝、驻车制动和液位警告灯 H2、驻车制动开关 SA2、搭铁至蓄电池负极，使 H2 点亮。同时，驻车制动开关接通的信号也经 PKB 端进入 ABS ECU 内，作为驻车制动拉起（或放开）的检测信号。

(8) ABS 警告灯　ABS 警告灯 H3 一端通过熔丝 FU1、点火开关、AM1 FL 易熔丝、ALT FL 易熔丝与蓄电池正极相连，H3 的另一端与 ABS ECU 的 WA（A17-2）端子相连。当 ABS 工作时，其自诊断系统监视各传感器和执行器的工作情况，若发现有故障，一方面从其 WA 端输出低电平，使 ABS 警告灯点亮，同时闭锁 ABS 控制作用，并将故障码存入存储器中。当 ABS 维修插接器脱开，诊断插头或 TDCL 的相应端子被短接后，ABS 警告灯闪烁，输出故障码。完成上述操作后如果 ABS 警告灯不亮或持续亮，不输出故障码，也不输出正常代码，则表明 ABS 警告灯电路故障。

(9) 诊断插头　ABS 诊断插头连接在 ABS ECU 的 TS（A17-11）、D/G（A16-1）与 TC（A16-4）端子上，其中诊断插头主要用于手工调故障码，一般安装在发动机舱内；TDCL 插头主要用于解码器调故障码，也可用于手工调故障码，一般安装在驾驶室内仪表板下。

诊断系统具有两种诊断模式，即一般模式和试验模式。一般模式下调故障码时，应用短导线将诊断插头的 TE1 与 E1 端短接，由仪表板上的故障灯从小到大地逐一显示出故障码。当存储的故障码全显示完后，应脱去短接线，否则故障灯将重复显示故障码。试验模式下调故障码是在汽车运行状态下进行的，它可以检测到一般模式下难以检测到的故障，而且具有较高的灵敏度。

26.3.3　通用别克汽车电路图识读

如图 26-17 所示为上海通用别克汽车冷却风扇控制电路，冷却风扇由 6 号 40A 和 21 号

15A 这两个熔丝分别向发动机冷却风扇供电。其控制电路分析如下：

(1) 冷却风扇低速工作时电路分析　PCM 控制继电器 12 的电磁线圈通电，其电流回路：常电线（与电源直接连接）→熔丝 6→继电器 12→PCM 的低速风扇控制电路搭铁。于是，继电器 12 的线圈中有电流通过，控制继电器 12 触点闭合，向冷却风扇电动机供电。此时由于左侧的冷却风扇电动机与右侧的冷却风扇电动机串联，所以风扇低速运转，电流通路：常电线（与电源直接连接）→熔丝 6→继电器 12→左侧的冷却风扇电动机→继电器 9 的常闭触点→右侧的冷却风扇电动机→导线系统搭铁分配器搭铁，构成回路。

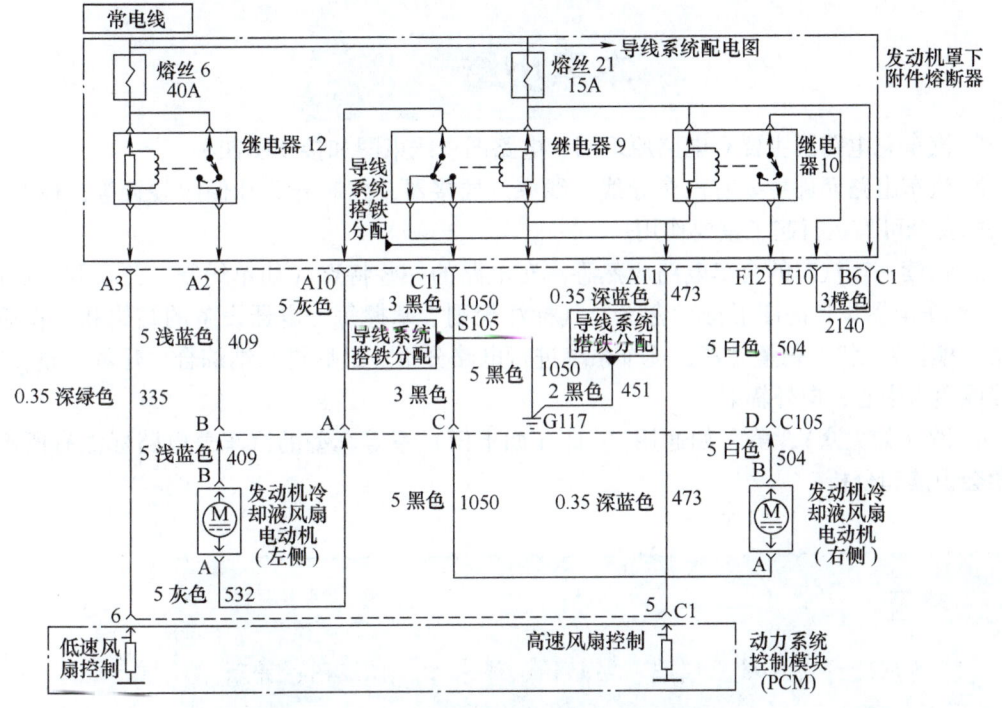

图 26-17　上海通用别克汽车冷却风扇控制电路

(2) 冷却风扇调整工作时电路分析　PCM 先经低速风扇控制电路对继电器 12 提供搭铁路径，经 3s 延时后，PCM 经高速风扇控制电路为继电器 9 和继电器 10 提供搭铁路径。左侧风扇电动机继续由熔丝 6 提供电流，但熔丝 21（15A）为右侧风扇电动机提供电流，各风扇接收不同的搭铁路径，因此，风扇高速运行。左侧风扇电动机电流通路：常电线（与电源直接连接）→熔丝 6→继电器 12→左侧的冷却风扇电动机→继电器 9 的触点→导线系统搭铁分配搭铁。右侧风扇电动机电流通路：常电线（与电源直接连接）→熔丝 21→继电器 10 的触点→右侧的冷却风扇电动机→导线系统搭铁分配器搭铁，形成回路。

同时还应理解 PCM 在什么情况下控制继电器 12 搭铁，其条件如下：
1) 发动机冷却液温度超过 106℃。
2) A/C 制冷剂压力大于 1.31MPa。
3) 请求 A/C 且环境温度高于 50℃。
4) 当点火关闭且发动机冷却液温度高于 140℃。

对于风扇高速控制，PCM 延时右侧冷却风扇电动机和继电器 10 控制达 3s，3s 延时后可确保冷却风扇电负荷不超过系统的容量。

PCM 在以下情况为继电器 12、继电器 9 和继电器 10 提供搭铁。

1) 当发动机冷却液温度超过 110℃。
2) A/C 制冷剂压力大于 1.655MPa。

找一找

找一辆汽车的总电路进行分析。

本章小结

1. 汽车总电路图主要有电路原理图、电路图、线束图和接线图四种。

2. 汽车电路元件主要有汽车导线、线束、插接器、控制开关和保险装置等，他们对总电路的安全可靠运行起了重要作用。

3. 识读一辆汽车的全车电路应熟悉汽车电路的一些特点（如单线制、并联制、负极搭铁）、汽车电器设备的图形符号含义及其标注规则、掌握每一电器设备的结构和工作原理；根据"模块原则"，化整为零，逐个系统进行电路分析。最后再归纳综合，化零为整，以中央接线盒为中心，向外辐射。

4. 欧（如大众）、美（如通用）、日（如丰田）系等车型的汽车总电路标注有所不同，应学会识读和分析。

思考题

1. 名词解释：电路原理图、电路图、线束图、接线图、并联单线、负极塔铁。
2. 汽车电路连接有哪些特点？
3. 简述 JK322A 型组合开关的结构原理。
4. 大众捷达汽车电气电路图上的一些统一符号：如"30"、"15"、"X"、"31"分别表示什么？
5. 大众汽车总电路由哪些部分构成？简述其电流回路。
6. 如何正确识读汽车电路原理图？

第五篇　新能源汽车

根据中华人民共和国工业和信息化部（简称工信部）2017年7月1日开始实施的《新能源汽车生产企业及产品准入管理规则》，新能源汽车是指采用新型动力系统，完全或主要依靠新型能源驱动的汽车，包括插电式混合动力（含增程式）汽车、纯电动汽车和燃料电池汽车等。其最大特点就是能源新或装置新，能达到节能、环保、无污染或低污染，其技术还在完善中，但发展非常迅速。

本书只介绍新型能源汽车部分。包括电动汽车（含纯电动汽车、混合动力电动汽车和燃料电池电动汽车）、燃气汽车（含天然气汽车、液化石油气汽车和氢气发动机汽车）和其他新能源汽车（含太阳能汽车、醇燃料汽车、二甲醚燃料汽车等）。

鉴于传统汽车的环境污染和能源紧缺问题，发展新能源汽车已经成为全球共识，各国相继发布实施了新能源汽车发展战略。

2010年，美国首次将新能源汽车提到国家战略层面，明确提出2015年美国要有100万辆充电式混合动力车。2012年，奥巴马宣布实行总价值47亿美元的新能源补贴政策。

德国政府先后制定、出台了一系列政策和措施，2009年9月发布了《国家电动汽车发展计划》，提出到2020年，在德国行驶的电动汽车总量达到100万辆，到2030年，德国电动汽车数量超过500万辆，到2050年，德国城市交通基本摆脱石化燃料。

2009年4月1日，日本实施"绿色税制"，对包括纯电动车、混合动力车、清洁柴油车、天然气车以及获得认定的低排放且燃油消耗量低的车辆实行50%减税，给予与同级传统车差价1/2的优惠补贴；2010年3月，启动"新一代汽车计划"，提出到2020年，纯电动汽车和混合动力电动汽车将在乘用车的销售比例中占50%，将为纯电动车型建设5000个快速充电站，200万个家用普通充电设备。

我国对发展新能源汽车高度重视，2001年国家设立了"电动汽车重大科技专项"，开始研发纯电动汽车、混合动力电动汽车和燃料电池电动汽车；2009年国务院颁布的《汽车产业调整和振兴规划》明确提出要实施新能源汽车战略，出台了《节能与新能源汽车示范推广财政补助资金管理暂行办法》；2010年8月由工信部牵头拟定的《节能与新能源汽车产业发展规划》草案出台，提出未来10年，中央财政投入将达1000亿元，使新能源汽车保有量达到500万辆；2012年发布了《节能与新能源汽车产业发展规划（2012—2020）》，明确了以纯电驱动为汽车工业转型的主要战略取向。2018年，全球新能源汽车销量201.8万辆，比2017年增加67%。中国销量125.6万辆，占比62.2%，居世界首位。

第 27 章 电动汽车

内容架构

```
第27章 电动汽车
├── 27.1 纯电动汽车
├── 27.2 混合动力电动汽车
└── 27.3 燃料电池电动汽车
```

教学目标要求、重点与难点

序号	教学目标要求	教学重点	教学难点
1	掌握纯电动汽车的基本组成与工作原理	✓	
2	掌握动力蓄电池的主要性能指标	✓	
3	理解动力蓄电池的分类、基本结构与工作原理		✓
4	掌握驱动电机的主要性能指标	✓	
5	理解驱动电机的分类、基本结构与工作原理		✓
6	掌握混合动力电动汽车的基本组成与工作原理	✓	✓
7	理解燃料电池电动汽车的基本组成与工作原理		✓
8	能够识别不同类型的电动汽车及其主要零部件	✓	
9	能够读取和分析纯电动汽车和混合动力汽车仪表板信息	✓	

27.1 纯电动汽车

纯电动汽车（Battery Electric Vehicles，BEV）是指驱动能量完全由电能提供的，由电机驱动的汽车。电机的驱动电能来源于车载可充电储能系统或其他能量储存装置。图27-1所示为我国比亚迪汽车公司生产的e6纯电动汽车外观，是国内首款量产的BEV，还是全球首先用于出租汽车的BEV。

27.1.1 BEV总体组成与基本工作原理

图27-1 比亚迪e6纯电动汽车

1. BEV总体组成

BEV主要由动力蓄电池组、驱动电机、控制系统等组成（图27-2）。蓄电池组是电动汽车的能源，驱动电机用于将蓄电池组的电能转化为机械能，带动车辆行驶。控制系统对蓄电池组进行管理，对电动机进行控制，对人及机器进行保护。BEV保留了传统汽车的加速踏板、制动踏板和各种操纵手柄等，但它不需要离合器。比亚迪e6纯电动汽车的结构认识参见《汽车构造与原理实训》教材及其光盘的项目27.1。

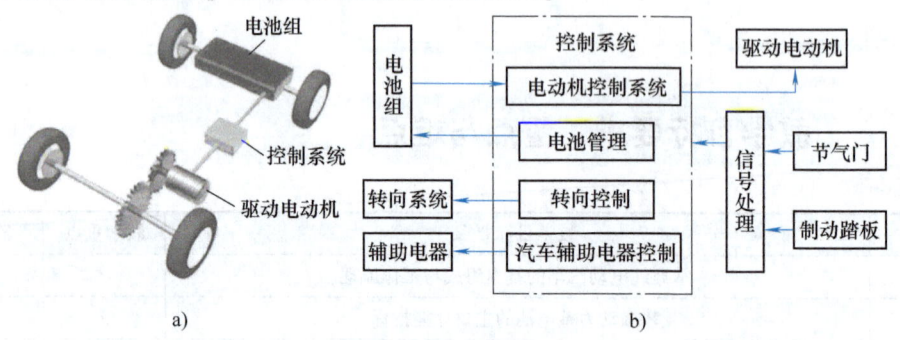

图27-2 BEV总体组成
a) 结构示意图 b) 结构框图

2. BEV基本工作原理

在电动汽车工作时，传感器将加速踏板、制动踏板机械位移的行程量转换为电信号，输入中央控制系统，经中央控制器处理后发出驱动信号，达到对电动汽车工况的控制。

当汽车行驶前进时，蓄电池组输出的直流电经电动机控制系统变为交流电后供入驱动电机，电动机输出的转矩经传动系统驱动车轮。

当汽车减速时，车轮带动驱动电机转动，通过电动机控制系统使感应电动机成为交流发电机产生电流，再将交流电变为直流电向蓄电池组充电（制动再生能量）。同时，BEV控制系统通过各种传感器、电流检测器对动力蓄电池组、驱动电机进行监控并及时反馈信息和报警，并通过电流表、电压表、电功率表、转速表和温度表等仪表进行显示。比亚迪e6纯电动汽车结构原理实验参见《汽车构造与原理实训》教材及其光盘的项目27.1。

第 27 章 电动汽车

3. BEV 行驶状态与要求

如图 27-3 所示,BEV 行驶状态主要有起动、低速、正常行驶、急加速、上坡、减速、制动、倒车和停车等。起动、低速时要求电动机供给大转矩,低速起步;平路正常行驶时要求电动机提供足够驱动力和速度,同时能耗最低;急加速和上坡时,要求电动机提供较大的驱动力,有较好的超载能力,减速和制动时,要求电动机转化为发电机,回收减速制动的能量,向蓄电池组充电;汽车停车时,电动机能自动停止。

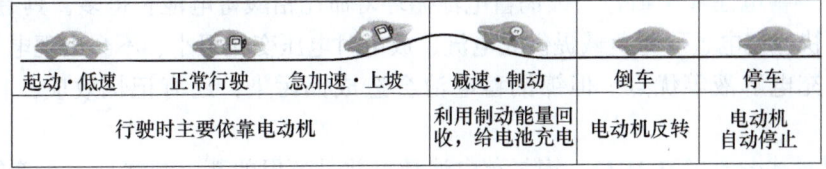

图 27-3　BEV 行驶状态与要求

27.1.2　BEV 动力蓄电池

1. BEV 动力蓄电池主要性能指标

蓄电池是 BEV 的唯一能源,对汽车运行起决定性作用。目前广泛应用的动力蓄电池有铅酸蓄电池、镍氢蓄电池、镍镉蓄电池、纳-氯蓄电池和锂离子蓄电池等,其主要性能指标见表 27-1,性能指标含义见表 27-2。

表 27-1　动力蓄电池主要性能指标

蓄电池种类	比能量 /(W·h/kg)	能量密度 /(W·h/L)	比功率 /(W/kg)	成本比较	安全可靠性	循环寿命/次
铅酸蓄电池	30~45	60~80	75~100	较低	良好	500
镍镉蓄电池	40~55	60~90	120~150	较高	良好	2000
镍氢蓄电池	50~95	100~150	140~600	较高	良好	1000
钠-氯化镍蓄电池	80~100	110~120	150~200	较高	良好	1000
锂离子蓄电池	55~150	150~200	350~400	高	一般	1000

表 27-2　动力蓄电池性能指标含义

序号	性能指标	含义解释
1	容量	在一定放电条件下[①],蓄电池所能释放出的总电量(A·h 或 mA·h)
2	安全性能	汽车在行驶中避免事故,保障人员财产安全的性能,如抗碰撞爆炸等性能
3	循环寿命	指蓄电池在保持蓄电池性能前提下,可经历的重复完全充放电的次数
4	内阻	电流流过蓄电池内部时所受到的阻碍作用
5	荷电保持能力	在开路状态下[②],蓄电池储存的电量在一定环境条件下的保持能力
6	高率放电性能	大电流放电能力
7	比能量	指每千克蓄电池的能量
8	比功率	指每千克蓄电池的功率

注:① 按照 IEC(国际电工委员会)标准和我国国标,镍镉和镍氢蓄电池在 20±5°C 条件下,以 0.1C(C 代表蓄电池的额定容量)充电 16h 后以 0.2C 放电至 1.0V 时所放出的电量为蓄电池的额定容量;锂离子蓄电池在常温、恒流(1C)、恒压(4.2V)条件下充电 3h 后再以 0.2C 放电至 2.75V 时所放出的电量为蓄电池的额定容量。

② 以镍氢蓄电池为例,IEC 标准规定蓄电池充满电后,在温度为 20±5°C、湿度为 65%±20% 条件下,开路放置 28 天,0.2C 放电时间不得小于 3h(即剩余电量大于 60%)。

> **找一找** 国家颁布了一批电动汽车安全标准，你能找到几项？

2. BEV 常见蓄电池的结构与工作原理

（1）铅酸蓄电池　EV 铅酸蓄电池结构原理与传统汽车铅酸蓄电池类似（参见汽车电源系统），不予赘述。因其能量密度和功率密度偏小，目前只在小型电动汽车使用。

（2）镍镉蓄电池（Ni-Cd）　镍镉蓄电池循环寿命比铅酸蓄电池长得多，具有经济耐用、内阻小、可快速充电、可为负载提供大电流、放电时电压变化很小、不会出现电解液泄漏现象、无须补充电解液等优点。但镍镉蓄电池会造成镉污染，还有记忆效应，目前已较少使用。

（3）镍氢蓄电池（Ni-MH）　镍氢蓄电池是目前最环保的蓄电池之一，有着较大的能量密度且"记忆效应"小，这使得镍氢蓄电池在电动汽车中得到大量使用，如丰田普锐斯电动汽车动力蓄电池就是镍氢蓄电池。

1）基本结构（图 27-4）。镍氢蓄电池正极活性物质为氢氧化镍（氧化镍电极），负极活性物质为金属氢化物，也称贮氢合金（贮氢电极），电解液为氢氧化钾，单体蓄电池的电压为 1.2V。

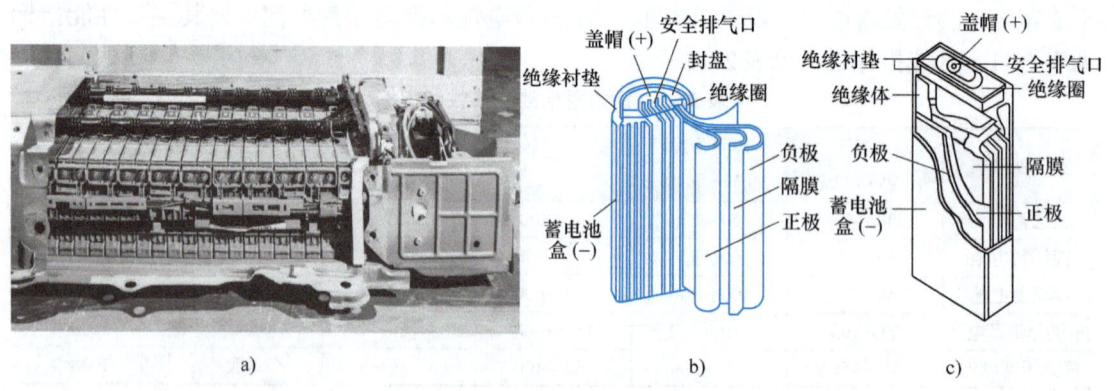

图 27-4　镍氢蓄电池的结构
a）普锐斯电动汽车镍氢蓄电池　b）圆柱形蓄电池　c）方形蓄电池

2）工作原理（图 27-5）。充电时，负极析出氢气，储存在容器中，正极由氢氧化亚镍变成氢氧化镍（NiOOH）和 H_2O；放电时氢气在负极上被消耗掉，正极由氢氧化镍变成氢氧化亚镍，化学反应方程式如下：

正极　　　$Ni(OH)_2 + OH^- - e^- \underset{\text{放电}}{\overset{\text{充电}}{\rightleftharpoons}} NiOOH + H_2O$

负极　　　$H_2O + e^- \underset{\text{放电}}{\overset{\text{充电}}{\rightleftharpoons}} 1/2 H_2 + OH^-$

总反应　　$Ni(OH)_2 \underset{\text{放电}}{\overset{\text{充电}}{\rightleftharpoons}} NiOOH + 1/2 H_2$

（4）锂离子蓄电池　锂是世界上最轻的金属，锂离子蓄电池是指以锂离子（Li^+）嵌入化合物作为正、负极的二次电池。锂离子蓄电池是 1990 年由日本索尼公司首先推向市场的，相对于传统的铅酸蓄电池与镍氢蓄电池，其性能最为优越，号称"终极电池"，受到市场的青睐。它具有工作电压高（单体标称电压高达 3.6V，是镍氢蓄电池的 3 倍）、比能量大（高达 150W·h/kg，是镍氢蓄电池的 2 倍，铅酸蓄电池的 4 倍）、重量轻（是相同能量的铅酸蓄电池的 1/3～1/4）、循环寿命长（循环次数可达 1000 次以上，寿命为铅酸蓄电池的 2～3 倍，使用年限可达 5～8 年）、自放电率低（每月不到 5%，是镍氢蓄电池的 1/6）、允许工作温度宽（-20～55℃）、无记忆性、不存在有毒物质、对环境无污染等优点，能够制造成任意形状，尤其是蓄电池主要材料锂（Li）、锰（Mn）、铁（Fe）、钒（V）等，在我国都是富产资源，特别适合我国发展。锂离子蓄电池目前主要问题是成本较高，安全性能有待进一步完善。

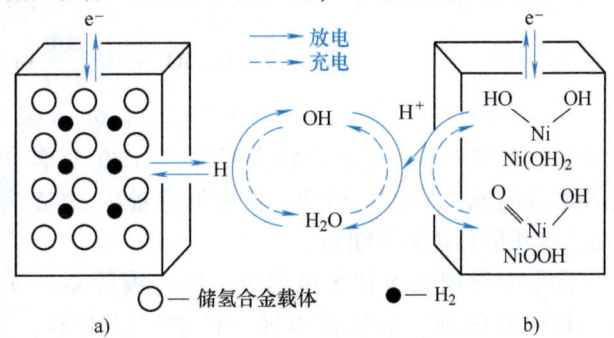

图 27-5　镍氢蓄电池工作原理
a）负极　b）正极

1) **基本结构**（图 27-6）。锂离子蓄电池负极一般是可大量储锂的碳素材料，如天然石墨、合成石墨、碳纤维、中间相小球碳素等和金属氧化物等。

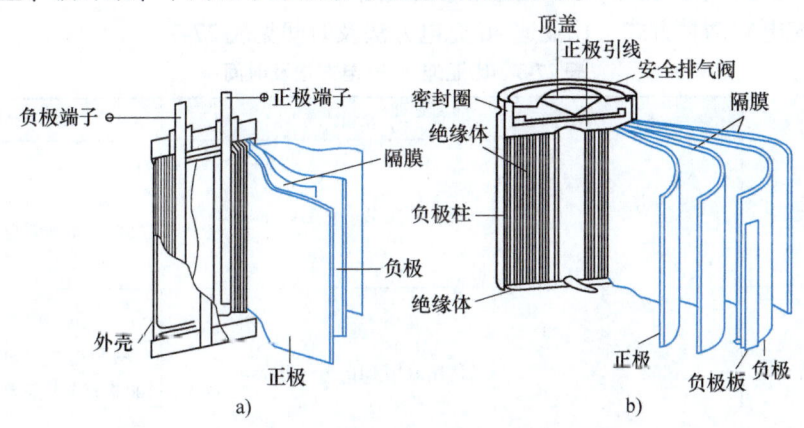

图 27-6　锂离子蓄电池结构
a）方形锂离子蓄电池　b）圆柱形锂离子蓄电池

正极一般选择相对锂而言电位大于 3V 且在空气中稳定的嵌锂过渡金属氧化物，如 $LiCoO_2$、$LiNiO_2$、$LiMn_2O_4$ 等。

电解质是锂盐的有机溶液，如用 $LiPF_6$ 的乙烯碳酸酯（EC）、丙烯碳酸酯（PC）和低黏度二乙基碳酸酯（DEC）等烷基碳酸酯搭配的混合溶剂体系。

隔膜采用聚烯微多孔膜如 PE、PP 或它们的复合膜，尤其是 PP/PE/PP 三层隔膜不仅熔点较低，而且具有较高的抗穿刺强度，起到了热保险作用。

外壳采用钢或铝材料，盖体组件具有防爆断电的功能。

2) **工作原理**（图 27-7）。当蓄电池充电时，锂离子从正极中脱嵌，经过电解质嵌入负极，负极处于富锂状态；放电时则相反。Li^+ 在两个电极之间往返嵌入和脱嵌，被形象地称为"摇椅电池"。

正极　　$LiCoO_2 \underset{充电}{\overset{放电}{\rightleftharpoons}} Li_{1-x}CoO_2 + xLi^+ + xe^-$

负极　　$6C + xLi^+ + xe^- \underset{充电}{\overset{放电}{\rightleftharpoons}} Li_xC_6$

总反应　　$LiCoO_2 + 6C \underset{充电}{\overset{放电}{\rightleftharpoons}} Li_{1-x}CoO_2 + Li_xC_6$

3) 比亚迪 e6 电动汽车蓄电池组。比亚迪 e6 采用磷酸锂钴铁蓄电池，简称铁电池，也是锂蓄电池的一种，它放在汽车底部，由 90 个单体蓄电池组成，总电压 307V，蓄电池容量达 220A·h，续驶里程达到 300km。

除上面介绍的 4 种蓄电池外，还有镍锌蓄电池、钠硫蓄电池、钠氯蓄电池、锌空气蓄电池、铝空气蓄电池等，在电动汽车中应用相对较少。

27.1.3　BEV 充电装置

BEV 动力蓄电池需要经常充电，目前常用的有普通充电（220V 家庭充电）和快速充电（充电站或充电桩充电）两种方式，比亚迪 e6 充电方法及时间见表 27-3。

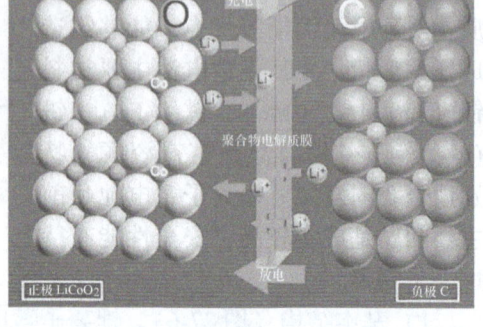

图 27-7　锂离子蓄电池工作原理

表 27-3　比亚迪 e6 充电方法及时间

充电方法	电　源	充电说明	充电时间
充电站直流充电		在公共充电站充电	剩余电量（SOC）从 10% ~ 100% 充电所需要时间约为 2h
C10 充电柜直流充电		使用家用 C10 充电柜充电	剩余电量（SOC）从 10% ~ 100% 充电所需要时间为 6 ~ 7h
充电桩交流充电		在公共交流充电桩充电	剩余电量（SOC）从 10% ~ 100% 充电所需要时间约为 20h
家用交流充电		在家用 220V/50Hz/10A 标准两级带接地插座上充电	剩余电量（SOC）从 10% ~ 100% 充电所需要时间约为 38h

BEV 动力蓄电池充电实训参见《汽车构造与原理实训》教材及其光盘的项目 27.1。

想一想

还有没有其他充电方式？比较它们的优缺点。

27.1.4 BEV 驱动电机

1. BEV 驱动电机的作用与类型

驱动电机是 BEV 唯一的驱动装置,相当于传统汽车的内燃机。

BEV 所采用的驱动电机种类繁多,如图 27-8 所示,目前主要有直流电动机、感应式交流电动机、永磁电动机、开关磁阻电动机等,它们的主要性能见表 27-4。

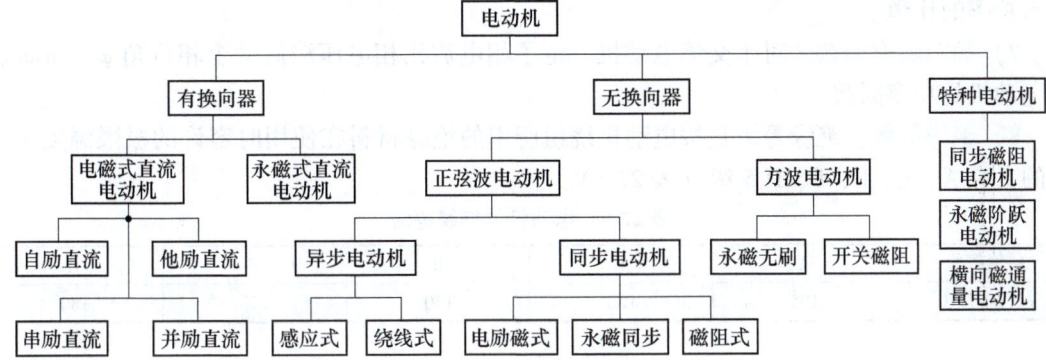

图 27-8 驱动电机种类

表 27-4 电动机的基本性能比较

项 目	直流电动机	感应式电动机	永磁式电动机	开关磁阻式电动机
功率密度	低	中	高	较高
过载能力(%)	200	300~500	300	300~500
峰值效率(%)	85~89	94~95	95~97	90
负荷效率(%)	80~87	90~92	85~97	78~86
功率因数(%)	—	82~85	90~93	60~65
恒功率区	—	1:5	1:2.25	1:3
转速范围/(r/min)	4000~6000	12000~20000	4000~100000	>15000
可靠性	一般	好	优良	好
结构的坚固性	差	好	一般	优良
电动机外形尺寸	大	中	小	小
电动机质量	大	中	小	小
控制操作性能	最好	好	好	好
控制器成本	低	高	高	一般

BEV 电动机的主要性能参数有电动机类型、额定功率、额定电压、额定电流、额定频率、额定转速、额定效率、额定功率因数、绝缘等级、功率密度、过载能力、可靠性和成本等。

1) 额定功率。额定功率是指电动机在制造厂所规定的额定情况下运行时,其转轴上输出的机械功率。

2) 额定电压。额定电压是指电动机额定运行时,外加于定子绕组上的线电压。

3) 额定电流。额定电流是指电动机在额定电压和额定输出功率时,定子绕组上的线电流。

4）额定频率。我国电力网的频率为50Hz，因此除外销产品外，国内用的电动机的额定频率为50Hz。

5）额定转速。额定转速是指电动机在额定电压、额定频率下，输出端有额定功率输出时转子的转速。

6）额定效率。额定效率是指电动机在额定情况下运行的效率，是额定输出功率与额定输入功率的比值。

7）额定功率因数。对于交流电动机，定子相电流比相电压滞后一个相位角φ，$\cos\varphi$就是电动机的功率因数。

8）绝缘等级。绝缘等级是按电动机绕组所用的绝缘材料在使用时容许的极限温度来分级的，有A、E、B、F、H 5级（表27-5）。

表27-5 电动机的绝缘等级

绝缘等级	A	E	B	F	H
极限温度℃	105	120	130	155	180

9）功率密度。单位质量电动机输出的功率。

10）过载能力。电动机的实际使用载荷（功率、转矩、电流等）超过电动机的额定值的能力称为电动机过载能力。

11）其他指标。除了上面所述的这些以外，电动机还要求可靠性好、耐温和耐潮性能强、运行时噪声低、振动小、能够在较恶劣的环境下长时期工作、结构简单、适合大批量生产、使用维修方便、价格便宜等。

2. BEV驱动电机的结构原理与控制

（1）直流电动机的结构原理与控制　电动汽车目前普遍采用永磁无刷直流电动机，主要由电动机本体、位置传感器和电子开关三部分组成，如图27-9所示。

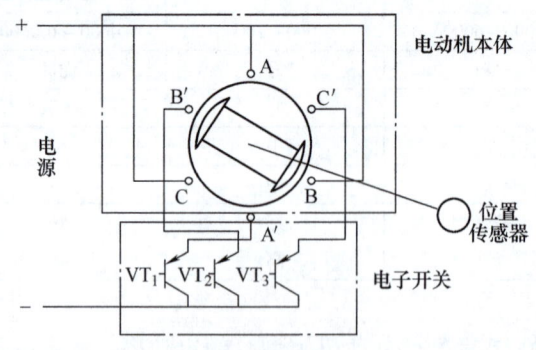

图27-9　永磁无刷直流电动机组成

工作时，当定子绕组的某一相通电时，该电流与转子永久磁铁的磁极所产生的磁场相互作用而产生转矩，驱动转子旋转，再由位置传感器将转子永久磁铁位置变换成电信号，去控制电子开关，从而使定子各项绕组按一定次序导通，定子相电流随转子位置的变化而按一定的次序换相。

第 27 章 电 动 汽 车

直流电动机的转速控制采用直流斩波控制方式。图 27-10 所示为用于直流电动机速度控制的一象限直流斩波控制电路。其工作原理是电流经蓄电池正极输出，经绝缘栅双极晶体管（Insulated Gate Bipolar Transistor，IGBT）的集电极 C 和发射极 E，再经电刷进入电动机 M 的转子，电动机的定子可以是绕组也可以是永磁体。驾驶人踏下加速踏板时，实际上就是电路在控制 IGBT 管的栅极 G 的 PWM 波占空比加大；汽车收加速踏板减速时，若定子为永磁体，则电动机转为发电机发电，但发出的电流无法经 IGBT 充入蓄电池。VD 是在 IGBT 关闭时给转子提供的放电回路。要想在第二象限工作，则可在 IGBT 的 GE 间反加一个大功率二极管，这时电动机再生制动的能量就可以返回蓄电池了。

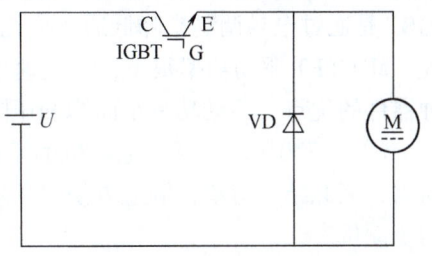

图 27-10　一象限直流斩波控制电路

IGBT 是 MOSFET（金属氧化物半导体场效应晶体管）与 GTR（电力晶体管）的复合器件。它既有 MOSFET 易驱动的特点，又具有 GTR 电压、电流容量大等优点。其频率特性介于 MOSFET 与 GTR 之间，可正常工作于几十 kHz 频率范围内，故在较高频率的大、中功率应用中占据了主导地位。

如图 27-11 所示，GTR 是由 N^+、P、N^-、N^+ 四层半导体组成，无 SiO_2 绝缘层；MOSFET 是由 N^+、P、N^-、N^+ 四层半导体组成，有 SiO_2 绝缘层；IGBT 是由 N^+、P、N^-、N^+、P^+ 五层半导体组成，有 SiO_2 绝缘层；图中深色箭头代表正电子，白色箭头代表负电子，仅有负电子流动的为单极型管，有正负电子流动的为双极型管。

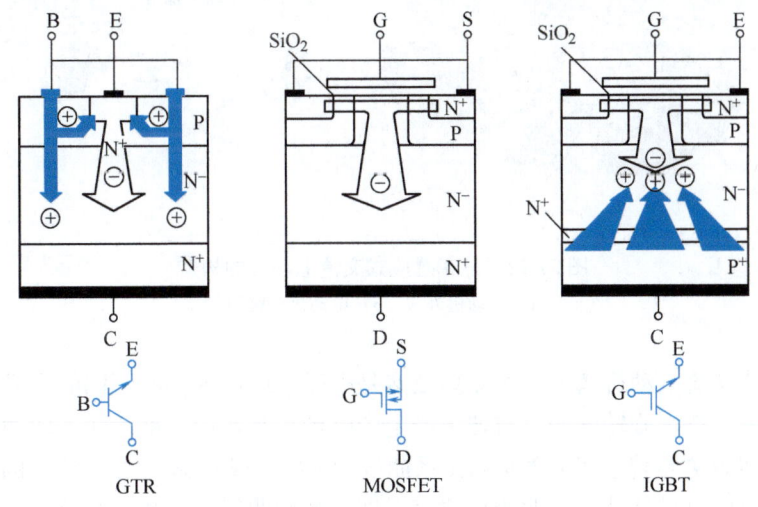

图 27-11　IGBT 等电子元件结构比较

GTR 有集电极 C、基极 B、发射极 E 三个电极，当 B、E 间通过一个小电流时，在 C、E 间有大电流流过，是电流放大电流的器件。MOSFET 有漏极 D、栅极 G、源极 S 三个极，当 G、S 间施加一个电压时，在 D、S 间有大电流流过，是电压放大电流的器件。IGBT 有集电极 C、栅极 G、发射极 E 三个极，当 G、E 间施加一个电压时，在 C、E 间有大电流流过，是电压放大电流的器件。

IGBT 是通过栅极驱动电压来控制的开关晶体管，工作原理同 MOSFET 相似，区别在于 IGBT 是通过电导调制来降低通态损耗。GTR 饱和电压降低，载流密度大，但驱动电流也较大。MOSFET 驱动功率很小，开关速度快，但导通电压降大，载流密度小。IGBT 综合了两种器件的优点，驱动功率小而饱和压降低。

(2) 三相感应式交流电动机的结构原理　交流电动机与直流电动机相比，由于没有换向器，因此结构简单，制造方便，比较牢固，容易制造成高转速、高电压、大电流、大容量的电动机。

感应电动机有两种类型，绕线转子电动机和笼型电动机。由于绕线转子感应电动机成本高、需要维护、缺乏坚固性，因而没有笼型电动机应用广泛，特别是在电动汽车的电力驱动中。笼型感应电动机驱动除了具有无换向器电动机驱动的共同优点外，还具有结构简单、坚固耐用、运行可靠、价格低廉、维护方便等优点，被众多 EV 所采用。

三相感应式交流电动机在结构原理上与工业中用的感应电动机基本相同，主要由定子（固定部分）、转子（旋转部分）和一些附属部分组成，如图 27-12 所示。然而，这种电动机需要专门设计，转子铁心和定子铁心由薄硅钢片叠加而成，以减少铁损。笼型转子绕组用铜条，以减少损耗。定子铁心采用 C 级绝缘，可直接用低黏度的油来冷却。其采用铸铝机座，以减小电动机总质量。采用高电压和低电流的电动机设计，以减少功率逆变器的成本和体积。

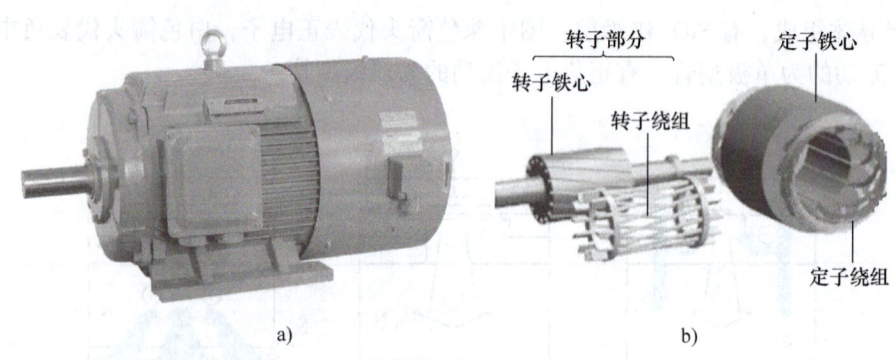

图 27-12　三相感应式交流电动机的构造
a) 电动机外观　b) 电动机分解图

三相感应式交流电动机基本工作原理依然是电磁感应原理，所不同的是采用三相定子绕组，引入三相电，产生旋转磁场，与转子产生的磁场相互作用，推动转子转动。

电动机的转矩 T 与转差率 s 之间的关系曲线 $T=f(s)$ 或转速 n 与转矩 T 的关系曲线 $n=f(T)$ 称为电动机的机械特性，以曲线形式表示即为特性曲线，图 27-13 所示为三相感应电动机的机械特性曲线。

图 27-13 中的 T_N 称为额定转矩，它是感应电动机带额定负载时，转轴上的输出转矩；T_{max} 称为最大转矩，又称为临界转矩，是电动机可能产生的最大电磁转矩，它反映了电动机的过载能力；最大转矩 T_{max} 与额定转矩 T_N 之比称为电动机的过载系数 λ，即

$$\lambda = T_{max}/T_N$$

第27章 电动汽车

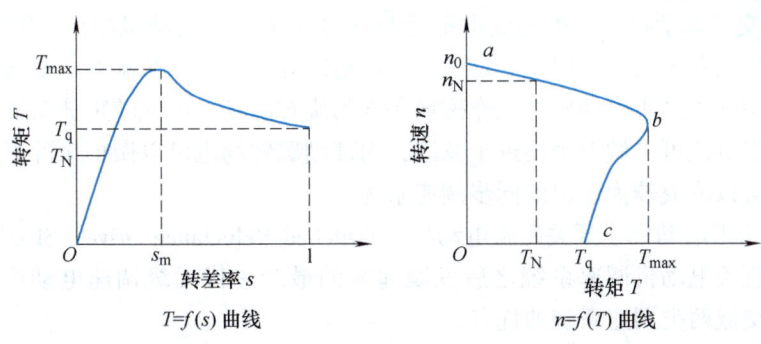

图 27-13 三相感应电动机的机械特性曲线

一般三相感应电动机的过载系数在 1.8～2.2，过载系数越大，电动机克服超载能力越强。

图 27-13 中的 T_q 称为起动转矩，为电动机起动初始瞬间的转矩，一般的三相感应电动机起动转矩是额定转矩的 1～2.2 倍。电动机在工作时，它所产生的电磁转矩的大小能够在一定的范围内自动调整以适应负载的变化，这种特性称为自适应负载能力。

想一想 比较 BEV 电动机与传统内燃机的起动性能有何不同？

在纯电动汽车上，采用动力蓄电池组和发电机作为电源，三相感应电动机不能直接使用直流电源，另外，三相感应电动机具有非线性输出特性。因此，在采用三相感应电动机时，需要应用逆变器中的功率半导体交换器件，将直流电变换为频率和幅值都可以调节的交流电，来实现对感应电动机的控制。

感应电动机驱动分为单电动机型和多电动机型。单电动机驱动的结构，由三相笼型感应电动机、三相电压型 PWM 逆变器、电子控制器、减速器和差速器组成。多电动机系统由多个电动机、多个逆变器、集中或分布式控制器和可变速比的变速器组成。

三相感应电动机是专门设计、并与驱动桥集成为一体的；三相 PWM 逆变器具有再生制动的功能，并有轻微的谐波失真；电子控制器能完成电动机的各种驱动控制；采用固定速比的减速器能提供爬坡时的低速大转矩。

电压型三相 PWM 逆变器电路原理如图 27-14 所示，逆变电路中的开关器件由 6 只全控型器件 IGBT 组成逆变桥，另外还有 3 个开关元件，控制比较复杂。

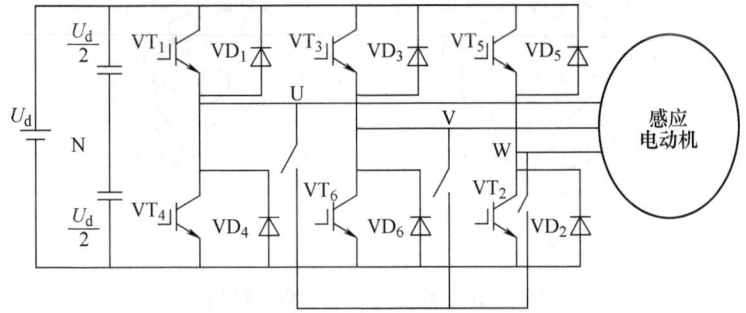

图 27-14 电压型三相 PWM 逆变器电路原理

(3) 永磁交流电动机　永磁交流电动机与永磁无刷直流电动机相比，都是由定子、永磁转子、位置传感器等组成，但是其定子绕组的绕制方式不同，控制方式不同，因此产生的特性不同。永磁交流同步电动机的工作磁场是均匀旋转磁场，因此转矩脉动量很小，运行噪声也很小，由于电流可以做得很接近正弦波，内部励磁磁场也可以做得接近正弦波，加之绕组设计配合，可以形成较为理想的同步调速系统。

(4) 开关磁阻电动机　开关磁阻电动机（Switched Reluctance Drive，SRD）是继变频调速系统、无刷直流电动机调速系统之后发展起来的最新一代无级调速电动机（图27-15），他兼具直流、交流两类调速系统的优点。

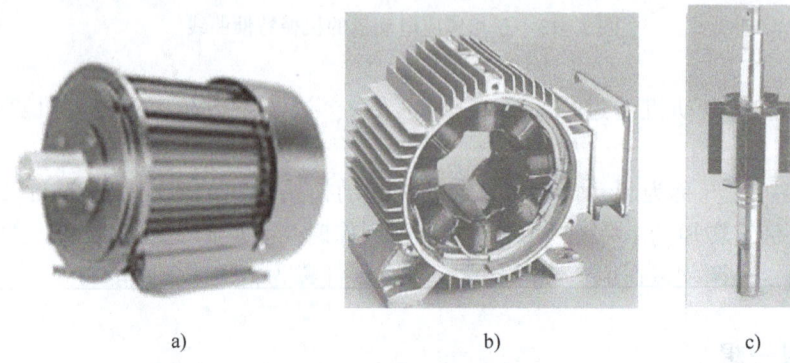

图 27-15　开关磁阻电动机
a) 电动机外观　b) 定子　c) 转子

开关磁阻电动机明显的特点是：所有电动机中，开关磁阻电动机结构最简单，在转子上没有集电环、绕组和永磁体等，只是在定子上有简单的集中绕组，因而可靠性高，维修方便；该电动机的另一特点是调速范围宽、控制灵活、易于实现各种特殊要求的转矩-速度特性，且在很广的范围内保持高效率，因而更适合新能源汽车的动力性要求。该电动机的缺点是控制复杂且可控性差，功率密度也不够理想，噪声大。

开关磁阻电动机的定子和转子采用凸极结构，定子和转子都是由硅钢片叠片组成，开关磁阻电动机的定子和转子极数不同，有多种组合方式，最常见的为三相6/4结构（图27-16a）和四相8/6结构（图27-16b）。三相开关磁阻电动机的定子上有6个凸极，转子上有4个凸极；四相开关磁阻电动机的定子上有8个凸极，转子上有6个凸极。在定子相对称的两凸极上集中绕组互相串联，构成一相，但在转子上没有任何绕组。

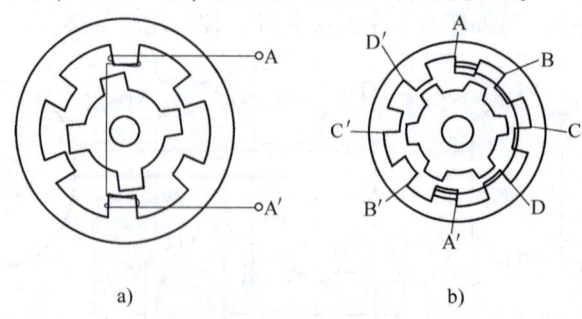

图 27-16　开关磁阻电动机的结构
a) 三相6/4结构　b) 四相8/6结构

三相开关磁阻电动机的工作原理如图 27-17 所示。当 A 相线圈接通电源产生磁通时,依据"磁阻最小原理",磁力线从最近的转子齿极通过转子铁心(图 27-17a),磁力线可看成极有弹力的线,在磁力的牵引下转子开始逆时针转动,经过 10°、20°(图 27-17b、c),磁力一直牵引转子转到 30°(图 28-17d)为止,到了 30°转子不再转动,此时磁路最短。

为了使转子继续转动,在转子转到 30°前已切断 A 相电源,在 30°时接通 B 相电源,磁通从最近的转子齿极通过转子铁心(图 27-17d),于是转子继续转动。经过 40°、50°,转到 60°为止。

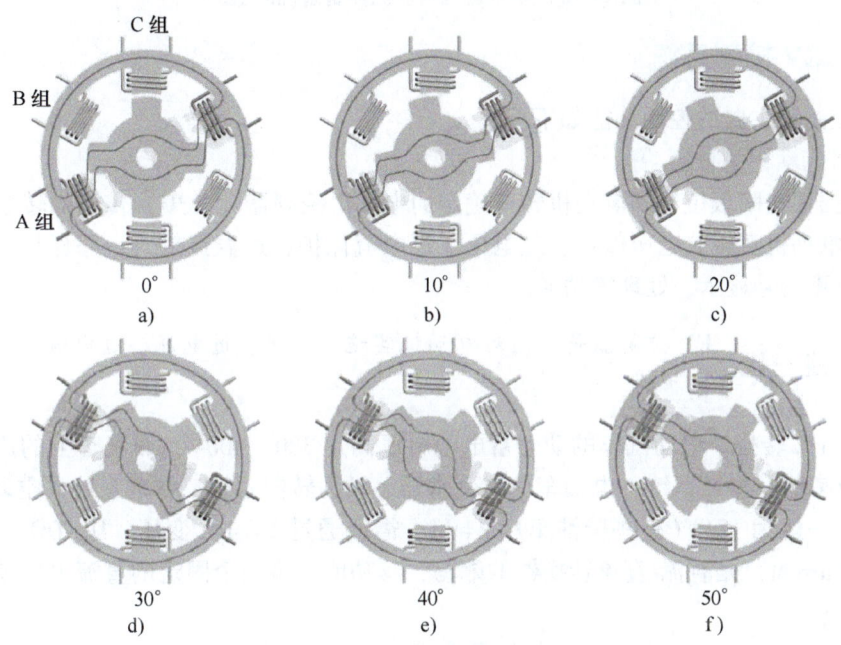

图 27-17 三相开关磁阻电动机的工作原理
a) 0°角 b) 10°角 c) 20°角 d) 30°角 e) 40°角 f) 50°角

在转子转到 60°前切断 B 相电源,在 60°时接通 C 相电源,磁通从最近的转子齿极通过转子铁心,转子又继续转动,一直牵引转子转到 90°为止。

之后又重复前面的过程,接通 A 相电源,转子继续转动,这样不停地重复下去,转子就会不停地旋转,这就是磁阻电动机的工作原理。由于是运用了磁阻最小原理,故称为磁阻电动机;又由于电动机磁场并非由正弦波交流电产生,其线圈电流通断、磁通状态直接受开关控制,故称为开关磁阻电动机。

开关磁阻电动机(SRD)控制系统主要由四部分组成:开关磁阻电动机、功率变换器、控制器及传感器,如图 27-18 所示。

开关磁阻电动机是 SRD 控制系统中实现能量转换的部件,也是 SRD 控制系统有别于其他电动机驱动系统的主要标志。功率变换器向 SRD 提供运转所需的能量,由蓄电池和交流电整流后得到的直流电供电。控制器是系统的中枢,它综合处理速度指令、速度反馈信号及电流传感器、位置传感器的反馈信息,控制功率变换器中主开关器件的工作状态,实现对 SRD 运行状态的控制。位置传感器是 SRD 中不可缺少的一部分,由它向控制器提供转子的位置信息,保证在合适的时刻接通或者断开。

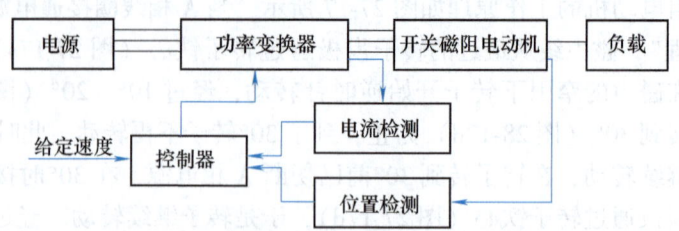

图 27-18　开关磁阻电动机控制系统的组成

27.1.5　BEV 控制系统

BEV 控制器主要的控制功能如下：

(1) 对电动机的控制功能

1) 根据加速踏板位置和电动机转速确定向电动机控制器（MCU）传送的转矩数据。

2) 对电动机实施欠电压保护、过电压、过电流保护、过温保护、短路保护，还具有通信功能、故障信号显示、处理等功能。

> **找一找**　EV 控制器是如何对电动机实施欠电压、过电压、过电流、过温和短路保护的？

3) DC-DC 转换。电动汽车的动力蓄电池电压高达 300~400V，而汽车上的用电设备如收音机、电喇叭、车灯系统、电动车窗、刮水器、动力转向系统、制动系统、空调和铅酸辅助蓄电池等一般为 12V（有些柴油车用 24V），需要通过 DC-DC 变压。DC-DC（Dired Current-Dired Current）是直流-直流转换器的缩写，其功能是将一个固定的直流电压变换为另一个直流电压。

DC-DC 转换器一般由控制芯片、电感线圈、二极管、晶体管、电容器构成。其基本电路原理如图 27-19 所示，电路将原直流电通过调整其 PWM 的占空比来控制输出的有效电压的大小，工作过程如下：当开关管 S 导通时，电流经负载、电感线圈 L 流过 S 并线性增加，电能以磁能形式存储在电感线圈 L 中，同时给负载供电，电容 C_{in}、负载、L、S 构成回路，此时由于二极管 VD 的阳极接负，VD 处于截止状态；当 S 由导通转为截止时，存储在电感中的能量释放出来，通过 VD 续流维持向负载供电，L、VD 和负载构成回路。若周期性地控制开关管 S 的导通与关闭，即可实现能量由 U_{in} 向 U_0 的降压传递，电路的输出电压 $U_0 = \delta U_{in}$，δ 为开关管 S 的导通占空比。为达到上述降压传递，开关管 S 与二极管 VD 必须轮流导通与关断，二者之间频繁地进行换流。

(2) 电源管理功能　蓄电池管理系统结构如图 27-20 所示，它包括多个处理模块：数据采集模块、SOC 估算模块、电气控制模块、安全管理模块、热管理模块、数据通信和显示模块等。

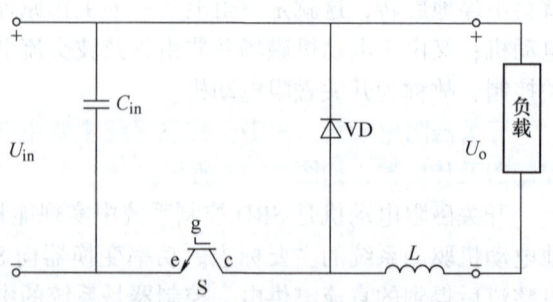

图 27-19　DC/DC 转换器基本电路原理
U_{in}—输出入电压　U_0—输出电压　C_{in}—输入电容
S—功率开关管　VD—功率二极管　L—储能电感

蓄电池管理系统动态监测动力蓄电池组的工作状态，实时采集每块蓄电池的端电压、温度、充放电电流及蓄电池组总电压，估算出各蓄电池的荷电状态（SOC）、安全状态（SOH）和电化学状态（State of Electroformation，SOE），然后通过控制其他器件，防止蓄电池产生过充电或过放电现象，同时能够及时给出蓄电池状况，找出故障蓄电池所在箱号内位号，挑选出有问题的蓄电池，保持整组蓄电池运行的可靠性和高效性。

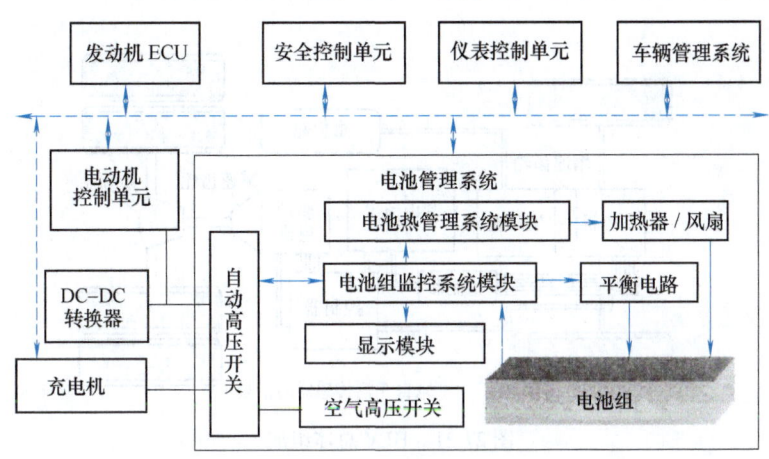

图 27-20　蓄电池管理系统结构

电源管理系统还需要设定面向用户端的显示，将估算的剩余电量换算成可行驶里程，同时还需要有自动报警和故障诊断功能，方便驾驶人员操作和处理。

(3) 自诊断功能　自诊断功能需要对接入自身的传感器、执行器、整车控制器进行监测，发现故障生成故障码或点亮故障灯，并执行特殊程序保障汽车工作或安全停机。

除此之外，BEV 控制功能还有数据信息共享、电器管理、防盗等其他功能。

27.2　混合动力电动汽车

1. 什么是混合动力电动汽车

混合动力电动汽车（Hybrid Electric Vehicle，HEV）是指能够至少从消耗的燃料和可再充电电能储存装置两类车载存储的能量中获得动力的汽车。

2. HEV 的特点

1) 排气污染少。在繁华市区，HEV 可关停内燃机，由蓄电池单独驱动，实现零排放。

2) 节能。因为有了蓄电池，HEV 可以十分方便地回收减速、制动、下坡时的能量。采用混合动力后，HEV 可按平均需用的功率来确定内燃机的最大功率，此时处于油耗低、污染少的最优工况下工作。

3) 续行里程长。由于内燃机可持续工作，所以行程可以和普通汽车一样。

4) 可以利用现有的加油站加油，不必再投资。

5) 长距离高速行驶基本不能省油。

3. HEV 动力系统的基本结构与工作原理

(1) HEV 总体组成　HEV 是在 BEV 的基础上增加了一套动力系统（本节主要指内燃机），总体组成如图 27-21 所示，主要由蓄电池组、发动机、发电机、驱动电机、控制器等组成。蓄电池组和发动机是 HEV 的动力源，驱动电机用于将蓄电池组的电能转化为机械能，驱动车辆行驶。发电机将发动机的机械能转换为电能向蓄电池组充电，也可以直接给电动机提供电能。控制系统对蓄电池组、发动机及电动机进行管理和控制。

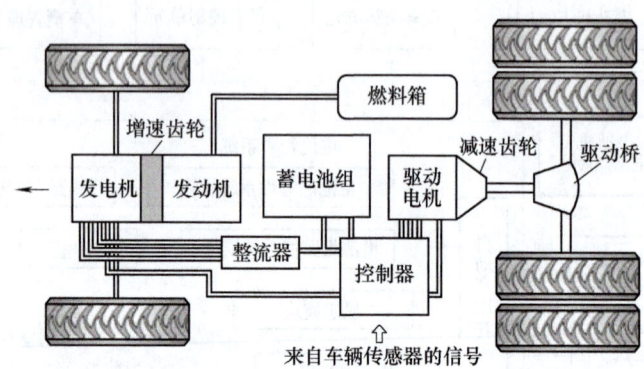

图 27-21　HEV 总体组成

(2) HEV 基本工作原理（图 27-22）　在车辆行驶之初，蓄电池组处于电量饱满状态，其能量输出可以满足车辆要求，发动机不需要工作，蓄电池组输出的直流电经控制器供入驱动电机，驱动电机输出的转矩经减速齿轮、传动轴及驱动桥驱动车轮。

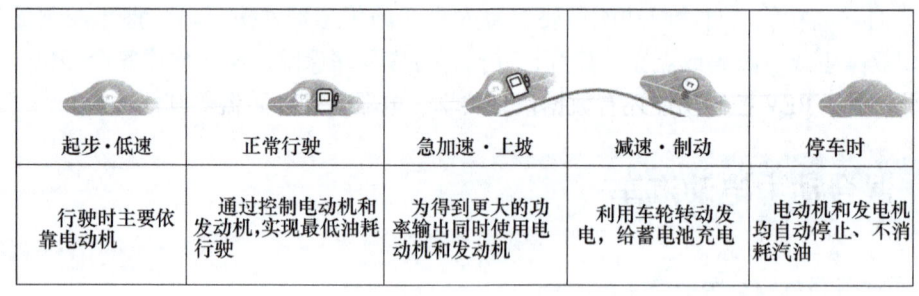

图 27-22　HEV 总体组成

当蓄电池组电量低于一定值时，发动机在控制器控制下自动起动，为驱动桥提供能量，同时还给蓄电池组进行充电。

当车辆能量需求较大时（如上坡或加速），发动机与蓄电池组同时为汽车提供能量，驱动车辆行驶。

当车辆减速或制动时，发动机与蓄电池组都停止对外供给能量，在控制器的控制下，电动机转换为发电机，回收减速和制动能量，向蓄电池组充电。

4. HEV 分类

(1) 按照电动机相对发动机的功率比大小分　可以分为弱混、中混和强混 3 种，其特征见表27-6。

表27-6 不同混合程度电动汽车的主要特征

类型	主要特征	节油率	典型实例
弱混	具有Start-Stop功能和能量回收功能	5%~10%	丰田Vitz、长安CX30等混合动力汽车
中混	具有Start-Stop功能、能量回收功能、智能充电和电动机助力	10%~25%	本田Civic、上海荣威750、上海通用君越混合动力汽车等
强混	具有Start-Stop功能、能量回收功能、智能充电和短距离纯电动行驶功能	25%~40%	丰田Prius、比亚迪F3DM、大众捷达、本田Insight混合动力汽车等

（2）按照能否外部充电分 可分为插电式和普通式。插电式混合动力汽车（Plug-in Hybrid Electric Vehicle，PHEV）的蓄电池可以使用外部电源充电，电池容量比纯电动汽车的小，但大于普通油电混合动力汽车，发动机只是作为后备动力来源，在蓄电池电量耗尽时才启用。因此插电式混合动力汽车主要适合城市道路，作为一辆上下班用的通勤车，可以达到节能减排的目的，它是强混合动力汽车的一种。普通混合动力汽车的蓄电池容量很小，仅在起/停、加/减速的时候供应/回收能量，不能用纯电模式较长距离地行驶，其大部分时间是起动发动机，是一种轻度混合动力汽车。

（3）按照发动机与电动机的连接分 可分为增程式和普通式。增程式混合动力汽车的发动机直接与电动机连接，直接驱动，使发动机一直处于最佳工作状态，排放小、效率高，而且结构简单，无离合器和变速器。普通式混合动力汽车采用了机械动力混合结构，增加了离合器、变速器等部件，结构较复杂，而且发动机工作范围变宽，不可能运行在最佳工作状态，导致排放和油耗高。

（4）按发动机和电动机的耦合方式分 可分为串联式混合动力汽车（SHEV）、并联式混合动力汽车（PHEV）、混联式（串、并联式）混合动力汽车（PSHEV）三种形式。

串联式混合动力系统将发动机与动力蓄电池串联，共同驱动电动机运行，其结构简单，如图27-23所示。由于发动机与驱动车轮之间没有直接的机械连接，发动机可以不受汽车行驶工况的影响，始终在最佳工作区稳定运行。汽车正常行驶时，发动机带动发电机发电，电能被充入蓄电池，同时，在控制器的调节下，蓄电池供给电动机电能，使电动机运转，电动机通过变速器和减速器驱动车轮前进；汽车低负荷运转时，发动机发出的功率超过驱动车辆的需要，多余的电能向蓄电池充电；汽车高负荷运转时，电能来自发动机的发电机和蓄电池

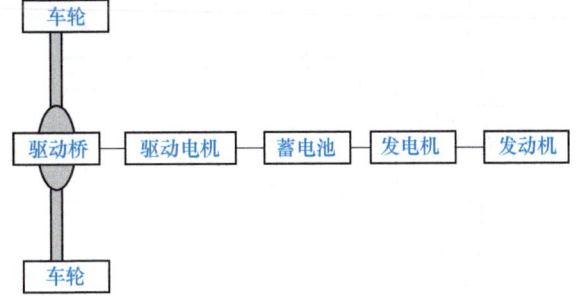

图27-23 串联式混合动力汽车结构示意图

两部分。发动机的最高输出功率受到电动机功率的限制。串联式混合动力电动汽车特别适用于在市区低速运行的工况，汽车在起步和低速时还可以关闭发动机，只利用蓄电池提供驱动功率，达到零排放要求。

并联式混合动力系统中的发动机和电动机两套驱动系统以并联形式共同驱动车辆，如图27-24所示。车辆可以由发动机单独驱动、电动机单独驱动或者一起协调工作共同驱动。当发动机提供的功率大于驱动汽车所需要的功率或者制动能量回收时，电动机工作在发电状态，将多余的能量充入蓄电池；当发动机发出的功率小于驱动汽车所需要的功率时，电动机利用蓄电池提供的能量与发动机共同驱动，达到汽车所需要的功率；汽车在起步和低速时，可以只利用蓄电池提供驱动功率，电动机起"调峰"作用。因此并联式混合动力系统可以在比较复杂的工况下使用，应用范围比较广。由于发动机与驱动车轮之间直接机械连接，因此提高了能量转化的效率。并联系统的结构紧凑，比较适用于乘用车，如本田 Civic 等电动汽车就是采用并联方式。但并联混合动力系统的传动系统较为复杂，工作模式较多，控制系统复杂。

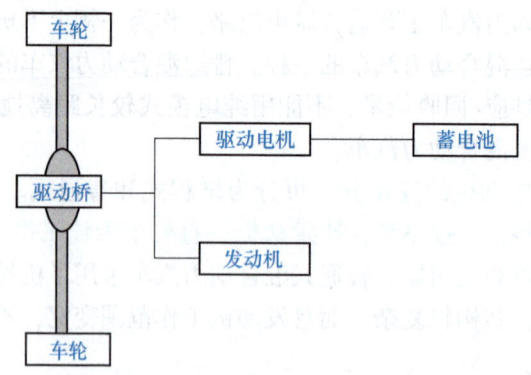

图 27-24　并联式混合动力汽车结构示意图

混联式（串、并联式）混合动力汽车（图 27-25）则综合了串联式和并联式混合动力汽车的结构特点，与串联式相比增加了机械动力的传递路线，与并联式相比增加了电动机驱动路线，具有串联式与并联式的优点，但其结构复杂、成本高、控制也更加困难、发动机-电动机组与蓄电池组之间的匹配要求比较严格，要求能根据汽车行驶需要和蓄电池情况，智能起动或关闭发动机-电动机组。丰田 Prius 和比亚迪 F3DM 等汽车采用了这种组合形式。

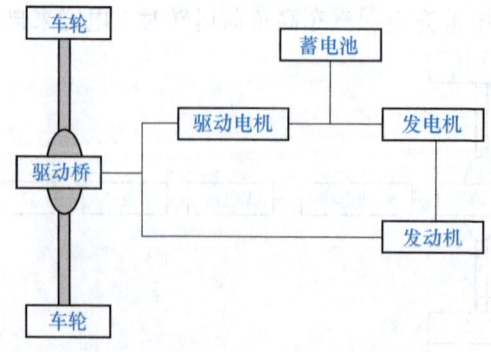

图 27-25　混联式混合动力汽车结构示意图

5. 混合动力电动汽车实例

以比亚迪秦为例,其动力系统主要由蓄电池组、驱动电机、发动机、发电机和控制系统等组成(图27-26)。其主要动力参数见表27-7。

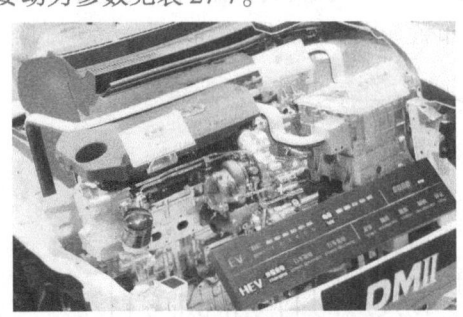

图27-26 比亚迪秦

表27-7 比亚迪秦主要动力参数

项	目	参 数
最高车速/(km/h)		185
0~100km/h加速时间/s		5.9
发动机	型号	BYD476ZQA
	形式	涡轮增压/缸内直喷/分层燃烧/自动延时冷却/可变气门正时/全铝合金发动机
	排量/L	1.5
	额定功率/kW (5200r/min)	113
	额定转矩/N·m (1750~3500r/min)	240
	排放标准	国V
动力蓄电池组	类型	三元锂蓄电池
	额定容量/kWh	23
	工作电压/V	501.6
	蓄电池管理系统	智能型分布式蓄电池管理系统
电动机	形式	永磁交流同步电动机
	最大功率/kW	110
	最高转速/(r/min)	12000
	最大转矩/N·m	200
HEV综合工况油耗(L/100km)		1.2[①]
等速法纯电续驶里程/km		>100

① 实际油耗、电耗与车况、道路条件、驾驶习惯等因素有关。

(1) 比亚迪秦动力系统的基本组成　比亚迪秦动力系统主要由发动机与纯电动系统两大部分组成，发动机采用 BYD476ZQA 电控汽油机，纯电动系统与前述的 BEV 类似，主要由动力蓄电池组及其管理器、驱动电机及其控制器、充电系统和高压配电箱等组成（图27-27），其高压系统在车上的布置如图 27-28 所示。

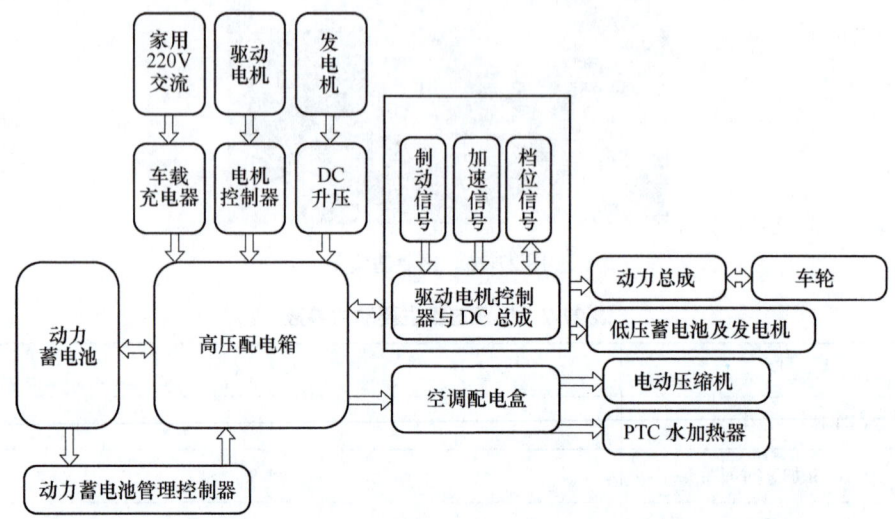

图 27-27　比亚迪秦纯电动系统

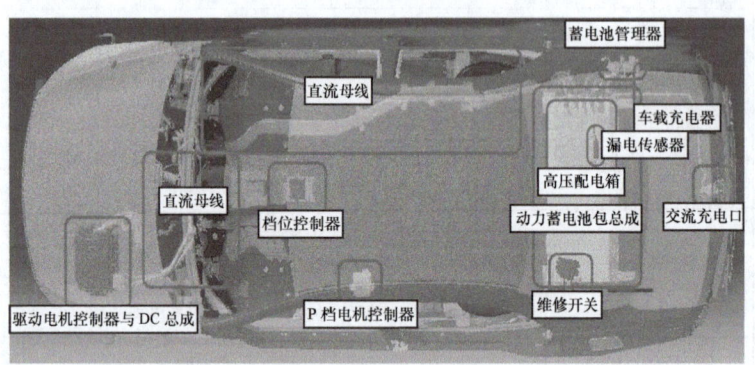

图 27-28　比亚迪秦高压系统在车上的布置

(2) 工作原理　比亚迪秦有如下工作模式。

1) BEV（纯电动）模式（图27-29）。纯电动工作模式下，动力蓄电池提供电能，以供电机驱动车辆，可以满足各种工况行驶，如起步、倒车、急速、急加速、匀速行驶等。

2) HEV（混合动力）模式。

①当用户从"BEV"模式切换到"HEV"模式后，车辆由发动机和电机共同驱动（图27-30），实现了最佳的动力性，但仍能保证混合动力系统具有良好的经济性。

②当电量不足时，系统从"BEV"模式自行切换到"HEV"模式，使用发动机驱动，在车辆以较稳定的速度行驶时，发动机输出的一部分转矩会驱动电机进行发电，对动力蓄电池进行充电（图27-31）。

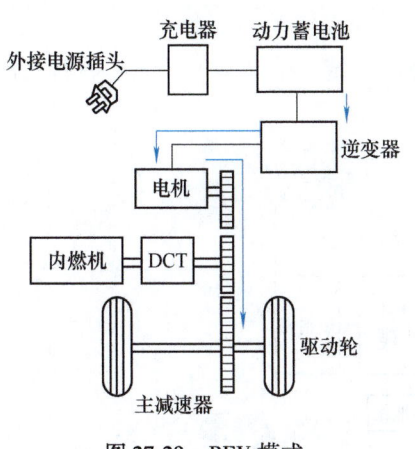

图 27-29　BEV 模式

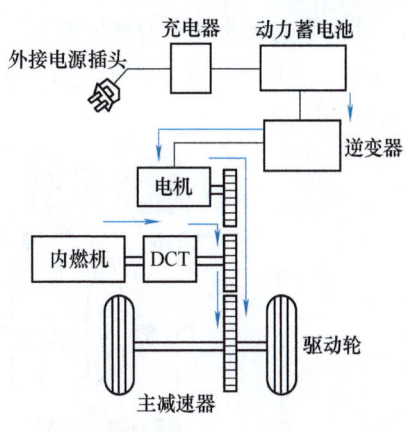

图 27-30　HEV 模式 1

③当电量不足或高压系统故障时，可单独使用发动机驱动，实现了高压系统的独立性（图 27-32）。

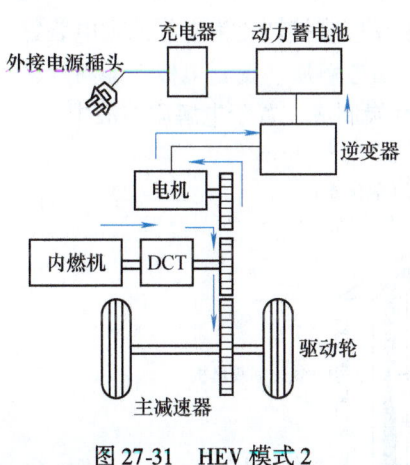

图 27-31　HEV 模式 2

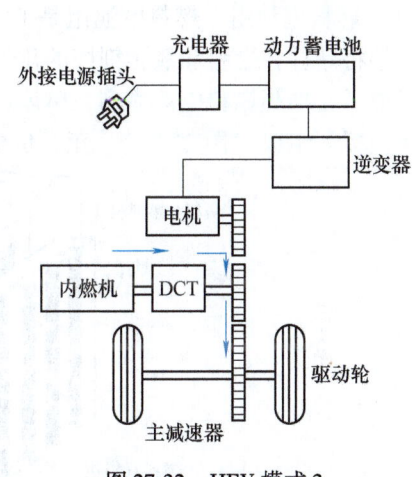

图 27-32　HEV 模式 3

27.3　燃料电池电动汽车

1. 什么是燃料电池电动汽车（FCEV）

燃料电池电动汽车（Fuel Cell Electric Vehicle，FCEV）是以燃料电池系统作为单一动力源或者是以燃料电池系统与可充电储能系统作为混合动力源的电动汽车。

2. FCEV 的特点

FCEV 汽车的主要优点是与传统汽车相比，燃料电池的燃料是氢和氧，生成物是清洁的水，它本身工作不产生一氧化碳和二氧化碳，也没有硫和微粒排出，是真正的零排放。燃料电池汽车能量转化效率高达 60%～80%，只要不断地供给燃料，燃料电池就能不断地把燃料氧化的化学能转换为电能，解决了蓄电池一次充电续驶里程短的问题，成为 21 世纪电动汽车的发展方向。缺点是燃料电池成本过高，而且燃料的存储和运输按照目前的技术条件来说非常困难。此外，燃料电池汽车的技术复杂，发展较为缓慢，短时间内还无法替代传统汽车。

3. 燃料电池电动汽车的结构原理

FCEV 一般由燃料箱、燃料电池、控制系统、驱动系统、辅助动力系统和燃料电池组等部分构成（图 27-33）。

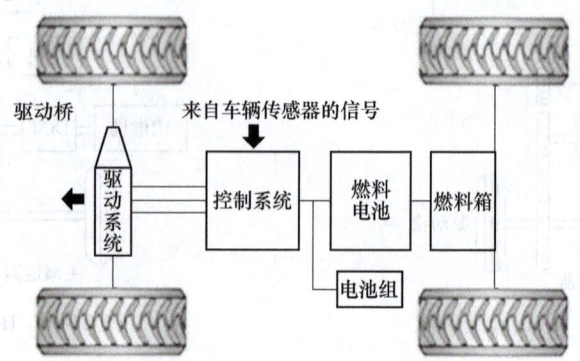

图 27-33　FCEV 基本组成结构

（1）燃料电池组　燃料电池组是 FCEV 的电源，由多个 1V 以下的燃料电池串联组成。它是一种将储存在燃料和氧化剂中的化学能通过电极反应直接转化为电能的发电装置。

以质子交换膜燃料电池为例，单体燃料电池主要由电解质、燃料电极、隔离板、空气电极和集流板等组成（图 27-34）。正、负极板采用活性炭制成，置于电解质溶液中。

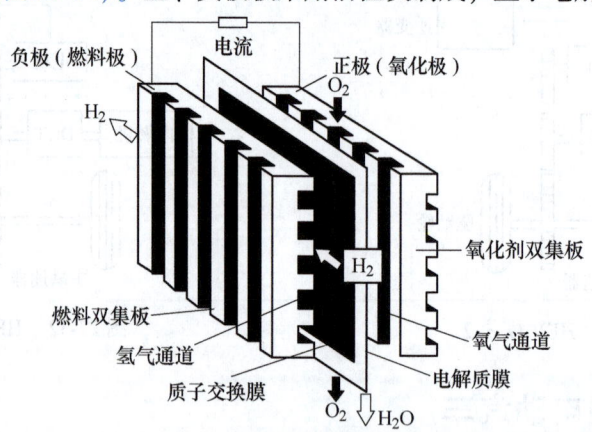

图 27-34　燃料电池的基本结构

燃料电池工作时，外界不断供给负极氢气，供给正极空气（图 27-35），在催化剂（铂、多孔石墨等）作用下，产生如下反应：

负极　$2H_2 \rightarrow 4H^+ + 4e^-$

正极　$O_2 + 4H^+ + 4e^- \rightarrow 2H_2O$

负极经催化剂作用，氢原子中的电子被分离出来，在正极吸引下，在外电路形成电流，失去电子的氢离子，在正极与氧及电子结合为水（氧可从空气中获得）。只要不断地供给氢气和带走水，燃料电池就可不断供给电能。

（2）控制系统　控制系统用于控制燃料电池的反应过程（起动、反应、输出电能的调整、停止等）和电动机的运行过程，所有工作状态由各种传感器采集，集中反馈到车载电控中心，由各监管控制模块控制燃料电池组和电动机安全运行。

第27章 电动汽车

（3）**驱动系统** 燃料电池的电流需要经过专用的大功率动力 DC-DC 转换器，将燃料电池产生的直流电转换为稳压的直流电流，然后经过逆变器转换为交流电输送给驱动电机，驱动车轮转动。

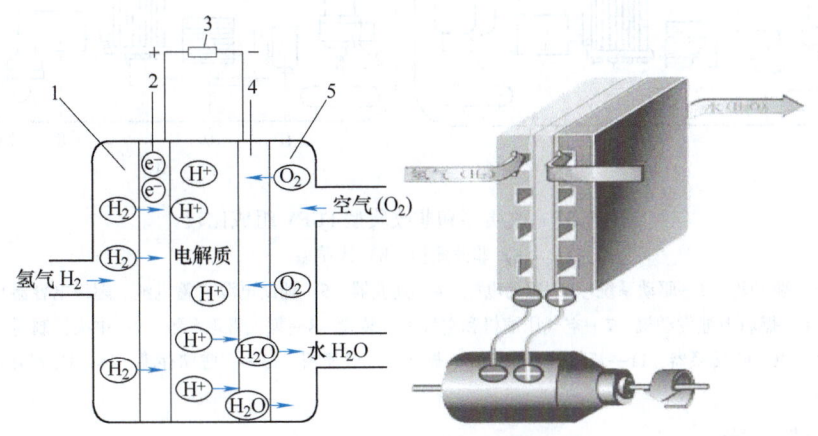

图 27-35 燃料电池的工作原理
1—多孔质燃料夹层 2—氢电极 3—负载 4—氧电极 5—多孔质空气夹层

（4）**辅助动力系统** 通常在 FCEV 上还要装配一个蓄电池组作为辅助电源，其作用：①用于 FCEV 快速起动；②用于储存 FCEV 在再生制动时反馈的电能；③为电动汽车控制系统、照明系统等电气设备提供低压电源。

4. 燃料电池汽车的分类
燃料电池汽车按氢气供给方式分可分为改质型和非改质型两种（图 27-36）。

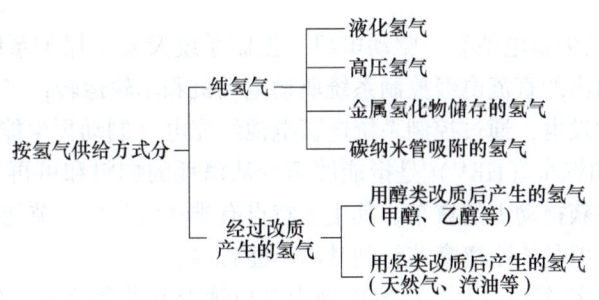

图 27-36 燃料电池汽车的分类

（1）**非改质型** 非改质型由车载氢气直接供应燃料电池（图 27-37a），车辆构造简单，体积小，质量轻。主要问题是车辆续驶里程短，氢燃料的补给设施费用高。目前，氢燃料电池的成本是普通汽油机的 100 倍，这个价格是市场难以承受的。

（2）**改质型** 改质型车载液体燃料（甲醇或汽油等）需利用车载改质装置制造氢气，再供给燃料电池（图 27-37b）。其优点是可使用多种燃料，缺点是结构复杂，体积庞大，而且需要 10min 以上才能产生足够的氢气，起动时间长，需要蓄电池组来提供电能，同时预热燃料电池。

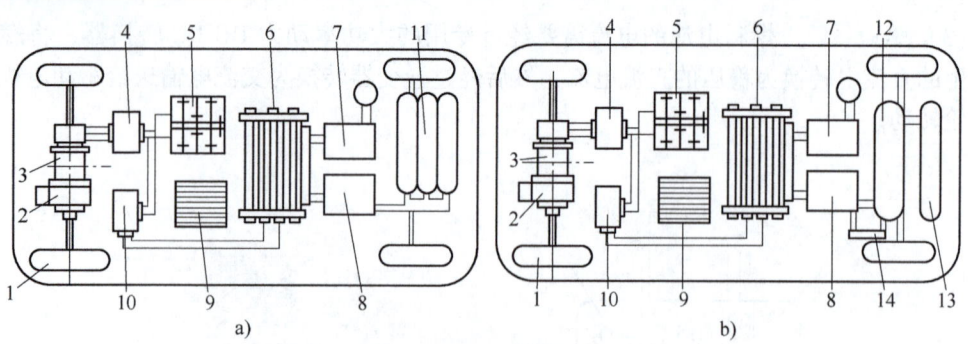

图 27-37 改质型和非改质型 FCEV 组成比较
a) 非改质型 b) 改质型
1—驱动轮 2—驱动系统 3—驱动电机 4—逆变器 5—辅助电源（蓄电池、超级电容器）
6—燃料电池发动机 7—空气压缩机和空气加湿装置 8—氢气管理系统 9—中央控制器
10—DC-DC 转换器 11—氢气储存罐 12—燃烧器和改质器 13—甲醇储存罐 14—H_2 净化器

> **找一找** 还有哪些物质可以作为燃料电池电解液？

本章小结

1. 纯电动汽车（BEV）是指驱动能量完全由电能提供的，由电机驱动的汽车。电机的驱动电能来源于车载可充电储能系统或其他能量储存装置。其主要特点是无排气污染、噪声小、能源来源广泛、结构简单、使用维修方便，但续行里程较短、动力蓄电池寿命短、售价较高。

2. BEV 主要由动力蓄电池组、驱动电机、控制系统及安全保护系统等组成。行驶前进时，动力蓄电池组输出的直流电经控制系统驱动电动机和车轮运转；当汽车减速制动时，车轮带动驱动电机转动发电，通过控制系统向蓄电池组充电（制动再生能量）。

3. 混合动力电动汽车（HEV）是指能够至少从消耗的燃料和可再充电电能储存装置两类车载存储的能量中获得动力的汽车。其主要特点有排气污染少、节能、续行里程长、可以利用现有的加油站，但是长距离高速行驶基本不能省油。

4. 混合动力电动汽车动力系统一般由动力蓄电池及其控制系统、发动机、发电机、电动机及其动力控制系统等零部件组成。其一般有纯电动模式和混合动力模式等多种工作模式。

5. HEV 按照电动机相对发动机的功率比大小分为弱混、中混和强混 3 种；按照能否外部充电分为插电式和普通式；按发动机和电动机的耦合方式分为串联式、并联式和混联式。

6. FCEV 的动力源是通过电化学反应将燃料的化学能直接转变为电能的高效率发电装置。其主要优点是真正的零排放，能量转化效率高，缺点是燃料电池成本过高。

7. FCEV 一般由燃料箱、燃料电池、控制系统、驱动系统、辅助动力系统和蓄电池组等部分组成。

8. 单体燃料电池主要由电解质、燃料电极、隔离板、空气电极和集流板等组成。燃料

第27章 电动汽车

电池工作时,外界不断供给负极氢气,供给正极空气,在催化剂(铂、多孔石墨等)作用下,负极氢原子中的电子被分离出来,在正极吸引下,在外电路形成电流,失去电子的氢离子,在正极与氧及电子结合为水。

思考题

1. 名词解释:BEV、HEV、FCEV、动力蓄电池的容量、循环寿命、荷电保持能力、高率放电性能、能量密度和功率密度;驱动电机的额定功率、额定电压、额定电流、额定效率、额定转速、额定功率因数、功率密度、过载能力。
2. BEV 主要由哪几部分组成?基本工作原理是什么?
3. HEV 主要由哪几部分组成?基本工作原理是什么?
4. FCEV 主要由哪几部分组成?基本工作原理是什么?

第 28 章

燃 气 汽 车

内容架构

```
第28章 燃气汽车
├── 28.1 燃气汽车概述
├── 28.2 CNG汽车的结构与原理
├── 28.3 LPG汽车的结构与原理
└── 28.4 氢气汽车的结构与原理
```

教学目标要求、重点与难点

序号	教学目标要求	教学重点	教学难点
1	掌握燃气汽车的概念、特点和主要分类	✓	
2	掌握压缩天然气汽车的基本结构和工作原理	✓	✓
3	掌握液化石油气汽车的基本结构和工作原理	✓	✓
4	理解氢气汽车的基本结构和工作原理		✓
5	了解我国燃气汽车的发展动向		
6	能够识别不同类型的燃气汽车及其主要零部件	✓	

第28章 燃气汽车

28.1 燃气汽车概述

1. 什么是燃气汽车

以可燃气体为燃料的汽车称为燃气汽车。目前常用的燃气汽车有压缩天然气汽车、液化天然气汽车、液化石油气汽车，它们分别以压缩天然气、液化天然气、液化石油气为燃料。燃气汽车也有与传统汽油、柴油配合使用的，称为双燃料汽车。氢气汽车则是正在研发的最有前景的燃气汽车。

2. 燃气汽车的特点

燃气汽车共同的特点是燃料在常温下为气态，容易与空气混合形成均匀的可燃混合气，燃烧完全，可以大幅度减少有害气体排放，而氢气汽车燃烧生成水，真正实现零排放；但气态燃料体积大，储运性能差，一次充气的续驶里程短。

3. 燃气汽车的分类

燃气汽车主要有压缩天然气汽车、液化天然气汽车、液化石油气汽车和氢气汽车等。

（1）**压缩天然气汽车** 压缩天然气汽车（Compressed Natural Gas Vehicle，CNGV）使用的燃料是压缩的天然气，天然气压缩到20MPa并以气态储存在容器中。它的主要成分是甲烷（CH_4），气体密度约$0.8kg/m^3$，热值约$38MJ/m^3$，燃点约450℃，无色、无味、无毒、无腐蚀性、易燃易爆、燃烧充分、不留炭黑和杂质，被誉为"绿色燃料"。

（2）**液化天然气汽车** 液化天然气汽车（Liquefied Natural Gas Vehicle，LNGV）使用的燃料是液化的天然气，是天然气经过超低温深冷到 -162℃形成的，成分与压缩天然气相同，其体积约为同量气态天然气体积的1/600，液体密度约$450kg/m^3$。

（3）**液化石油气汽车** 液化石油气汽车（Liquefied Petroleum Gas，LPGV）使用的燃料是液化的石油气（常温下在1.6MPa的压力下被液化），是从石油中提炼出来的，主要成分是丙烷和丁烷，无色、无味、无毒，液态密度约为0.55kg/L，其自燃温度、热值、辛烷值均高于汽油。

（4）**氢气汽车** 氢气汽车（Hydrogen Internal Combustion Engine Vehicle，HICEV）使用的燃料是氢气，它是一种环保高能燃料，燃烧热能是汽油的3倍，排放是水，没有任何污染。

除此之外，还有使用煤气、沼气等气体燃料的汽车，最早发明的内燃机就是煤气机。

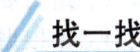 各种气体燃料的性能和特点？

28.2 CNG汽车的结构与原理

CNG与LNG汽车与传统汽油机汽车的区别在于燃料供给系统不同，LNG则是使用液化的CNG，所以下面重点介绍CNG汽车燃料供给系统。

28.2.1 CNG 汽车燃料供给系统的基本结构原理

1. CNG 汽车燃料供给系统的总体组成

CNG 汽车燃料供给系统主要由燃料供给系统和电控系统两大部分组成（图 28-1）。前者主要由天然气罐、高压减压阀、燃料截止阀、电控调压器、混合器部件等组成，实现压缩天然气在管路内输送和向发动机喷射等功能；后者主要由气体压力传感器等各种传感器、控制中心 ECM、电子节气门等组成，实现燃料的定时定量喷射。其结构原理认知见《汽车构造与原理实训》教材及其光盘的项目 28.1。

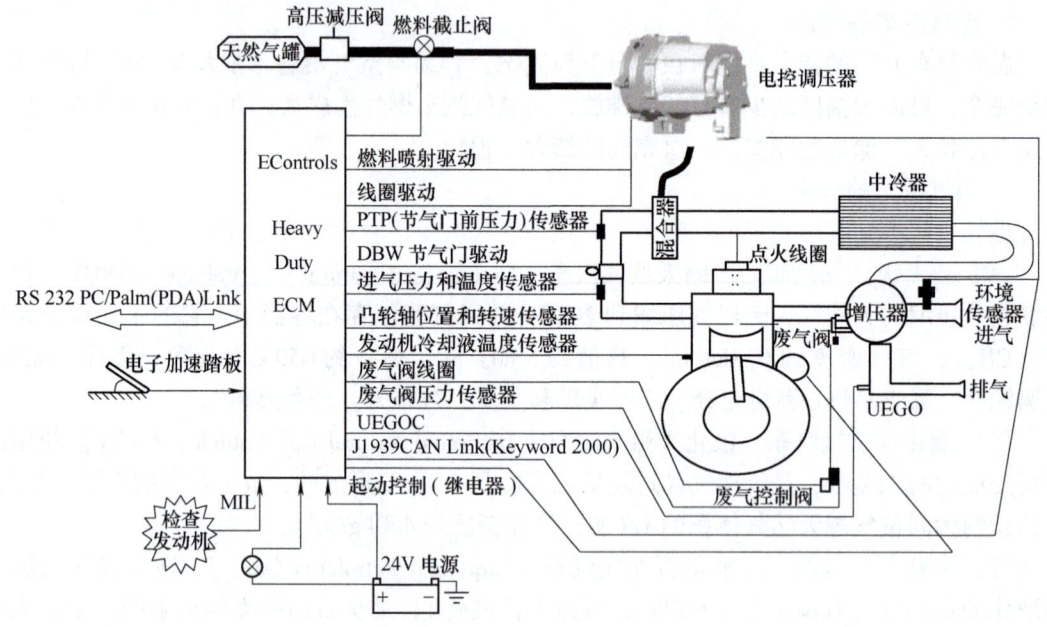

图 28-1 玉柴 CNG 汽车发动机结构原理

2. CNG 发动机基本原理

工作时，高压的压缩天然气从储气瓶出来，经高压减压阀进入电控调压器。高压电磁阀的开合由 ECM 控制，他的作用是将高压的压缩天然气（工作压力 25MPa 左右），经过减压阀将压力调整到 0.7～0.9MPa。电控调压器的作用是根据发动机运行工况精确控制天然气喷射量。天然气与空气在混合器内充分混合，进入发动机气缸内，经火花塞点燃进行燃烧，火花塞的点火时刻由 ECM 控制，氧传感器即时传递燃烧后的尾气的氧浓度，ECM 根据氧传感器反馈的信号，及时修正天然气喷射量。

28.2.2 CNG 发动机燃料供给系统的主要零部件

1. 高压减压器

高压减压器如图 28-2 所示，高压减压器通过压力膜片克服弹簧阻力，带动杠杆调整节流孔的流通面积，从而控制减压后的天然气压力。通过节流和加热，高压减压器使高压的压缩天然气减压到 0.7～0.9MPa 的低压天然气。

第28章 燃气汽车

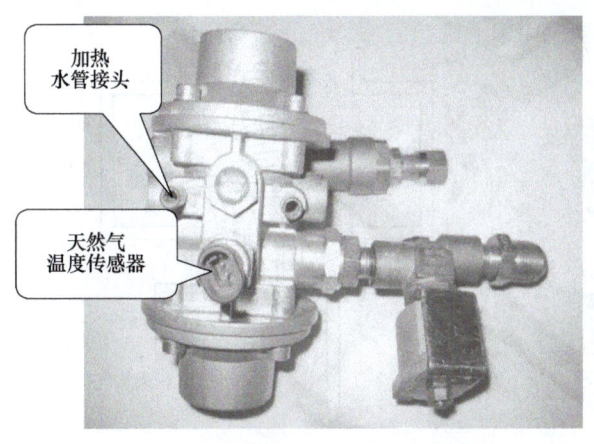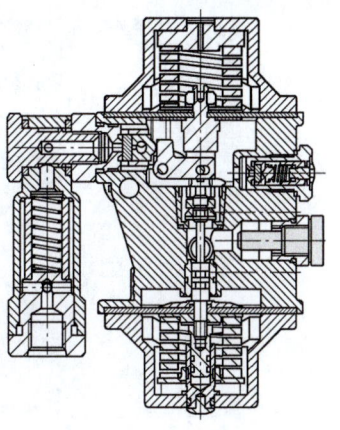

图 28-2 高压减压器

2. 电控调压器（EPR 阀）

电控调压器（EPR 阀）如图 28-3 所示，电控调压器是一个电子控制的压力调节器，在它的内部有一个由微处理器控制的大马力的高速电动机，微处理器通过 CAN 和 ECM 连接传输信息。EPR 有两个功能：一是将天然气的压力降低；二是控制 EPR 出口的燃料压力。EPR 内有一个压力传感器，用来测量 EPR 燃料出口和混合器入口处空气的压差。电控调压器内部有一个控制芯片，该控制芯片接收来自 ECM 的控制指令，通过高压电磁阀控制天然气喷射量，从而实时有效地控制空燃比。

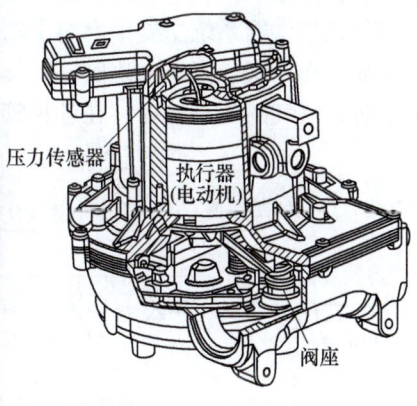

图 28-3 电控调压器（EPR 阀）

3. 混合器部件

混合器部件如图 28-4 所示，混合器将天然气和中冷后的空气充分混合，使燃烧更充分，柔和，有效降低 NO_x 排放和排气温度。

除此之外的电子节气门、点火线圈、火花塞、废气旁通控制阀、各种传感器（如氧传感器、大气环境传感器、进气压力温度传感器、凸轮轴位置传感器、冷却液温度传感器、天然气温度传感器、电子加速踏板传感器等）都与传统电控汽油机类似，不再赘述。

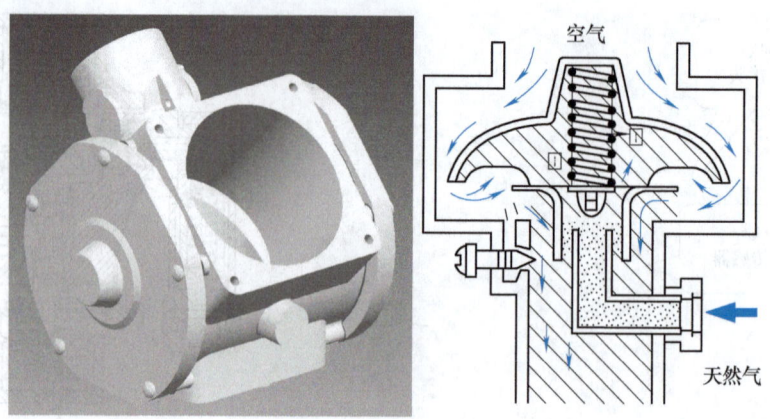

图 28-4 混合器部件

> **想一想** LNG 汽车燃料供给系统有哪些部件应该与 CNG 不同？

28.3 LPG 汽车的结构与原理

28.3.1 LPG 汽车的基本结构原理

1. LPG 汽车燃料供给系统的总体组成

LPG 汽车燃料供给系统主要由燃料供给系统和电控系统两大部分组成（图 28-5）。前者主要由储液罐、充气阀、高压电磁阀、减压蒸发器、油气转换开关、混合器、喷嘴等组成，实现燃料压缩天然气的随车储存、在各种管路内输送、充装和向发动机喷射等功能；后者主

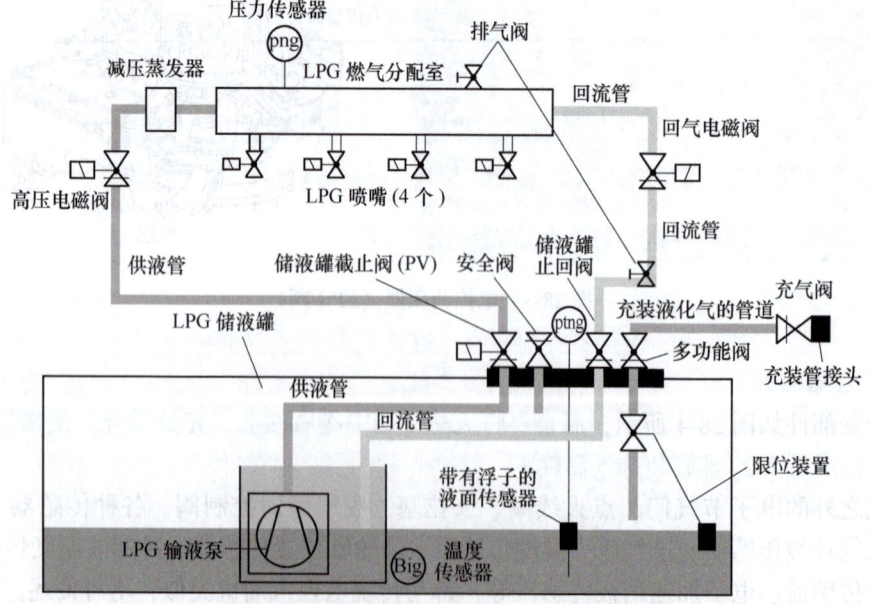

图 28-5 LPG 燃料供给系统工作原理示意图

要由各种传感器、控制器和执行器组成，与原车的 ECU 配合，实现燃料 LPG 的定时定量喷射。

2. LPG 汽车燃料供给系统基本原理

液化石油气以液态储存在储液罐中，发动机工作时，储液罐和供液管截止阀打开，由储液罐流出的液化石油气经调节器调压、计量后以气态输送到混合器，与空气混合后被吸入气缸，经火花塞点火燃烧。

> **找一找** 目前在市面上的有哪几款 LPG 汽车？

28.3.2 LPG 汽车燃料供给系统主要部件

1. 储液罐

储液罐是一种高压容器，额定压力 2.2MPa。乘用车的储液罐安装在后行李箱内（图 28-6）。

储液罐由罐体、防护盒、支架和组合阀组成，在燃料加注阀上设有过量安全装置，当加注燃料至规定液面高度时，安全装置自动关闭，以防止燃料加注过量。为保证安全，规定燃料加注极限为储液罐容量的 85%。

液体输出阀具有自动限流功能，当输出流量超过规定值或压差超过 50kPa 时，输出阀将会自动关闭。

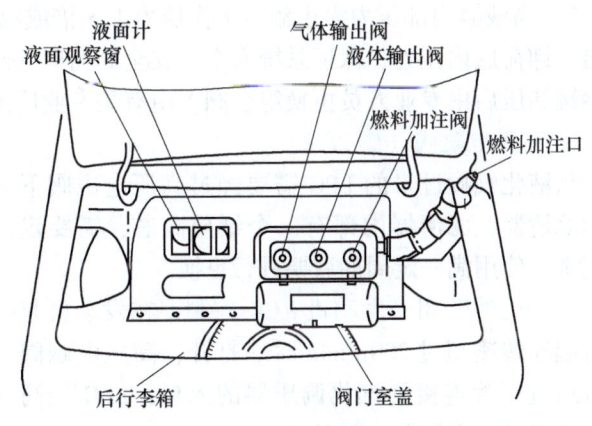

图 28-6 储液罐

钢罐与组合阀组装后，已按规定进行气密性检测，不允许自行拆卸或更换。

储液罐组合阀由进气口单向阀、自动限充阀、出气口手动阀、超流阀、安全阀（限压阀）、气量表及电子显示器插头组成，有些还装有电磁控制阀（图 28-7）。

组合阀的功能如下：

1）组合阀上安装有电子转换器，由指针指示 LPG 容量，利用电磁感应原理，将指针在仪表上指示，由显示器显示液罐 LPG 容量。

2）具有限量充装功能，在加气过程中，LPG 由喷嘴流出，经组合阀进入钢罐。为确保充装限额，配有一个机械装置，该装置联有一个浮子，在达到充装限额时，自动切断流体，终止充装。装置中的单向阀确保单向充装，钢罐与充装管道间任何状态下都不能相互充装。

3）具有流量过度控制功能，流量控制阀位于阀体内部与吸气管连接，当流量超过正常规定限度，瓶内与出气口气压差大于 0.35MPa 时，流量控制阀自动断开，从而切断流体，停止液体供给。

4）组合阀配有 2 个旋塞开关，分别切断与阀体连接的加气管与出气管，一般情况下，这两个开关保持打开状态，但在维修、维护时需关闭。

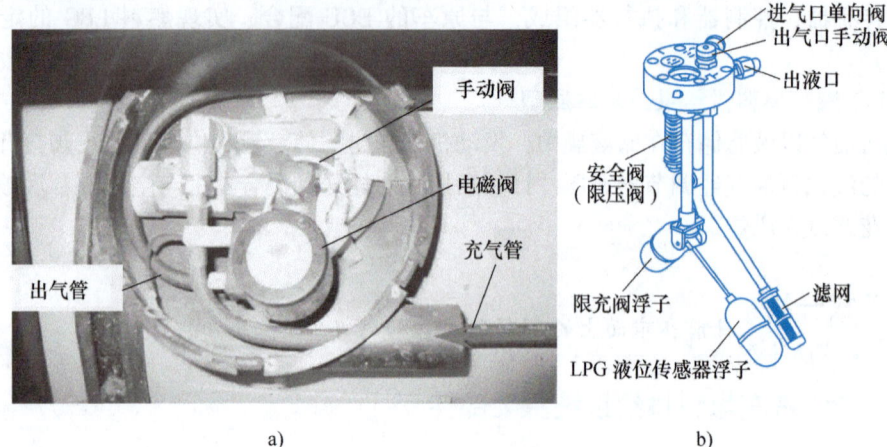

图 28-7 组合阀结构
a) 组合阀顶部 b) 组合阀结构

5）当液罐内部压力大于额定工作压力 1.5 倍或温度高于 100°C 时，安全卸荷阀将自动开启，卸荷瓶内压力，保证系统安全。安全卸荷阀一经卸荷开启，组合阀将不能继续使用，待钢罐卸压后由专业人员更换组合阀，由有关专业厂家重新校核卸荷压力。

2. 高压电磁阀（图 28-8）

从液化气罐过来的 LPG 需要经过高压电磁阀下部的滤清器，滤清器内部有一个纸质滤芯，需要定期清洗，使用满一定周期后要进行更换。

电磁阀的开闭受发动机 ECU 控制，在发动机起动时起动转速超过 200r/min 时才打开，高压电磁阀出口通过铜管连接到汽化调压器的入口，LPG 经高压电磁阀进入调压器。

在 LPG 供气管路中，通常安装有 2~3 个电磁阀，当发动机熄火时，它切断燃气供应管路。有的电磁阀还具有限制发动机转速的作用。

图 28-8 高压电磁阀

3. 减压蒸发器

(1) 减压蒸发器的功能 减压蒸发器（图 28-9）又称蒸发调压器，其功能有：①将高压

图 28-9 减压蒸发器

第28章 燃气汽车

燃气压力调整至工作压力；②利用发动机循环热水，提供液态燃气进行汽化所需的汽化热；③依据发动机负荷，提供适量的气态燃气；④紧急状态或发动机熄火时，自动切断燃气供应。

(2) 减压蒸发器的结构原理　减压蒸发器主要由初级气室和次级气室组成（图28-10）。发动机工作时，来自燃料控制电磁阀的燃料经主控制阀、初级气室、次级气室供给混合器。

1) 初级气室（图28-11）　初级气室的功用是使燃料减压汽化，并保持压力稳定。由储液罐经燃料控制电磁阀输送来的燃料经主控制阀减压汽化后进入初级气室，当初级气室内的压力达到一定值时，压力平衡膜片向右移，并带动推杆、主控制阀臂使主控制阀关闭；而初级气室内压力下降时，平衡膜片向左移动，主控制阀打开，使燃料继续进入初级气室。这样可保持输送给次级气室的压力（即初级气室的压力）基本稳定。此外，由于液态燃料气化时温度会降低，为保证工作中维持一定的温度，在初级气室一侧设有与冷却系联通的水道。

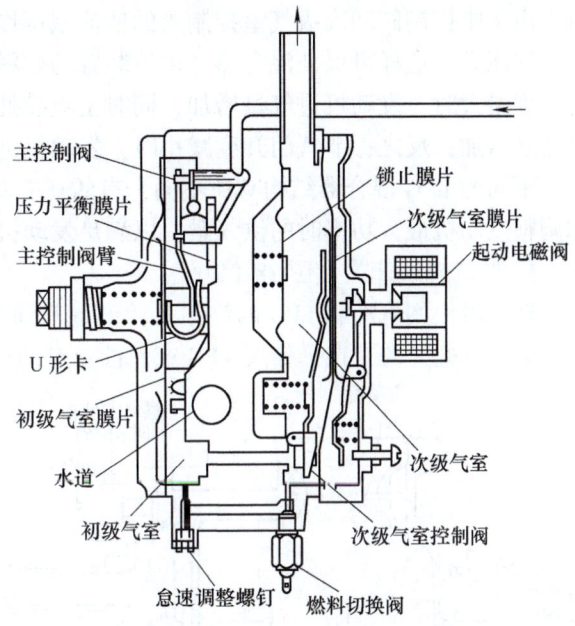

图28-10　减压蒸发器的结构

2) 次级气室（图28-12）　次级气室的功用是计量和调节燃料供给量。由初级气室来的燃料经次级气室控制阀进入次级气室，次级气室控制阀的开闭受锁止膜片的控制。锁止膜片的左侧与进气管相通，当发动机停止工作时，锁止膜片在其弹簧作用下移到右侧极限位置，并通过控制阀臂使次级气室控制阀完全关闭；发动机工作时，进气管存在真空度，锁止膜片将向左移，次级气室控制阀打开，燃料进入次级气室并输送至混合器。发动机工作中，进气管真空度的变化可改变锁止膜片1的位置，从而影响控制阀的开度，使燃料供给量得到调节。

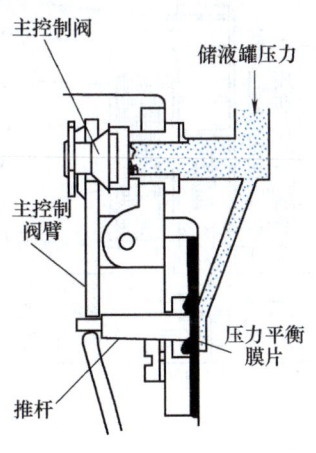

图28-11　初级气室工作原理

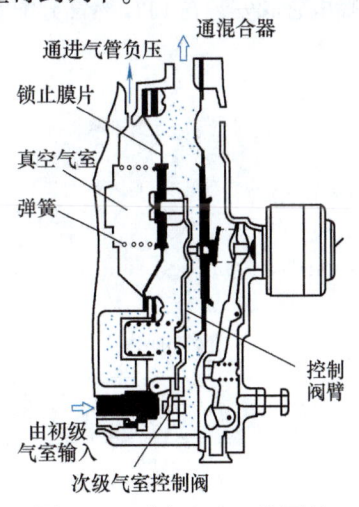

图28-12　次级气室工作原理

4. 混合器（图28-13）

混合器的功用是使减压蒸发器输送来的气态燃料与空气混合，并送往气缸。

怠速空气调节螺钉与节气门开度调节螺钉配合，用来调节发动机怠速。燃料主量孔调节螺钉用来调节主供给装置的燃料供给量，一般是在季节或使用环境变化时调节。在调节器内，由于主控制阀和次级气室控制阀的节流减压作用，使次级气室内的燃料压力等于甚至小于大气压力，这样可保证混合器主供给装置的燃料供给量随节气门开度变化而变化。当节气门开度增大时，发动机进气量增加，同时主喷嘴处的真空度增加，主供给装置的燃料供给量也随之增加；反之，节气门开度减小时，发动机进气量和燃料供给量均减少。

不同的LPG混合器结构有所不同，有的还有功率阀，其作用是自动调节LPG的输气量和调整发动机最大功率时的供气量，以满足发动机的需求。

5. 油气转换开关（图28-14）

在同时使用汽油和LPG的汽车上，设置有油气转换开关，安装在仪表板上，其功能是驾驶人通过此开关来选择使用LPG或汽油，有的还能够显示钢罐中存气量的多少。

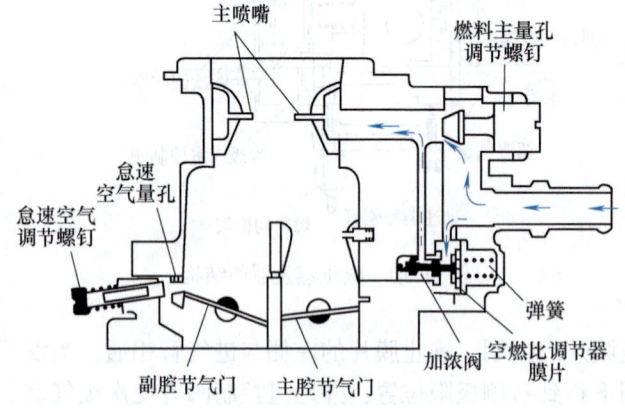

图28-13 混合器　　　　　　图28-14 油气转换开关

6. 喷嘴电磁阀（图28-15）

喷嘴电磁阀安装在LPG燃气分配室（也称气轨）上，由ECU控制，电路接通时，喷嘴电

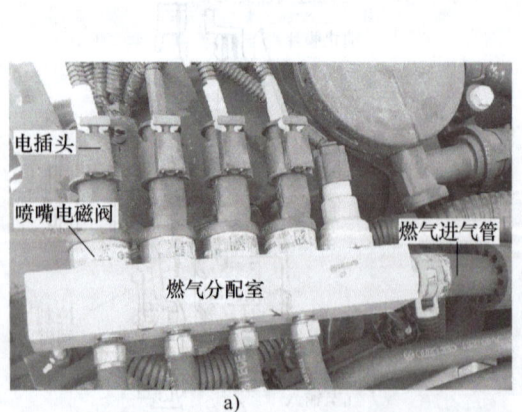
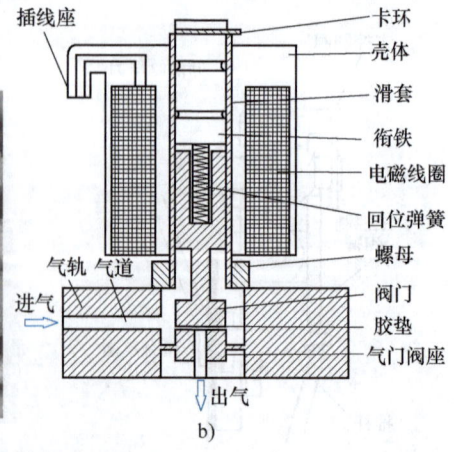

图28-15 喷嘴电磁阀
a）电磁阀位置　b）电磁阀结构

第28章 燃气汽车

磁阀打开，LPG 经喷嘴（喷气嘴）喷入进气歧管内的混合室，与空气混合后进入气缸燃烧。

7. LPG 电控系统（图28-16）

LPG 电控系统配合发动机的电控系统工作，也是由各种传感器采集 LPG 的温度、压力、流量等各种参数送给 ECU 进行分析计算和判断，再由 ECU 去控制执行器动作。对于 LPG，ECU 主要是控制喷气量的多少和安全控制，以适应发动机的要求。

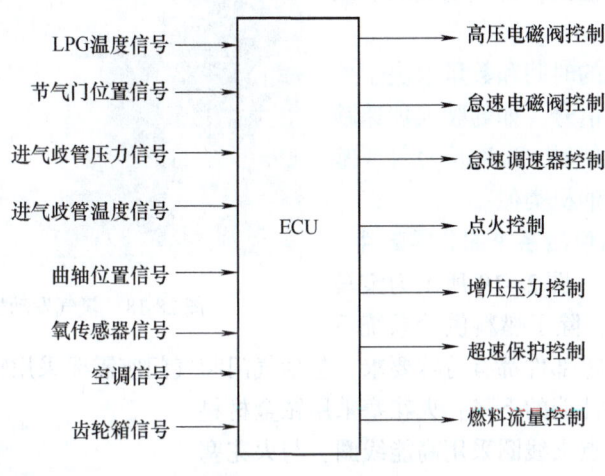

图 28-16　LPG 控制系统

28.4　氢气汽车的结构与原理

氢燃料具有资源丰富、环保、燃烧热值高、热效率高、燃烧稳定充分、燃料混合比的浓度调节方便、辛烷值高、点火能量低、稀燃能力强等众多优点，被誉为最有发展前景的汽车燃料。

> **找一找**　氢燃料上述优点的依据是什么？

1. 氢气汽车燃料供给系统基本组成

氢气汽车与传统汽车的区别主要在燃料供给系统，其结构示意图如图 28-17 所示，主要由氢气储存装置、高压电磁阀、过滤器、减压阀和压力表、氢气流量计量装置、电子控制单元（ECU）和传感器、氢气喷射器以及输送氢气的氢气无缝金属管等组成。其中电控系统由各种传感器（如发动机转速传感器、节气门位置传感器、氢气压力传感

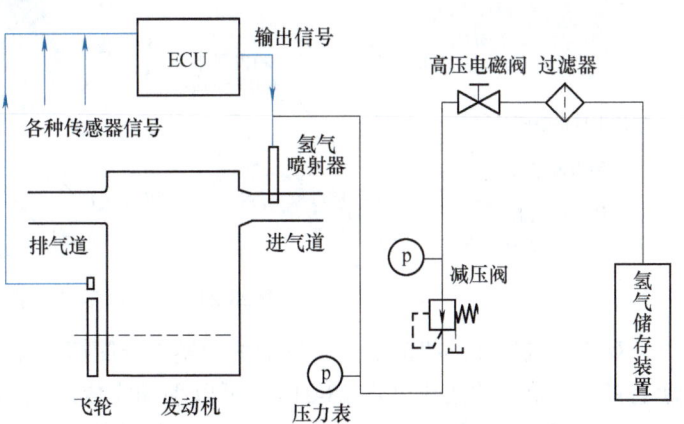

图 28-17　氢气汽车的燃料供给系统结构示意图

器和温度传感器等传感器）和 ECU 组成。

2. 氢气汽车基本工作原理

工作时，氢气电磁阀打开，氢气从储氢罐出来，经过过滤器、高压电磁阀到减压阀减压，再通过氢气喷射器喷入进气歧管，与空气混合后进入燃烧室燃烧（图 28-18），推动活塞做功，将动力输出，排气生成的水从排气管排出。

氢气喷射器喷氢的时间和数量取决于外部各种传感器输入的信号，如驾驶人加速踏板位置信号、进气量信号、温度信号等，基本控制原理与电控汽油机类似。

3. 氢气汽车燃料供给系统部分零部件

（1）氢气发动机　图 28-19 所示为宝马 7 系列的氢气发动机，除了燃料供给系统不同外，发动机的许多零部件都有特殊要求，包括气门和气门座需要采用特殊硬化的材料，以补偿氢相对汽油润滑性能的下降；火花塞采用铱金材料以提高火花塞寿命；点火线圈采用高能线圈，与火花塞做成整体式；氢气喷射器管路要专为氢进行设计；气缸垫、活塞、连杆与活塞环采用高强度设计以适应氢燃烧较高的燃烧压力。

（2）储氢罐　储氢罐用于储藏液态氢，如宝马 7 系氢气发动机除配有一个容量为 74L 的普通油箱外，还装备一个额外的储氢罐，可容纳约 8kg 的液态氢。由于高压，储氢罐对安全性能要求特别高，其基本结构如图 28-20 所示。

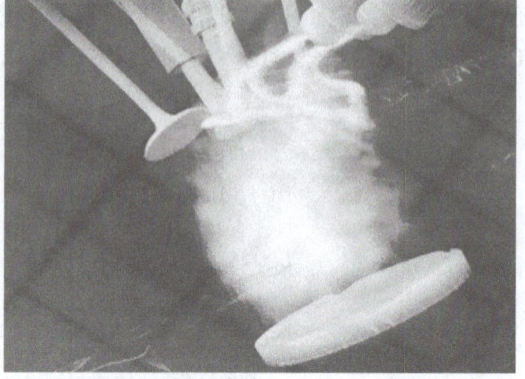

图 28-18　氢气发动机工作原理

图 28-19　宝马 7 系列的氢气发动机

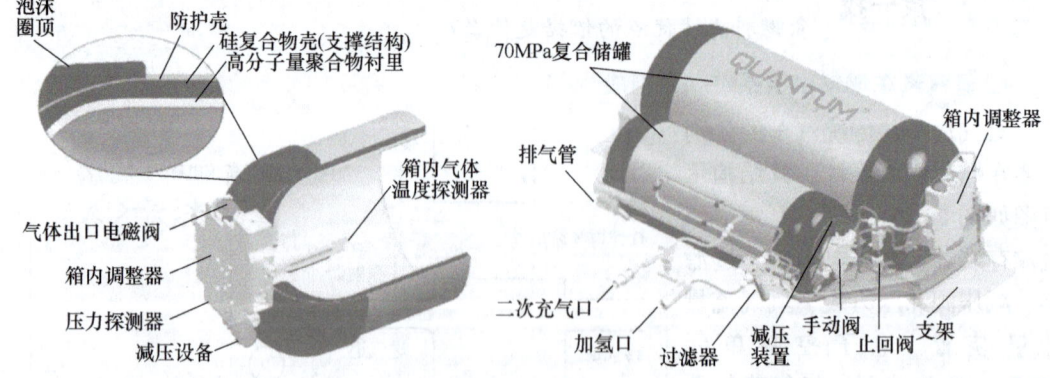

图 28-20　氢气汽车储氢罐

双燃料氢气发动机的氢气与汽油的切换十分简捷，如宝马 7 系氢气发动机在多功能转向盘上有一个单独的按钮（图 28-21），可以手动完成从氢动力到汽油动力模式的转换。如果一种燃料用尽，系统将会自动切换到另一种燃料形式，保证燃料的供应持续而可靠。

第28章 燃气汽车

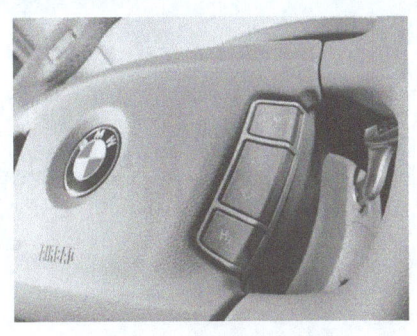

图28-21 燃料切换按钮

本章小结

1. 燃气汽车是以可燃气体为燃料的汽车。目前常用的燃气汽车有压缩天然气汽车、液化天然气汽车、液化石油气汽车。氢气汽车则是正在研发的最有前景的燃气汽车。

2. 燃气汽车的特点是有害气体排放低、热效率高、冷起动性和低温运转性能良好、可以燃用稀混合气，但是储运性能较差、一次充气的续驶里程短、动力性能有所下降。

3. CNG汽车燃料供给系统主要有燃料供给系统和电控系统两大部分。前者主要由天然气罐、充气阀、燃料截止阀、高压减压阀、混合器部件、压力表等组成，实现燃料压缩天然气的随车储存、在各种管路内输送、充装和向发动机喷射等功能；后者主要由气体压力传感器、温度传感器、电子节气门等组成，与原车的ECU配合，实现燃料CNG的定时定量喷射。

4. LPG汽车燃料供给系统主要由储液罐、充气阀、高压电磁阀、减压蒸发器、油气转换开关、混合器、喷嘴等和各种传感器、控制器和执行器组成。

5. 氢气汽车主要由氢气储存装置、高压电磁阀、过滤器、减压阀和压力表、氢气流量计量装置、电子控制单元（ECU）和传感器、氢气喷射器以及输送氢气的氢气无缝金属管等组成。

思考题

1. 名词解释：CNG、LNG、LPG、HICE。
2. 说明CNG汽车的基本组成和工作原理。
3. 说明LPG汽车的基本组成和工作原理。
4. 说明氢气汽车的基本组成和工作原理

第 29 章 其他新能源汽车

内容架构

```
第29章  其他新能源汽车
├── 29.1  太阳能汽车
├── 29.2  醇燃料汽车
├── 29.3  二甲醚燃料汽车
└── 29.4  其他燃料汽车简介
```

教学目标要求、重点与难点

序号	教学目标要求	教学重点	教学难点
1	掌握太阳能汽车的主要优缺点，理解其基本结构和工作原理	✓	✓
2	掌握醇燃料汽车的主要优缺点，理解其基本结构和工作原理	✓	✓
3	理解二甲醚燃料汽车的主要优缺点及其基本结构和工作原理		
4	知道生物燃料的发展潜力		
5	能够识别不同类型的新能源汽车及其主要部件	✓	

第 29 章　其他新能源汽车

29.1　太阳能汽车

29.1.1　太阳能汽车概述

1. 什么是太阳能汽车

太阳能汽车是能将太阳能转化为电能的汽车，具有节能、安全、环保的特点。由于其零污染，能源用之不竭，被人们称为"未来汽车"。图 29-1 所示为荷兰的恩荷芬科技大学的太阳能研究团队 2013 年发布的全球第一辆可以实用化的太阳能汽车 Stella（在拉丁文中的意思是"星星"），其车重 380kg，可供 4 人乘坐，最高时速 120km/h，它结合了电动汽车和太阳能汽车的特点，太阳能板安装在车顶，同时以太阳电池驱动，一天充电一次，续行里程高达 600km。

2. 太阳能汽车的特点

1）汽车能量来自于太阳，物美价廉，太阳表面温度为 6000K 左右，太阳内部温度高达 1500 万摄氏度，是取之不尽、用之不竭的能源聚宝盆。

2）没有任何排放，零污染。

3）结构简单，没有复杂的内燃机、离合器、变速器、传动轴、散热器、排气管等零部件，而是由太阳电池板、储电器和电动机组成。

4）缺点是依赖太阳，续行里程较短。

图 29-1　太阳能汽车 Stella

3. 太阳能汽车的发展与现状

1883 年，美国科学家 Charles Fritts 制造出第一个硒太阳电池。

1946 年，半导体研究学者 Russell Ohl 开发出现代化的硅制太阳电池。

1978 年，英国研制成功世界上第一辆太阳能汽车（图 29-2），时速达到 13km/h。

1999 年 5 月，巴西圣保罗大学的科研人员设计出一款新型太阳能汽车，最高时速超过 100km/h。

1996 年，清华大学研制了"追日"号太阳能汽车（图 29-3），重 800kg，最高车速达 80km/h。

图 29-2　世界上第一辆太阳能汽车　　图 29-3　我国清华大学研制了"追日"号太阳能汽车

2003 年澳大利亚太阳能汽车比赛上，由荷兰制造的"Nuna Ⅱ"太阳能汽车取得了冠军，它以 30h 54min 的时间跑完了 3010km 的路程，创造了太阳能汽车最高时速 170km/h 的新世界纪录。

由于太阳能汽车的诸多优点，世界各国都在加紧开发。鉴于目前的技术水平，太阳能功率较小，一般太阳辐射功率至多 1kW/m²，光电转换效率小于 30%，因此全部用太阳能驱动传统的汽车难以达到。但作为传统汽车的辅助动力，可以减少常规燃料的消耗，已经得到较多应用，目前国内销售的车型当中，奔驰 E 级，奥迪 A8、A6L、A4、比亚迪 F3DM 等车型都已配备了太阳能辅助装置。

29.1.2 太阳能汽车的基本结构与工作原理

太阳能汽车一般由太阳电池组、自动阳光跟踪系统、驱动系统、控制器等组成。

1. 太阳电池组

太阳电池是太阳能汽车的核心，其由一定数量的单体电池串联或并联组成电池方阵。

太阳能单体电池由半导体材料制成，当太阳光照射在该半导体材料上时，半导体的电子－空穴对被激发，形成"势垒"，也就是 PN 结（图 29-4）。

由于势垒的存在，在 P 型层产生的电子向 N 型层移动而带正电，而在 N 型层产生的空穴向 P 型层移动而带负电，于是在半导体器件的两端产生 P 型层为正的电压，即形成了太阳电池。

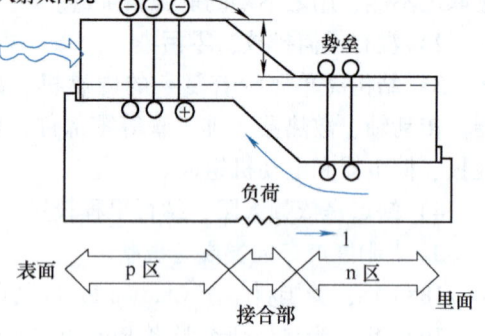

图 29-4 太阳电池的工作原理

太阳电池的电流大小与太阳光照射强度的大小和太阳电池面积的大小成正比。车用太阳电池将很多太阳电池排列组合成太阳电池板（图 29-5），以产生所需要的大电流和高电压。

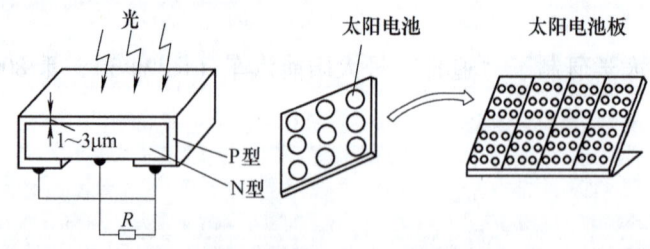

图 29-5 太阳电池和太阳电池板

2. 向日自动跟踪器

太阳电池能量的多少取决于太阳电池板接收太阳辐射能量的数量，由于相对位置的不断变化，太阳电池板接收太阳辐射的能量也在不断变化。向日跟踪器的作用就是保持太阳电池板正对着太阳，最大限度提高太阳电池板接收太阳辐射能的能力。

3. 驱动系统

太阳能汽车采用的驱动电机主要有交流感应电动机、永磁电动机、直流电动机，其驱动系统与 EV 基本相同。

第 29 章　其他新能源汽车

4. 控制器

控制器主要对太阳电池组进行管理和对电动机进行控制，其作用与 EV 控制系统相同。

太阳能汽车由太阳电池板在向日自动跟踪器的控制下始终正对太阳，接收太阳光，并转换成电能，向电动机供电，再由电动机驱动汽车行驶。

由于太阳电池的能量较小，而且受天气的影响，在阴天、下雨时，太阳电池的转换效率降低或停止，所以太阳能汽车往往与蓄电池组共同组成太阳能混合动力电动汽车。当太阳强烈，转换电能充足时，由太阳电池板将太阳能转换为电能后，通过充电器向动力蓄电池组充电，也可以由太阳电池板直接提供电能，通过电流变换器将电流输送到驱动电机，驱动汽车行驶，其驱动模式相当于串联式混合动力电动汽车。一般采用智能控制系统来控制其运行。当太阳较弱或阴天情况下，则靠蓄电池组对外供电。

找一找　目前太阳能汽车科技水平达到了什么程度？

29.2　醇燃料汽车

29.2.1　醇燃料汽车概述

1. 什么是醇燃料汽车

使用醇基燃料（甲醇、乙醇等）的汽车统称为醇燃料汽车。使用甲醇燃料的汽车也称甲醇汽车，使用乙醇燃料的汽车也称乙醇（酒精）汽车，同时使用甲醇或乙醇与汽油的汽车也称为可变燃料汽车（Flexible Fuel Vehicle, FFV）。

图 29-6 所示为吉利汽车集团生产的英伦 SC7 甲醇燃料汽车，在 2013 年 4 月上海车展亮相，其主要技术参数见表 29-1。

2. 醇燃料汽车特点

汽车醇燃料主要是甲醇（又名木醇、木酒精、甲基氢氧化物）和乙醇（酒精），它们的一些理化指标与汽油的比较见表 29-2。

图 29-6　英伦 SC7 甲醇燃料汽车

表 29-1　吉利英伦 SC7 甲醇燃料汽车部分技术参数

项　目	参　数	项　目	参　数
推出年款	2013	汽车级别	新能源
驱动方式	前驱	座位数	5
最高车速/(km/h)	165	整备质量/kg	1256
发动机排量/mL	1500	发动机工作方式	自然吸气
气缸排列形式	直列 4 缸	每缸气门数/个	4
最大功率/kW	汽油 69/甲醇 75	最大功率转速/(r/min)	6000
最大转矩/N·m	汽油 128/甲醇 135	最大转矩转速/(r/min)	3400
综合油耗/(L/100km)	7.3（甲醇）	油箱容积/L	53L（甲醇）+10L（汽油）
供油方式	多点电子喷射	环保标准	国Ⅳ

197

表 29-2 汽油、甲醇和乙醇理化指标比较

项 目	汽 油	甲 醇	乙 醇
分子式	$C_4 \sim C_{12}$ 烃	CH_3OH	C_2H_5OH
20℃下的密度/(g/cm³)	0.69~0.80	0.7912	0.789
气味	汽油气味	轻微酒精气味,有毒	酒精气味
热值/(kJ/kg)	44390	20100	27370
闭口闪点/℃	-43	11.1	12.8
含氧量(%)	0	50	35
蒸发潜热(kJ/kg)	349	1101	913
RON 法辛烷值	80~97/70~88	122/93	121/97
MON 法辛烷值			
自燃点/℃	495	464	423
着火极限(%)	1.4~7.6	6.7~36.0	4.3~19.0

甲醇和乙醇燃料的上述理化指标,决定了醇类汽车的如下特点:

1) **燃烧充分,排放少**。燃烧产物为二氧化碳和水,如甲醇燃烧方程式:

$$2CH_3OH + 3O_2 = 2CO_2 + 4H_2O$$

排放的尾气中 CO、CH 和 NO 的含量比汽油降低 30%~50%,有利于净化空气。

2) **原料来源广泛**。甲醇是从天然气和煤炭中提取的衍生产品,价格低廉,产量很大。乙醇可以用植物的茎秆生产,属于可再生能源,成本较低。

3) **抗爆性好**。甲醇和乙醇的辛烷值远高于汽油,抗爆性好,可适当提高发动机的压缩比,从而提高发动机的热效率和动力性。

4) **燃油消耗率会增加**。因为甲醇、乙醇的热值比汽油低,所以燃油消耗率会增加。

5) **冷起动困难**。因为醇燃料蒸发潜热大,甲醇的蒸发潜热是汽油的 3 倍多,乙醇的蒸发潜热是汽油的 2 倍多,导致蒸发时所吸收的热量多,发动机温度下降,恶化了进气蒸发条件,起动困难。

6) **容易产生气阻**。因为醇类的沸点较低,在夏季使用时,容易产生燃料在油管中大量蒸发形成气阻,使供油中断。

7) **发动机磨损大**。醇类燃料是种有机溶剂,未燃醇类会沿缸壁渗入到润滑油中,冲刷活塞和气缸间的润滑油膜,使活塞和气缸间的磨损增大。进入曲轴箱的醇类还会对润滑油产生稀释作用,降低润滑油的润滑性能,加剧发动机磨损。

8) **醇类燃料对人体有害**。如甲醇进入人体,会被氧化成甲醛和甲酸,造成甲醇中毒。乙醇对人体中枢神经有抑制作用,所以使用时要特别注意醇燃料外泄。

3. 醇燃料汽车的发展与现状

1987 年,美国开始发展可变燃料汽车。

2012 年,新款凯迪拉克 SRX 动力升级,可兼容 E85 乙醇汽油(图 29-7)。

目前世界上已有 40 多个国家不同程度应用乙醇汽车,有的已达到较大规模的推广,巴西强制

图 29-7 兼容乙醇汽油的凯迪拉克

在汽油中添加燃料乙醇的比例提高到25%；美国能源部规划，到2030年，美国燃料乙醇产量达1.8亿吨，替代30%的汽油需求。

我国利用醇类燃料研究起步较早，20世纪60年代，我国在山西省实验推广甲醇燃料成功。

2006年，我国发布了《加强生物燃料乙醇项目建设管理，促进产业健康发展的通知》《生物燃料乙醇及车用乙醇汽油"十一五"发展专项规划》等产业政策。

2007年，国家发改委下发《关于发展替代能源的指导意见（征求意见稿）》和《我国醇醚燃料及醇醚清洁汽车发展专题报告（征求意见稿）》，明确了醇醚燃料在中国替代能源中的地位，强调"在化石能源方面应重点发展煤基醇醚燃料"。

2009年7月2日，国家标准化管理委员会发布公告，GB/T 23799—2009《车用甲醇汽油（M85）》正式批准颁布，并于2009年12月1日起实施。

我国已在东北、山东等地建设以甜高粱茎秆为主要原料的燃料乙醇试点项目；在广西、重庆、四川等地建设以薯类作物为原料的燃料乙醇试点项目。

2013年4月，吉利汽车集团生产的英伦SC7甲醇燃料汽车在上海车展亮相（图29-6），动力性比同型号发动机的汽油车高5%~10%，燃料费用节省40%~50%。2013年，已经有100辆吉利英伦SC7甲醇出租车被交付山西省使用，成为国家新型燃料汽车试点的先锋。

29.2.2 醇燃料汽车的基本结构与工作原理

1. 醇燃料在汽车上的应用方法

醇燃料在汽车上的应用方式主要有以下4类。

（1）**掺烧** 掺烧指甲醇或乙醇和汽油混合形成混合燃料燃烧。以"E"表示醇类燃料的容积，如乙醇占15%，则用E15来表示，目前，掺烧乙醇在醇类汽车中占主要地位。

（2）**纯烧** 纯烧即单烧甲醇或乙醇，可用E100表示，目前应用并不多，属于试行阶段。

（3）**变性燃料** 变性燃料指乙醇脱水后，再添加变性剂而生成的乙醇，这也是属于试验应用阶段。

（4）**可变燃料** 可变燃料指汽车燃料既可用汽油，又可以使用乙醇或甲醇与汽油按比例混合的燃料，还可以用氢气，并随时可以切换的燃料，福特、丰田汽车公司均在试验可变燃料。

可变燃料汽车能根据发动机运行工况的需要，"灵活"选择最佳的燃料进行优化组合，使发动机在整个运行范围内实现良好的动力性、经济性及排放性。试验研究结果表明，含有85%甲醇或乙醇及15%汽油的混合燃料的综合性能较好。我国已于2005年出台了《车用甲醇汽油（M85）》，即国标M85醇基燃料，可作为汽油的替代品直接使用。

2. 醇燃料汽车燃料供给系统组成与基本结构原理

醇燃料汽车电控燃料供给系统主要由油箱、燃油泵总成（燃油泵、粗细滤清器等）、油管、喷油器等组成（图29-8），与传统汽油汽车电控燃料供给系统结构与工作原理基本相同，不同的是：

1）油箱需用采用与甲醇或乙醇相容的材料制造，如不锈钢、钝化或阳极氧化处理的铝合金、氟化高密度聚乙烯、氟丁橡胶或者其他与甲醇相容的合成橡胶、纤维加强塑料等。由

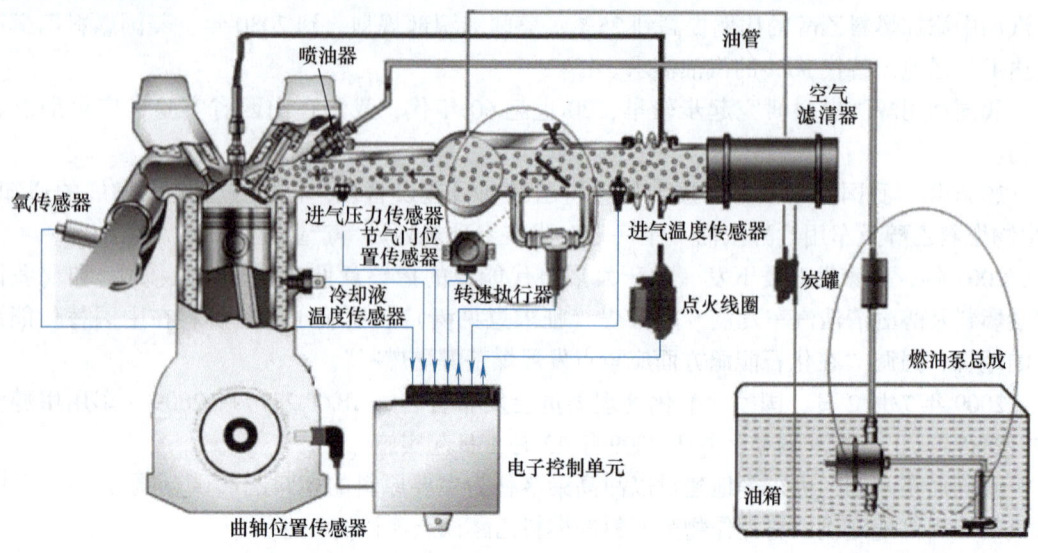

图 29-8 醇燃料汽车电控燃料供给系统组成

于醇燃料的比容积热值低，为了使甲醇燃料汽车一次加油后的续驶里程和原汽油车基本一样，油箱的容积应该加大。醇与汽油的混合燃料在低温状态会出现分离情况，解决的办法之一是在油箱中设置电动搅拌器，需要时用机械搅拌法使其不分离。

2) 由于醇燃料的润滑性差，所以需要向喷油泵供给专用润滑油，或在醇燃料中加 0.5%～1%（容积比）的蓖麻油。

3) 需要增加一个燃料切换控制器，用以切换燃料供给模式，同时需智能改变发动机点火系统参数，使醇燃料在气缸内充分燃烧，该控制器一般与发动机 ECU 集成在一起。

4) 喷油器采用电磁阀式，其结构如图 29-9 所示。喷油器本体用不锈钢制造，各处密封件的材料是氟化橡胶，而其中小型甲醇过滤器则是用能与甲醇相容的金属粉末烧结而成，孔隙很小。喷油器的流量范围既要能满足全负荷时甲醇循环供应量的要求，又要满足使用汽油时，运转小流量的要求。其工作原理与电喷汽油机类似。

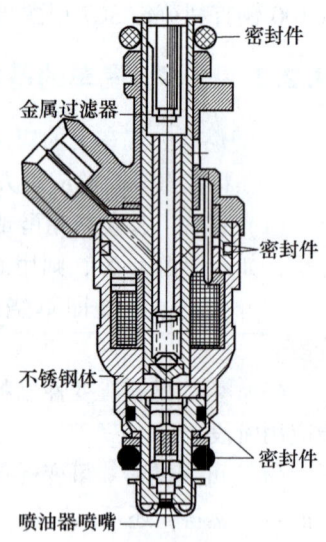

图 29-9 醇燃料汽车电磁阀式喷油器

29.3 二甲醚燃料汽车

29.3.1 二甲醚燃料汽车概述

1. 什么是二甲醚燃料汽车

二甲醚（DME）是一种优良的清洁能源，是柴油发动机理想的替代燃料，以二甲醚为燃料的汽车称为二甲醚燃料汽车。图 29-10 所示为上海申沃客车有限公司生产的二甲醚燃料城市客车。

2. 二甲醚燃料汽车的特点

二甲醚（Dimethyl Ether，DME）又称木醚、甲醚，可以从天然气、煤、石油焦炭或生物质原料制取。其理化特性见表29-3。

二甲醚燃料汽车特点如下：

1）十六烷值大于55，比柴油还高，滞燃期短，自燃温度低。

图29-10　二甲醚燃料城市客车

2）污染少，其本身含氧量为34.8%，能够充分燃烧，不析碳，无残液，汽车尾气无须催化、转化处理即可达到高标准的欧洲Ⅲ排放标准。二甲醚重型商用车，CO排放能减少20%，HC减少30%，NO_x减少60%，PM（微粒）排放为0。在大气中，二甲醚在短时间内分解为水及二氧化碳，不会污染环境。

表29-3　二甲醚理化特性

项　目	内　容	项　目	内　容
分子式	C_2H_6O	颜色、气味	在常温常压下为无色、有轻微醚香味、无毒气体
分子量	46.07	溶解性	溶于水、汽油、四氯化碳、苯等
20℃下的密度/(g/cm³)	0.67	汽化潜热/(kJ/kg)	467
沸点/℃	-24.9	十六烷值	55~66
闪点/℃	-41.4	低热值/(MJ/kg)	28.43

3）理论混合气热值高，二甲醚理论混合气热值为3066.7kJ/kg，而柴油的理论混合气热值为2911kJ/kg。因此柴油机燃用二甲醚的升功率会升高10%~15%，热效率可提高2%~3%，噪声可降低10%~15%。

4）按等放热量计算，二甲醚的汽化潜热为柴油的2.53倍，因此会大幅度降低柴油机最高燃烧温度，减少NO_x的排放量。

5）低沸点的特点使得二甲醚在喷入气缸后即可汽化，其油束的雾化特性将明显优于柴油。

6）资源较为丰富，二甲醚可以从来源丰富的煤、天然气和生物质中提炼，如大规模生产，其成本低于柴油，更适合我国"贫油、少气、多煤"的国情。

7）热值低，只有柴油的70%，动力性不如柴油。

8）储气瓶占用空间大、携带不便、润滑性较差。

3. 二甲醚燃料汽车的发展与现状

1995年，丹麦技术大学和Tops-be公司首先将二甲醚用做柴油机燃料。

2000年，VOLVO汽车公司研制出了二甲醚大客车示范样车。

2013年，VOLVO汽车公司宣布在美国生产销售二甲醚燃料货车。

2014年02月，美国推出二甲醚燃料替代柴油货车发动机的应用标准。

我国二甲醚燃料的研究与国外处于同一起跑线。上海交通大学2005年研制成功首台二甲醚城市客车。

2007年，上海市首批投放了10辆二甲醚公交车，并建设了首个二甲醚加注站（图29-11）。

29.3.2 二甲醚燃料汽车燃料供给系统的基本结构与工作原理

二甲醚燃料汽车燃料供给系统主要由二甲醚罐、输油泵、滤清器、压力表、蓄能器、喷油泵、喷油器、冷却器和各种阀门等组成（图29-12）。

图29-11 二甲醚加注站

二甲醚燃料汽车与传统柴油汽车燃料供给系统的结构与工作原理基本相同，不同的有：

1）二甲醚常温下为气态，需在5个大气压下实现液化，所以必须使用专门的二甲醚罐加压储存。

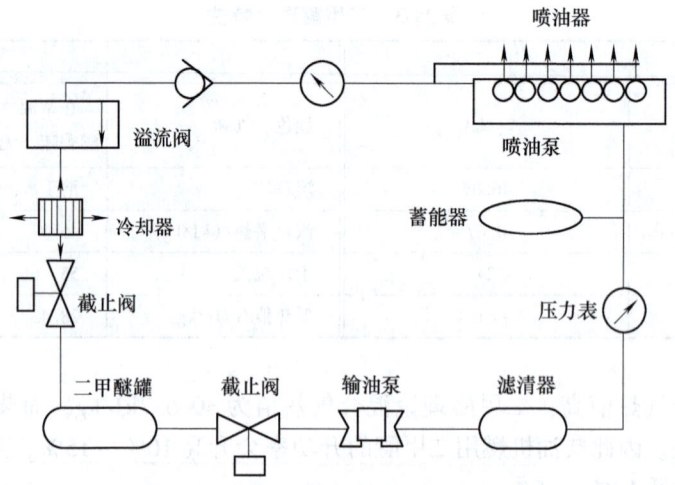

图29-12 二甲醚燃料供给系统组成

2）二甲醚的热值低，只有柴油的70%，为了达到原柴油机的动力水平，必须增大二甲醚发动机的每循环供油量，可以采取加大喷油泵中柱塞直径和柱塞有效行程、加大喷油器中喷孔直径等方法来解决，因此使用的喷油泵、喷油器技术参数是不同于原来的柴油机的。

3）由于二甲醚的黏度低，使得燃油润滑效果较差，柴油机上的柱塞、出油阀与喷油器三对精密偶件会因为润滑不良而产生磨损，因此，必须在二甲醚燃料中加入适当的润滑剂，以保证柴油机运转的可靠性与耐久性。

4）在环境温度和压力下，二甲醚的爆炸极限范围比较宽，因此，在使用二甲醚时要注意防止二甲醚蒸气的逸出。同时，二甲醚的低黏度也容易使其泄漏汽化。另外，二甲醚虽然对金属没有腐蚀性，但对一些弹塑性密封件来说，如长期暴露在二甲醚中会使其密封性能恶化，并逐渐腐蚀剥落下来，所以在柴油机上燃用二甲醚，必须要解决好密封问题。

> **想一想** 比较醇燃料和二甲醚燃料的不同点，两者是否可以混合使用？

第29章 其他新能源汽车

29.4 其他燃料汽车简介

除了上面所述的汽车燃料外，还有许多其他生物燃料在研究开发中。

29.4.1 桉树油燃料

桉树油（桉叶油）可以从桉树（图29-13）中获取，桉树全年均可采集鲜叶，其枝叶通常含有挥发性油和不挥发性油6.6%~8.7%，用水蒸气蒸馏，即可得桉树油，属可再生能源。

桉树油的主要成分是十碳烯酸（$C_{10}H_{18}O_2$），是无色至淡黄色液体，有似樟脑和冰片的气味，密度为0.905~0.925g/cm³（25℃），熔点不低于-15.4℃，溶于乙醇，几乎不溶于水。

桉树油的理化性质与0号柴油非常接近，无须进行酯化处理即可作为内燃机的燃料使用。研究发现汽油机上掺烧40%以下的桉树油，其功率及比油耗与原汽油机基本一样；随着掺烧桉树油量的增大，排气中NO_x、HC及CO有所降低。

图29-13 桉树

桉树油的主要燃料特性如下：热值34MJ/kg，运动黏度2.5mm²/s（20℃），十六烷值16，闭口闪点45℃，馏程——50%馏出温度171℃，90%馏出温度185℃，凝点-15.4℃，硫含量为0，铜片腐蚀合格。可见，桉树油的主要燃料特性与柴油较接近，特点是热值较低、挥发性较好、着火性较差。能以任意比例与柴油互溶，混合燃料制备简单，无须添加剂，混合油稳定性好，能长期储放，实验表明，其储放2年仍混合均匀。

桉树油可以直接用作柴油燃料，也可以任意比例同柴油混合使用，且都能达到原机的功率和转速。高负荷时，随混合油中桉树油比例的增加，热效率增加；而低负荷时，变化不明显；桉树油热值较低，因此随混合油中桉树油的增加，柴油机油耗增加。

任意工况下的排气烟度，用桉树油都较用柴油低，这是桉树油含氧量较高所致。超负荷性能良好，热效率比用柴油高6%，排气烟度比用柴油低2Rb，排温也低10~20℃。

柴油机的空转特性用两种燃料基本一致，桉树油冷起动性比柴油略差，转速波动率及转速不稳定度程度比燃用柴油大。

29.4.2 椰子油燃料

椰子油（图29-14）来自椰子肉（干），椰子肉（干）含油65%~74%，属可再生能源。

椰子油室温下呈洁白色或淡黄色的半固体脂肪，具有轻微特别的椰子香味。相对密度为0.9（20℃），熔点为20~28°C，闪点为113°C，溶于乙醚、氯仿、二硫化碳，不溶于水。

图29-14 椰子油

1994年，澳大利亚研制出用柴油机改装的燃烧椰子油的汽车。试验表明，12个椰子榨出的椰子油可达1L，质量优于汽油，是种价廉物美、污染少的汽车燃料。

菲律宾盛产椰子，利用椰油作汽车燃料获得成功，首都马尼拉市的公共车辆现在已经开始使用这种用椰子制成的"汽油"。在太平洋岛国，椰油燃料风行，在瓦努阿图首都维拉港，就约100辆私营公共汽车由椰油或混有椰油的燃料驱动。

29.4.3 其他植物燃料

世界上富含油的植物达万种以上，我国有近千种，都可以作为燃料使用。许多科学家做了大量的研究和试验，发现有的植物含油率很高，如桂北木姜子种子含油率达64.4%，樟科植物黄脉钓樟种子含油率高达67.2%，小桐子含油率40%~60%，苍耳子种子含油达15%~25%，白沙蒿、黑沙蒿种子含油16%~23%。

巴西橡胶树分泌的乳汁与石油成分极其相似，不需提炼就可以直接作为柴油使用，每一株树年产量高达40L。我国海南省特产植物油楠树的树干含有一种类似煤油的淡棕色可燃性油质液体，在树干上钻个洞，就会流出这种液体，也可以直接用作燃料油。南美洲北部有一种本土植物——苦配巴，树高大，只要在树干上钻一个孔，就能流出金黄色的油状树液，一株成年树每年能产油10kg~15kg，成份非常接近柴油。阿联酋大学的瑟林姆教授等人发现了一种名叫"霍霍巴"的植物，种子含油率达44%~58%，其油在国际上被誉为"液体黄金"、"绿色石油"，广泛用于航空、航天等领域。产于澳大利亚的古巴树（又称柴油树），一棵成年树每年可获得约25L燃料油，且这种油可直接用于柴油机。油棕榈树也是一种石油树，3年后开花结果，每公顷可年产油1万kg。

除此，人们还对黑皂树油、光皮树、松节油、文冠果、绿玉树、续随子、西蒙德木、棉籽油、甘蔗、木薯、向日葵油、豆油、南洋油桐树、黄连木、象草、水花生、水浮莲、水葫芦等植物燃料作为发动机燃料进行了大量试验研究，取得了一定成果。生存在淡水中的丛粒藻，就如同产油机，能够直接排出液态燃油。

> **找一找** 目前比较实用的汽车新燃料有哪些？

本章小结

1. 太阳能汽车是将太阳能转化为电能的汽车，具有节能、安全、环保的特点，缺点是依赖太阳，续行里程较短。太阳能汽车一般由太阳电池组、自动阳光跟踪系统、驱动系统、控制器等组成。太阳电池利用半导体材料的光电效应，将太阳能转化为电能。

2. 醇燃料汽车是使用醇基燃料（甲醇、乙醇等）的汽车统称，具有节能、安全、环保、原料来源广泛、抗爆性好的特点，缺点是冷起动困难、易产生气阻、动力性能有所下降、发动机磨损大。醇燃料在汽车上的应用方式主要有掺烧、纯烧、变性燃料和可变燃料4类。其基本结构原理与传统汽油机类似，只是零部件材料要求更高，能适应醇燃料要求，使用中也应该注意相应问题。

3. 二甲醚燃料汽车是以二甲醚为燃料的汽车。它具有节能、环保、十六烷值高、热值

第29章 其他新能源汽车

低、自燃温度低、资源较为丰富，但携带不便、润滑性较差等特点。其基本结构原理与传统柴油机类似，只是零部件材料要求应该适应醇燃料要求。

4. 世界上富含油的植物达万种以上，我国有近千种，都可以作为燃料使用，有许多生物燃料在研究开发中，如桉树油燃料、椰子油燃料等。

思考题

1. 名词解释：太阳能汽车、醇燃料汽车、二甲醚燃料汽车、变性燃料、可变燃料。
2. 太阳能汽车主要由哪几部分组成？其基本工作原理是什么？
3. 醇燃料汽车燃料供给系统组成与基本结构原理是什么？
4. 二甲醚燃料汽车燃料供给系统的基本结构与工作原理是什么？

参考文献

[1] 赵亭. 基于车联网的汽车智能防盗系统设计[J]. 电子技术应用, 2015, 41(3): 61-64.
[2] 白杰. 车载娱乐信息系统的设计与实现[D]. 长春: 吉林大学, 2015.
[3] 祁晖. 动态车载导航系统关键技术研究[D]. 长春: 吉林大学, 2015.
[4] 钱颖. 基于GIS的出租车辆GPS地图匹配研究[D]. 昆明: 云南大学, 2015.
[5] 李建文. 不同物理媒介对车载CAN总线通信特性影响的试验研究[J]. 汽车技术, 2015(8): 37-42.
[6] 赵旭. 基于CAN的增程式电动汽车通信网络研究[D]. 合肥: 合肥工业大学, 2015.
[7] 周旭. BSD总线在车辆中的应用[J]. 硅谷, 2014, 7(18): 145+140.
[8] 马纯艳. 一种基于GMM的汽车声纹识别锁算法研究[D]. 南京: 南京理工大学, 2014.
[9] 蔡兴旺. 新能源汽车结构与维修[M]. 北京: 机械工业出版社, 2014.
[10] 刘兆一. 车载音响自动测试系统设计[D]. 大连: 大连理工大学, 2014.
[11] 朱高中. 基于生物特征汽车防盗系统的设计[J]. 中国农机化学报, 2014, 35(1): 264-269.
[12] 李健. 基于GSM/GPS的车载防盗报警定位系统[D]. 太原: 中北大学, 2014.
[13] 吴昌东. 基于GPS与GPRS的嵌入式车载防盗系统的研究与开发[D]. 南京: 南京理工大学, 2014.
[14] 黄程. 汽车前照灯系统智能化控制技术研究[J]. 今日电子, 2014(7): 61-62.
[15] 张以磊. 基于CAN/LIN总线的车身控制系统的设计与研究[D]. 太原: 中北大学, 2014.
[16] 凌永成. 车载网络技术[M]. 北京: 机械工业出版社, 2016.
[17] 朱军. 新能源汽车动力系统控制原理及应用[M]. 上海: 上海科学技术出版社, 2013.
[18] 张金柱. 混合动力汽车结构、原理与维修[M]. 2版. 北京: 化学工业出版社, 2013.
[19] 陈社会. 混合动力汽车构造与维修[M]. 北京: 中国劳动社会保障出版社, 2013.
[20] 李顶根. 纯电动汽车电池组热管理系统的分析与优化[J]. 汽车工程学报, 2012, 2(5): 354-358.
[21] 付百学. 汽车车载网络技术[M]. 北京: 机械工业出版社, 2012.
[22] 明光星, 孙宝明. 汽车电器设备原理与维修实务[M]. 北京: 北京大学出版社, 2011.
[23] 朱玉龙. 汽车电子硬件设计[M]. 北京: 北京航空航天大学出版社, 2011.
[24] 孙骏. 汽车电子工程学[M]. 合肥: 合肥工业大学出版社, 2011.
[25] 李建秋. 汽车电子学教程[M]. 2版. 北京: 清华大学出版社, 2011.